HISTOIRE DES QUATRE FILS AYMON

Tres nobles et tres vaillans chevaliers

Histoire des quatre fils Aymon

TIRAGE DE LUXE

Il a été tiré deux cents exemplaires numérotés :

De 1 à 100 sur papier des Manufactures Impériales du Japon ;

De 101 à 200 sur papier de Chine.

PARIS. IMPRIMERIE DE CHARLES UNSINGER, [illegible]

HISTOIRE DES QUATRE FILS AYMON

Très Nobles et très Vaillans Chevaliers

Illustrée de compositions en couleurs

PAR

EUGÈNE GRASSET

Gravure et Impression par CHARLES GILLOT

Introduction et Notes par Charles MARCILLY

PARIS

H. LAUNETTE, ÉDITEUR, 22, RUE DE VAUGIRARD

M.DCCC.LXXXIII

INTRODUCTION

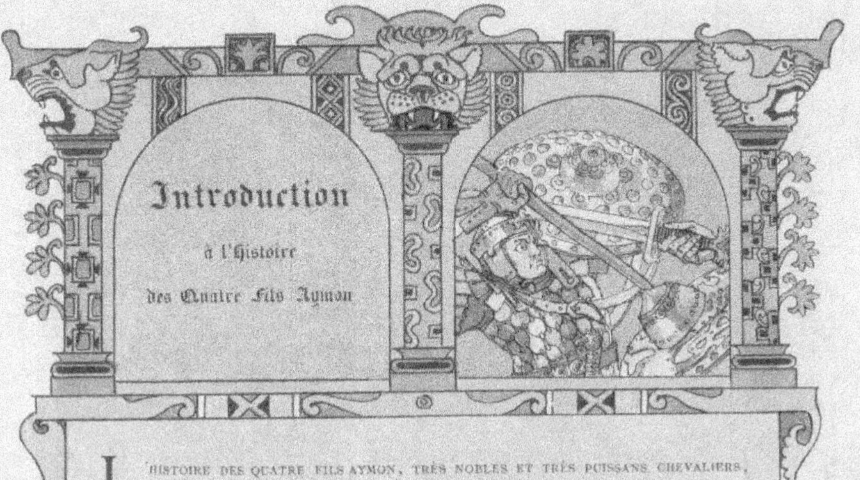

Introduction à l'Histoire des Quatre Fils Aymon

L'HISTOIRE DES QUATRE FILS AYMON, TRÈS NOBLES ET TRÈS PUISSANS CHEVALIERS, appartient à la litterature populaire par ses dernières transformations, et aux vieilles légendes nationales de la France par son origine.

C'est dans le poème de *Renaud de Montauban*, composé au commencement du XIIIe siècle, et lui-même écho de chansons plus anciennes, vraisemblablement originaires des pays qui avoisinent le Rhin et où étaient situés les domaines de Renaud et de ses frères, que se trouve la forme la plus ancienne de cette légende, qui nous soit parvenue.

C'est de ce poème, que les trouvères qui parcouraient la France, chantant les épopées, les chansons de geste des anciens temps, dans les châteaux et souvent sur les places publiques, tirèrent, chacun au gré de son imagination ou de son goût personnel, les épisodes dont l'ensemble compose l'Histoire des quatre fils Aymon, et la différencie du poème de Renaud de Montauban. Avec le temps la transformation devint encore plus complète, chacun ajoutant, à la donnée primitive, des développements, des incidents qu'il tirait de son propre fonds.

Les érudits ont cherché à soulever le voile que les remaniements, les interpolations successives ont fait subir au récit primitif. D'après les plus récentes recherches, appuyées de preuves qui paraissent probantes, le Charlemagne qui, dans notre roman, joue le rôle, si peu digne de sa gloire, d'un tyran injuste, souvent bafoué par ses victimes, devrait faire place à Charles Martel. C'est sa lutte contre les seigneurs francs qui aurait fait le sujet de la chanson primitive, probablement composée au XIIe siècle, et qui ne nous est pas parvenue. Plus tard, à l'époque où les épopées du cycle carlovingien se multipliaient, on aurait ainsi transformé la vieille légende pour la rajeunir, en travestissant Charles Martel en Charlemagne, et en lui donnant le cortège accoutumé des douze Pairs. Dans cette hypothèse, les quatre fils Aymon, Renaud et ses frères, seraient du nombre des seigneurs francs qui s'opposèrent à Charles Martel, luttèrent contre lui de 715 à 719, et finirent par se réfugier en Aquitaine, près du roi Eudon ou Yon[1]. Mais il ne nous appartient pas, à propos

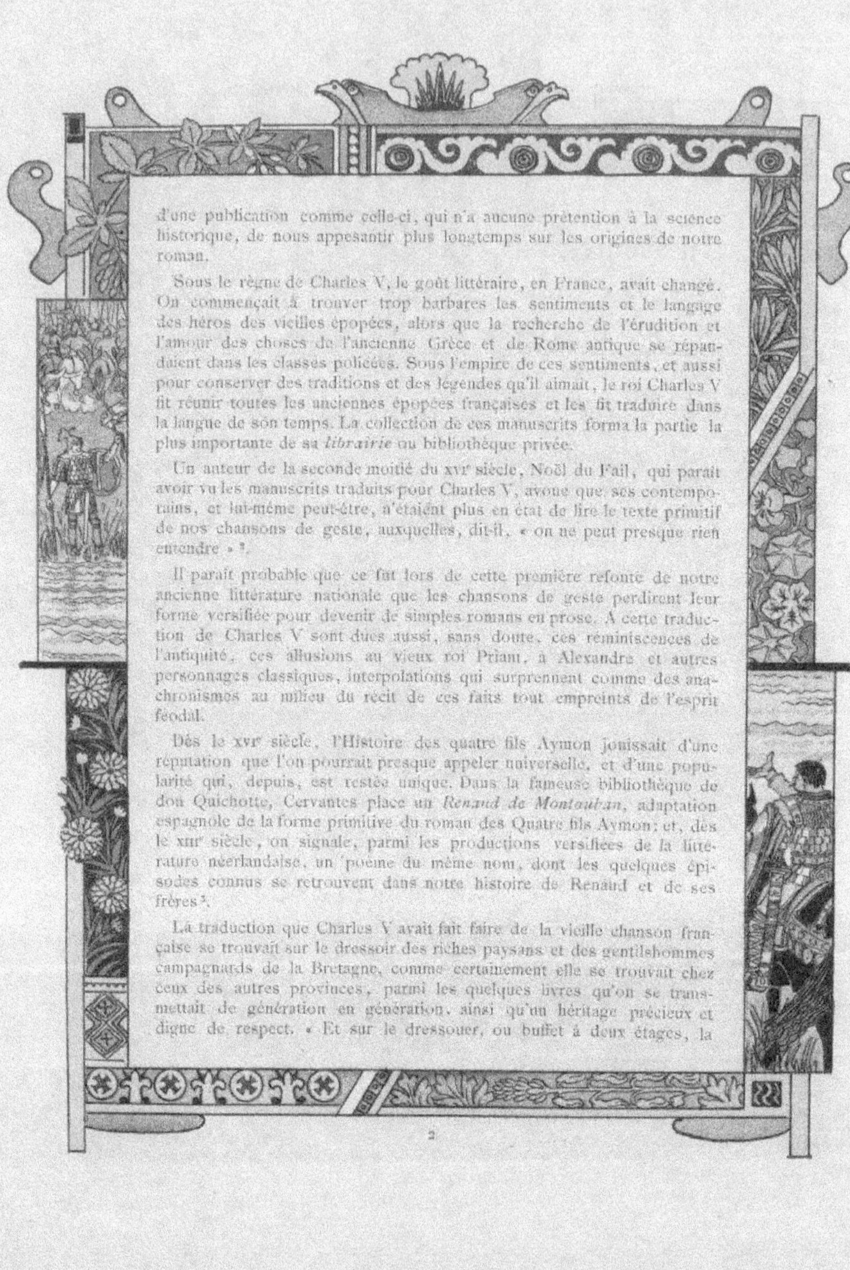

d'une publication comme celle-ci, qui n'a aucune prétention à la science historique, de nous appesantir plus longtemps sur les origines de notre roman.

Sous le règne de Charles V, le goût littéraire, en France, avait changé. On commençait à trouver trop barbares les sentiments et le langage des héros des vieilles épopées, alors que la recherche de l'érudition et l'amour des choses de l'ancienne Grèce et de Rome antique se répandaient dans les classes policées. Sous l'empire de ces sentiments, et aussi pour conserver des traditions et des légendes qu'il aimait, le roi Charles V fit réunir toutes les anciennes épopées françaises et les fit traduire dans la langue de son temps. La collection de ces manuscrits forma la partie la plus importante de sa *librairie* ou bibliothèque privée.

Un auteur de la seconde moitié du XVIe siècle, Noël du Fail, qui paraît avoir vu les manuscrits traduits pour Charles V, avoue que ses contemporains, et lui-même peut-être, n'étaient plus en état de lire le texte primitif de nos chansons de geste, auxquelles, dit-il, « on ne peut presque rien entendre »[1].

Il paraît probable que ce fut lors de cette première refonte de notre ancienne littérature nationale que les chansons de geste perdirent leur forme versifiée pour devenir de simples romans en prose. A cette traduction de Charles V sont dues aussi, sans doute, ces réminiscences de l'antiquité, ces allusions au vieux roi Priam, à Alexandre et autres personnages classiques, interpolations qui surprennent comme des anachronismes au milieu du récit de ces faits tout empreints de l'esprit féodal.

Dès le XVIe siècle, l'Histoire des quatre fils Aymon jouissait d'une réputation que l'on pourrait presque appeler universelle, et d'une popularité qui, depuis, est restée unique. Dans la fameuse bibliothèque de don Quichotte, Cervantes place un *Renaud de Montauban*, adaptation espagnole de la forme primitive du roman des Quatre fils Aymon; et, dès le XIIIe siècle, on signale, parmi les productions versifiées de la littérature néerlandaise, un poème du même nom, dont les quelques épisodes connus se retrouvent dans notre histoire de Renaud et de ses frères[2].

La traduction que Charles V avait fait faire de la vieille chanson française se trouvait sur le dressoir des riches paysans et des gentilshommes campagnards de la Bretagne, comme certainement elle se trouvait chez ceux des autres provinces, parmi les quelques livres qu'on se transmettait de génération en génération, ainsi qu'un héritage précieux et digne de respect. « Et sur le dressouer, ou buffet à deux étages, la

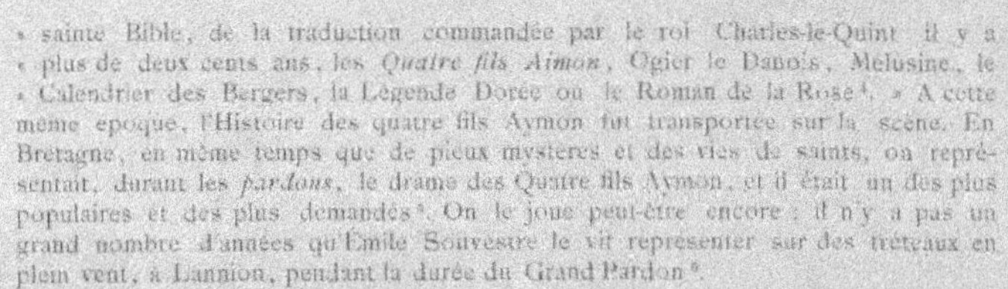

« sainte Bible, de la traduction commandée par le roi Charles-le-Quint il y a « plus de deux cents ans, les *Quatre fils Aimon*, Ogier le Danois, Mélusine, le « Calendrier des Bergers, la Légende Dorée ou le Roman de la Rose[1]. » A cette même époque, l'Histoire des quatre fils Aymon fut transportée sur la scène. En Bretagne, en même temps que de pieux mystères et des vies de saints, on représentait, durant les *pardons*, le drame des Quatre fils Aymon, et il était un des plus populaires et des plus demandés[2]. On le joue peut-être encore ; il n'y a pas un grand nombre d'années qu'Émile Souvestre le vit représenter sur des tréteaux en plein vent, à Lannion, pendant la durée du Grand Pardon[3].

De leur côté, les sculpteurs populaires taillaient dans la pierre ou le bois d'enseignes monumentales, la figure des héros de la vieille chanson de geste, et les rues où s'élevaient les maisons ainsi décorées prenaient le nom de rues des Quatre fils Aymon, ou, par abréviation, des Quatre fils. Il y en avait à Paris, à Orléans, à Châlons-sur-Marne. L'imagerie, à son tour, s'emparait de ces malheureux chevaliers injustement persécutés, dont l'histoire était si familière au peuple qui les aimait, et les vieux bois de Troyes et d'Épinal multipliaient, sous la presse, ce type consacré des quatre frères montés sur le bon cheval Bayard, qui était fée.

Quelle pouvait être la raison de cette popularité qui, à travers les siècles, ne cessa de s'attacher au récit des malheurs des fils d'Aymon ? Émile Souvestre a cru la trouver dans un instinct de résistance contre le pouvoir. « Qui n'a lu, dit-il, cette Iliade du « peuple, que le peuple a conservée par instinct républicain, parce qu'il y avait là quatre « chevaliers qui résistaient au roi, qui égorgeaient les seigneurs et souffraient la mi- « sère et l'injustice comme de simples manants ?... Elle exaltait la résistance du noble « envers le suzerain et donnait un bel exemple de révolte contre le roi. Ce dut être la « Marseillaise de l'homme-lige[1]. »

Voilà un exemple des erreurs où peut entraîner le parti pris d'une thèse politique appliquée au jugement des choses littéraires. Souvestre, préoccupé de sa thèse, n'a pas vu que, si les fils d'Aymon sont victimes de l'injustice et de la haine du roi, ils se contentent de se défendre contre lui sans méconnaître son autorité ; qu'ils quittent leur première résidence des Ardennes pour ne pas avoir à lutter plus longtemps contre ses armes ; que dans les combats, ils s'éloignent de lui, respectant sa vie en toute

occasion, comme le fait Maugis, lorsque, par art magique, il a endormi Charlemagne et les douze Pairs, et se contente d'emporter leurs épées; comme le fait aussi Renaud, lorsque ce même Charlemagne, son persécuteur, est en son pouvoir, couché inanimé en travers d'un lit, dans le château de Montauban. En toute circonstance, ces persécutés ne demandent que la paix, le droit de vivre tranquilles dans leur domaine, et dès qu'ils commencent à avoir l'avantage sur Charlemagne, au moment où les barons, outrés de son injustice, quittent son armée et l'abandonnent, réduit à ses seules forces, devant les fils d'Aymon, ceux-ci profitent de la tournure favorable pour eux que prennent les événements, pour demander et obtenir une seule chose, la paix; et ils se soumettent et se livrent à la discrétion de l'empereur, pourvu qu'il leur accorde cette paix tant désirée. Est-ce là le fait de révoltés? Non, assurément. La conduite même du vieux duc Aymon, faisant, malgré son cœur et ses sentiments paternels, la guerre à ses fils parce qu'il y est obligé par son serment d'obéissance à son seigneur suzerain, est encore une preuve éclatante que ce n'était pas des idées de rébellion et d'indépendance que le peuple puisait et recherchait dans le vieux roman, et que là n'était pas l'attrait pour lui.

Au contraire, ce qui a fait l'immense popularité de l'Histoire des quatre fils Aymon, c'est un sentiment bien humain, celui de la pitié, de l'intérêt, de l'admiration, pour le malheureux qui souffre une persécution imméritée, et qui la supporte noblement et sans défaillance. C'est ce sentiment complexe qui a produit la vogue de l'*Histoire de Geneviève de Brabant*, de la *Patience de Grisélidis*, de la *Jeunesse de Doon de Mayence* et de tant d'autres romans que nous pourrions énumérer, et qui tous n'ont ému et attaché le peuple de France pendant des siècles qu'en raison des causes que nous venons de dire. Non, la politique n'était pour rien dans l'intérêt que les simples portaient aux héros malheureux de ces histoires, et nous croyons être plus juste envers le peuple et avoir mieux pénétré ses sentiments, en attribuant à son cœur et à l'instinct de justice inné chez l'homme l'affection qu'il portait aux fils d'Aymon, que ne l'a été Souvestre en rattachant cette faveur populaire à un sentiment tout égoïste.

Charles V avait donc rajeuni le vieux texte du poème du moyen âge, qui subit, après lui, une nouvelle transformation. De même que les lettrés du XVIe siècle avaient peine à comprendre la langue du XIIIe, le peuple, au XVIIe siècle, entendait difficilement la langue du temps de Charles V. Une nouvelle refonte du texte était alors devenue nécessaire. C'est en Champagne qu'elle s'accomplit.

La ville de Troyes renfermait alors un nombre assez grand d'imprimeurs-libraires, dont un des plus célèbres est Jean Oudot. Ce fut lui qui créa une collection de livres populaires, qui jouirent d'une grande vogue, et que les bibliophiles recherchent encore. La *Bibliothèque bleue* — tel est le nom adopté aujourd'hui pour désigner cette collection des petits livres troyens — a été ainsi appelée à cause de la simple feuille de gros papier gris-bleuté qui recouvrait chaque exemplaire. Imprimée sur du papier solide, mais peu agréable d'aspect, en gros caractères, présentant un texte presque sans marges et compact, sur lequel l'œil se fatigue, cette collection, commencée dès les premières années du XVIIe siècle, renferme une centaine de volumes de formats divers, depuis l'in-4° jusqu'à l'in-16. Presque tous les anciens romans de chevalerie, refondus, rédigés à nouveau en langage *moderne*, se trouvent dans la Bibliothèque bleue, et le premier qui figure en tête du Catalogue de la Vve Oudot, en 1665, est précisément celui des Quatre fils Aymon.

C'est vraisemblablement d'après la traduction faite par ordre de Charles V que ce nouveau travail a été exécuté. En effet, le seul manuscrit du roman des *Quatre fils Aymon* que nous ayons rencontré à la Bibliothèque Nationale, où il est conservé dans le fonds Saint-Germain, sous le n° 1677, et qui paraît être une copie exécutée au XVe siècle, suit pas à pas le texte de la Bibliothèque bleue, dont on peut dire qu'il est l'original. Mais ce manuscrit, en prose, ne donne pas l'histoire complète des fils d'Aymon. Le volume se termine à peu près au milieu du roman, coupant en deux l'un des épisodes les plus dramatiques. Jean Oudot devait en avoir la suite, qui manque à la Bibliothèque Nationale, et c'est d'après ce manuscrit, ou une copie analogue, qu'il a fait faire sa traduction.

Cette traduction troyenne reproduit exactement le sens du texte ancien, mais elle l'abrège quelquefois, surtout dans le développement des situations, et atténue souvent l'énergie des expressions originales. Cependant, sous ces transformations, on retrouve parfois dans tout son éclat le récit des trouvères; parfois se dessine une scène d'un dramatique saisissant, qu'un style sans vigueur ne peut amoindrir, tellement elle est vraie, tellement elle est belle, tellement elle ressort du sujet même. A ces vestiges du récit primitif appartient la scène où le roi Yon de Gascogne réunit ses barons en conseil, pour décider s'il doit livrer à Charlemagne son beau-frère et ses hôtes, Renaud de Montauban et les autres fils Aymon. Que dire du passage où le roi Yon, résolu, par crainte de l'empereur, à trahir ses alliés, va les trouver à Montauban, et, au moment de les livrer, n'ose se montrer à eux? Pour ne pas embrasser sa sœur, la femme de Renaud, il feint

une indisposition et se retire dans sa chambre, tourmenté par le remords de sa félonie. Quel tableau saisissant, que celui qui nous montre Renaud et ses frères, sans armes, montés sur des mules, portant une rose à la main en signe de paix, et couverts de manteaux de pourpre que le roi You leur a donnés afin de les désigner aux gens apostés pour les tuer, se rendant, en proie à d'indéfinissables pressentiments, aux plaines de Vaucouleurs où la trahison doit s'accomplir! Et plus loin, c'est Charlemagne réunissant ses barons, les Pairs de France, et cherchant parmi eux un lâche complaisant pour conduire à la mort Richard, l'un des fils Aymon, son prisonnier. Tour à tour il emploie et promesses et menaces, et chacun des barons auxquels il s'adresse, refuse avec indignation son concours pour une action si déloyale.

Mais à quoi bon multiplier ces exemples? Le lecteur saura bien reconnaître ces passages si beaux dans le fond, malgré la forme populaire dont les imprimeurs troyens les ont affublés. Un érudit d'une grande compétence en ces matières, Le Roux de Lincy écrivait, il y a quarante ans, parlant de ces mêmes romans de la Bibliothèque bleue : « L'on y trouvera certaines tournures de phrase, certaines expressions d'une simplicité naïve qui touche parfois à la niaiserie. Faire disparaître ces *archaïsmes populaires*, si je puis m'exprimer ainsi, pour y substituer un langage plus régulier, plus poli, mais aussi moins original, c'est enlever aux histoires de la *Bibliothèque bleue* une partie de leur mérite. Du reste il est bon de remarquer que ces fautes contre la grammaire n'ôtent rien à la clarté, à la précision du récit, qui sont portées à un très haut degré dans ces rédactions dont les auteurs resteront à jamais inconnus »[1].

C'est cette pauvre brochure de la librairie populaire de Troyes qui paraît aujourd'hui sous la forme la plus luxueuse qu'un livre puisse prendre, même à une époque où l'art de la librairie brille d'un éclat sans précédent. Les textes préparés et publiés par Oudot avaient passé aux Garnier, autres imprimeurs-libraires troyens. C'est sur un exemplaire publié, en 1726, par Pierre Garnier, demeurant à Troyes, rue du Temple[2], que la présente édition a été faite. Le texte original a été soigneusement respecté, ainsi que l'avait fait, pour d'autres romans de la même bibliothèque, Charles Nodier, suivant, en cela, l'opinion de Le

Roux de Lincy. L'on a dû seulement diviser en alinéas ce texte trop compact, qui ne laissait pas un point de repère au lecteur, pas un blanc pour arrêter sa vue et se reposer. De même l'on a dû, pour rendre le dialogue plus clair, lui appliquer les procédés typographiques actuellement en usage.

Pourquoi, dira-t-on, rééditer un vieux bouquin bon pour amuser le peuple d'autrefois et qui fera hausser les épaules même à nos enfants, nourris de la saine doctrine de la science vulgarisée? Quoi! vous prétendez nous intéresser à ces exploits invraisemblables, à ces coups d'épée fantastiques qui fendent en deux l'homme et son cheval, aux enchantements et aux sortilèges d'un Maugis, à toutes les invraisemblances et à ces moyens de féeries qui caractérisent les romans chevaleresques!

Et pourquoi non? Est-ce que l'humanité aurait changé tant que cela? Est-ce que la fantaisie, l'impossible, le merveilleux n'auraient plus d'attraits pour elle? Est-ce donc à dire que Voltaire qui, malgré toute sa raison, aimait et regrettait ces choses, ces grâces du merveilleux et de la fantaisie, et qui avouait que l'erreur même avait son mérite; est-ce donc à dire que Voltaire serait aujourd'hui traité de retardataire ou même de rétrograde? Ce sont pourtant les *Contes bleus* qui lui ont inspiré cette charmante boutade qui trouve ici sa place toute marquée :

O l'heureux temps que celui de ces fables,
Des bons démons, des esprits familiers,
Des farfadets aux mortels secourables!
On écoutait tous ces faits admirables
Dans son château, près d'un large foyer :
Le père et l'oncle, et la mère et la fille,
Et les voisins, et toute la famille,
Ouvraient l'oreille à monsieur l'aumônier,
Qui leur faisait des contes de sorcier.
On a banni les démons et les fées :
Sous la raison les grâces étouffées
Livrent nos cœurs à l'insipidité;
Le raisonner tristement s'accrédite :
On court, hélas! après la vérité:
Ah! croyez-moi, l'erreur a son mérite [1].

Ne dirait-on pas que Voltaire, en écrivant ces vers charmants, était encore sous l'impression produite par la lecture de l'histoire des quatre fils Aymon ou de quelque autre des romans de la Bibliothèque bleue? Il sentait que si la raison et la science sont nécessaires à l'homme pour conduire et diriger sa vie, l'esprit s'échappe toujours par quelque endroit vers l'idéal, la fantaisie, le merveilleux, et que vouloir l'enfermer dans les strictes limites « du raisonner », c'est l'anéantir, l'étouffer sous l'ennui et « l'insipidité » de la vie.

Un lettré de la première moitié de ce siècle, lettré du goût le plus fin et le plus délicat, pensait, sur ce sujet, exactement comme Voltaire. Charles Nodier, avant nous, entreprit la publication des vieux textes populaires de la Bibliothèque bleue, mais il ne put éditer qu'un volume, qui ne contient pas notre roman des quatre fils Aymon [11]. Sa tentative n'en reste pas moins, pour nous, un encouragement et un exemple.

Et maintenant que nous avons cherché, de notre mieux, à dire, le plus brièvement possible, ce qu'est l'Histoire des quatre fils Aymon, ce qu'était la Bibliothèque bleue et sa littérature populaire, ce qu'en pensaient des esprits distingués, et l'attention que l'on accorda de tout temps à ces restes de notre ancienne littérature nationale, nous prions le lecteur de vouloir bien aborder sans parti pris ni prévention ce vieux roman de chevalerie. Les belles gravures qui l'accompagnent et en forment le commentaire, disposeront peut-être à l'indulgence sa sévère critique à l'égard d'un pauvre vieux texte, écrit pour les humbles, et qui n'aspirait pas à un pareil honneur typographique. En tout cas, il pensera peut-être qu'il est souvent bon de rencontrer le moyen de détendre et de reposer l'esprit ; et alors il lira ce livre, il l'accueillera amicalement, si parfois, en secret, il a répété ce souhait naïf d'un homme dont la gloire et la réputation sont immortelles :

Si Peau-d'Ane m'étoit contée
J'y prendrois un plaisir extrême.

Charles Marcilly.

Notes de l'introduction. Page 1. (1) *Les quatre fils Aymon*, étude par M. Aug. Longnon, publiée dans la Revue des Questions historiques, 1er janv. 1879. — Page 2. (2) Noël du Fail, *Contes d'Eutrapel*. Chap. xxxii. — (3) *Les quatre fils Aymon*, par M. A. Longnon. — Page 3. (4) Noël du Fail, *Contes d'Eutrapel*. Chap. xxii. — (5) La tragédie bretonne des Quatre fils Aymon a été imprimée à Morlaix, par Ledan, en 1818. Voir *Introduction à la Vie de sainte Triphine*, par M. F. M. Luzel, Quimperlé, 1863. — (6) Émile Souvestre. *Les Derniers Bretons*. — (7) Ibid. Deuxième partie, chap. iv, § m. — Page 6. (8) *Nouvelle Bibliothèque bleue*, publiée par Ch. Nodier. Introduction et notices par Le Roux de Lincy, 1842, p. xvi. — (9) La permission du roi est datée du 31 mai 1726. — Page 7. (10) Voltaire. *Contes en vers*, I. — Page 8. (11) *Nouvelle Bibliothèque bleue*, par Ch. Nodier et Le Roux de Lincy.

HISTOIRE DES
QUATRE FILS AYMON
TRES NOBLES ET TRES VAILLANS CHEVALIERS
GENEROSITAS
FORTITUDO
VIRTUS

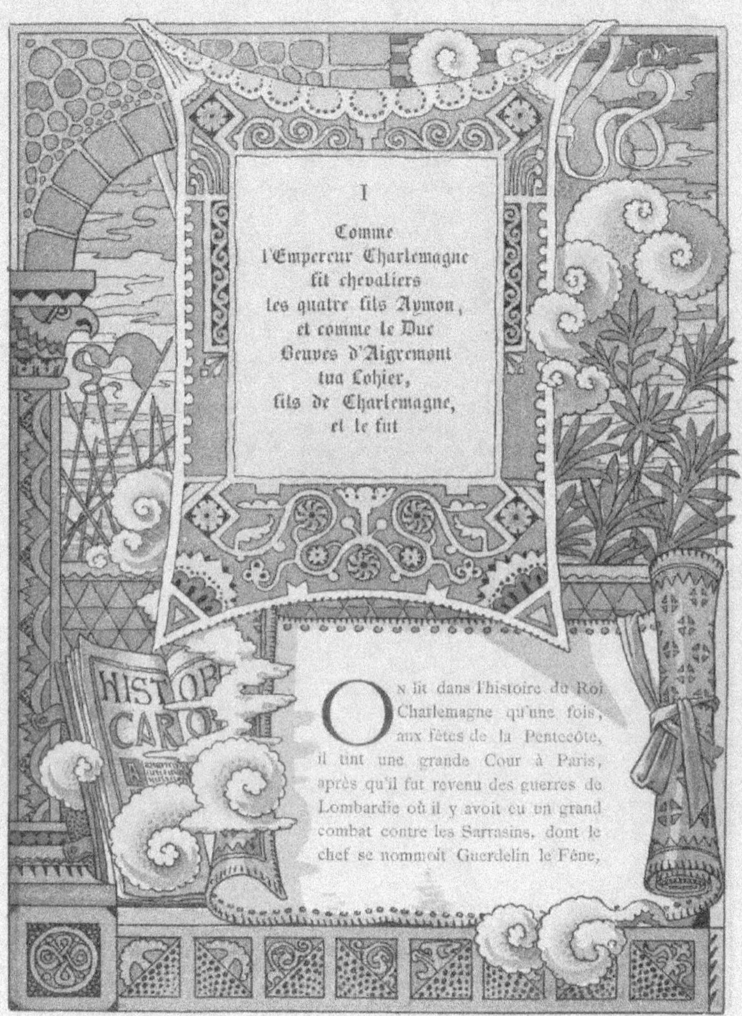

I

Comme l'Empereur Charlemagne fit chevaliers les quatre fils Aymon, et comme le Duc Beuves d'Aigremont tua Lohier, fils de Charlemagne, et le fut

On lit dans l'histoire du Roi Charlemagne qu'une fois, aux fêtes de la Pentecôte, il tint une grande Cour à Paris, après qu'il fut revenu des guerres de Lombardie où il y avoit eu un grand combat contre les Sarrasins, dont le chef se nommoit Guerdelin le Fène, qui fut tué par Charlemagne [1]. Il y eut de tués beaucoup de Ducs, Comtes, Princes, Barons, Chevaliers [2] ; comme Salomon de Bretagne, Hoël comte du Mans, Messire Arnoul de Breulon, Messire Galleran de Bouillon et plusieurs autres grands Seigneurs. Les douze Pairs de France [3] vinrent à la Cour ; plusieurs Allemands, Anglais, Normands, Poitevins, Bérules et Lombards s'y trouvèrent. Il y vint entre autres le vaillant Duc Aymon de Dordonne [4], qui avoit amené ses quatre fils, savoir : Regnaut, Allard, Guichard, Richard, qui étoient beaux et très courageux, et principalement Regnaut qui étoit le plus grand que l'on pût trouver au monde, car il avoit seize pieds de hauteur.

Quand le Roi vit toute la Cour assemblée, il adressa ainsi la parole aux Barons : Mes frères et amis, vous savez que c'est par votre valeur que j'ai fait la conquête d'un grand nombre de villes et ai mis sous ma puissance beaucoup de Sarrasins, témoin l'infidèle Guerdelin que j'ai vaincu et à qui j'ai fait embrasser la religion chrétienne ; quoique j'aie perdu beaucoup de noblesse par la faute de plusieurs de nos vassaux qui n'ont pas voulu nous secourir, bien que nous les eussions mandés, comme Gérard de Roussillon, le Duc de Nanteuil et le Duc Beuves d'Aigremont, qui sont tous trois frères : dont je me plains à vous. Car si ce n'eût été Messire Salomon qui vint nous secourir avec trente mille combattans, et Messire Lambert Berruyer, et Messire Geoffroy de Bourdeille, avec Galeran de Bouillon qui portoit notre étendard, nous étions vaincus, et par la faute de trois frères qui ne voulurent point se rendre à nos ordres, principalement le Duc d'Aigremont, malgré qu'ils m'aient tous prêté serment de fidélité. Je lui manderai encore de me venir servir avec toute sa puissance ; et, en cas qu'il me refuse, je manderai tous mes sujets et amis, j'irai assiéger Aigremont, et si nous pouvons le tenir je ferai pendre et écorcher vif son fils Maugis, je ferai aussi brûler sa femme, et mettrai tout son pays à feu et à sang.

Alors le Duc Naimes de Bavière [5] se leva, et dit au Roi : Sire, il n'est pas nécessaire de vous courroucer. Mais si vous m'en croyez, vous enverrez un messager au Duc d'Aigremont, vous le ferez accompagner ; il faut que ce soit un homme prudent qui remontre au Duc ce dont vous le chargerez, et, suivant sa réponse, vous verrez ce que vous aurez à faire.

Le Roi lui répondit : J'approuve votre conseil. Alors il pensa en lui-même quel messager il choisiroit qui seroit assez hardi pour

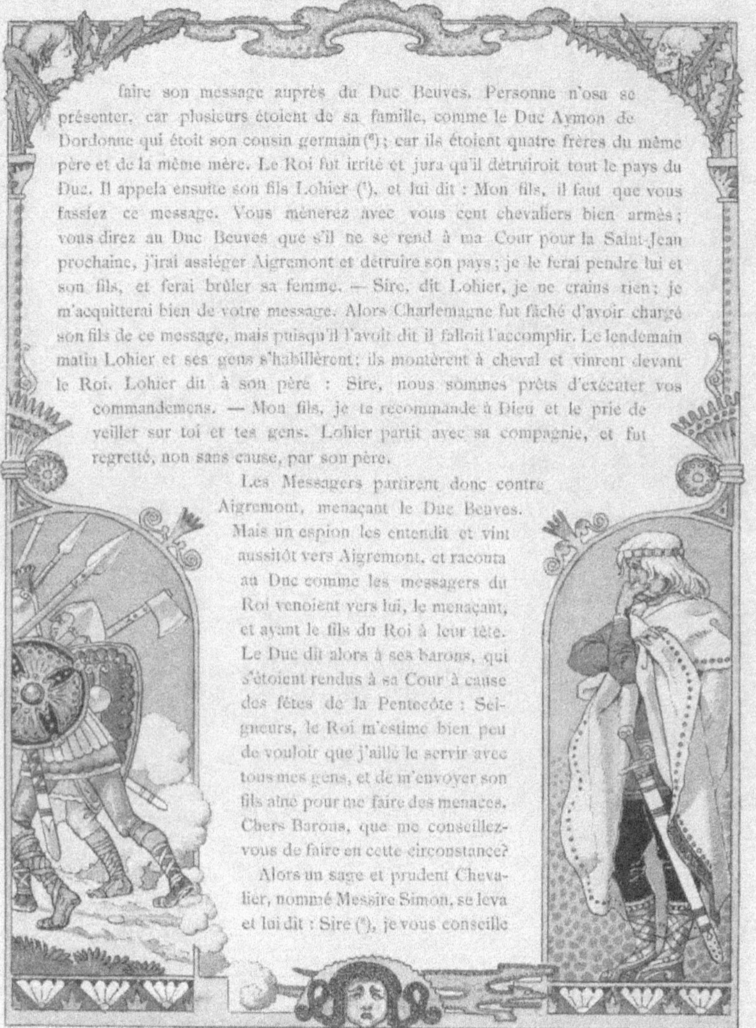

faire son message auprès du Duc Beuves. Personne n'osa se présenter, car plusieurs étoient de sa famille, comme le Duc Aymon de Dordonne qui étoit son cousin germain [6] ; car ils étoient quatre frères du même père et de la même mère. Le Roi fut irrité et jura qu'il détruiroit tout le pays du Duc. Il appela ensuite son fils Lohier [7], et lui dit : Mon fils, il faut que vous fassiez ce message. Vous mènerez avec vous cent chevaliers bien armés ; vous direz au Duc Beuves que s'il ne se rend à ma Cour pour la Saint-Jean prochaine, j'irai assiéger Aigremont et détruire son pays ; je le ferai pendre lui et son fils, et ferai brûler sa femme. — Sire, dit Lohier, je ne crains rien ; je m'acquitterai bien de votre message. Alors Charlemagne fut fâché d'avoir chargé son fils de ce message, mais puisqu'il l'avoit dit il falloit l'accomplir. Le lendemain matin Lohier et ses gens s'habillèrent ; ils montèrent à cheval et vinrent devant le Roi. Lohier dit à son père : Sire, nous sommes prêts d'exécuter vos commandemens. — Mon fils, je te recommande à Dieu et le prie de veiller sur toi et tes gens. Lohier partit avec sa compagnie, et fut regretté, non sans cause, par son père.

Les Messagers partirent donc contre Aigremont, menaçant le Duc Beuves. Mais un espion les entendit et vint aussitôt vers Aigremont, et raconta au Duc comme les messagers du Roi venoient vers lui, le menaçant, et ayant le fils du Roi à leur tête. Le Duc dit alors à ses barons, qui s'étoient rendus à sa Cour à cause des fêtes de la Pentecôte : Seigneurs, le Roi m'estime bien peu de vouloir que j'aille le servir avec tous mes gens, et de m'envoyer son fils aîné pour me faire des menaces. Chers Barons, que me conseillez-vous de faire en cette circonstance?

Alors un sage et prudent Chevalier, nommé Messire Simon, se leva et lui dit : Sire [8], je vous conseille de recevoir honorablement les messagers du Roi, car vous savez qu'il est votre Seigneur, et vous savez que c'est agir contre Dieu et raison que de combattre contre son Seigneur. N'ayez aucun égard à votre famille, ni à ce que vos frères Gérard de Roussillon et le Duc de Nanteuil n'ont pas voulu lui obéir. Sachez que le Roi est puissant, et peut détruire vous et vos biens si vous n'obéissez. Le Duc lui répondit qu'il n'en feroit rien et qu'il lui donnoit un mauvais conseil : car, dit-il, j'ai trois frères qui m'aideront à soutenir la guerre contre lui; j'ai aussi quatre neveux qui sont tous courageux. La Duchesse lui dit : Croyez votre conseil, car jamais on ne vous conseillera d'avoir guerre contre votre Seigneur; la Loi de Dieu le défend. Lors il regarda la Duchesse avec un air irrité, et lui défendit de lui parler davantage de cela. Il y eut de vives contestations dans le Palais d'Aigremont, car les uns disoient que la Duchesse conseilloit bien, les autres, mal. Le Duc dit alors à ceux qui lui conseilloient de ne pas obéir au Roi, qu'il leur en sauroit bon gré; et que, tant qu'il vivroit, il ne lui obéiroit point; au contraire, qu'il trouveroit des amis pour lui faire la guerre.

Les messagers du Roi arrivèrent au château d'Aigremont, qui est situé sur un rocher. Il étoit flanqué de grosses tours, tellement que par sa situation et sa force il étoit imprenable, excepté par famine. Lohier dit aux Seigneurs qui étoient avec lui : Considérez cette forteresse et le fleuve qui passe au pied; je ne crois pas qu'il y ait sa pareille dans toute la Chrétienté. Un Chevalier nommé Savary dit alors à Lohier : Sire, il me semble que le Roi (*), votre père, fait une grande folie d'entreprendre de détruire le Duc d'Aigremont, car il est très puissant; je crois qu'il aura bien autant de gens pour combattre que le Roi, votre père, s'il venoit l'attaquer. Il faudroit qu'ils fussent de bon accord. Mais je sais bien que si le Roi, votre père, le tenoit, tout l'or du monde ne l'empêcheroit pas de le faire pendre et écorcher tout vif. Je vous supplie de parler au Duc Beuves avec douceur, car il est bien orgueilleux : il pourroit y avoir une difficulté entre vous et lui qui tomberoit sur nous; nous sommes trop peu. Lohier répondit qu'il parloit prudemment : Mais s'il nous dit quelque chose de désagréable, il en souffrira le premier.

Ils arrivèrent à la porte du château d'Aigremont où ils frappèrent. Le portier leur demanda : — Seigneurs, qui êtes-vous? — Ami, dit Lohier; ouvrez-nous la porte, nous désirons parler au Duc Beuves de la part du Roi. — Attendez un instant, je vais parler à monseigneur le Duc. Alors il alla au Palais, et dit au Duc qu'il y avoit beaucoup de gens d'armes à la porte : Monseigneur, vous plaît-il que je les fasse entrer? — Oui, dit le Duc, car je ne les crains pas. Le portier leur ouvrit; Lohier et ses gens entrèrent et montèrent jusqu'au donjon du château. Le Duc dit à ses barons : Je vois venir le fils aîné du Roi; s'il me parle honnêtement il fera bien, car s'il dit quelque chose qui me déplaise j'en aurai raison. Beuves étoit accompagné de deux cents Chevaliers. Cependant Lohier entra avec ses gens bien armés dans la salle du Palais : elle étoit bien remplie de noblesse; le Duc étoit au milieu d'eux; auprès de lui étoient la Duchesse et son fils Maugis, qui n'avoit pas son pareil dans l'art de la Nécromancie et dans les armes. Lohier entra donc à la tête de ses gens. Il parla en cette manière : Que le Dieu Tout-puissant garde et conserve le Roi ! Puisse-t-il confondre le Duc d'Aigremont! Le Roi, mon père, vous mande que vous vous rendiez à Paris avec cinq cents Chevaliers, pour le secourir où il lui plaira de vous envoyer, et aussi pour lui rendre rai-

14

Grav. imp. par Gillot.

son de ce que vous n'avez pas été avec lui en Lombardie contre les Sarrasins; car c'est par votre faute que sont morts Baudouin, seigneur de Melun, Geoffroy de Bordeille, et plusieurs autres combattans. Vous serez pris et conduit en France comme traître: vous serez écorché tout vif, votre femme brûlée, et vos enfants exilés. Faites ce que le Roi vous commande, car vous êtes son sujet.

Quand le Duc Beuves eut ainsi entendu parler Lohier, fils du Roi Charlemagne, il commença à s'irriter, et dit à Lohier qu'il n'iroit pas vers le Roi, et qu'il ne tenoit de lui ni forteresse, ni château; et qu'il s'en iroit contre lui avec toute sa puissance pour détruire le Royaume de France. Alors Lohier lui dit : Vassal, comment osez-vous ainsi répondre? Si le Roi savoit vos menaces, il viendroit vous détruire! Songez que vous êtes son sujet, et que vous devez lui obéir. Ainsi venez servir le Roi, et me croyez : car si vous ne le faites, il vous fera brûler et jeter vos cendres au vent. Quand le Duc Beuves l'entendit parler ainsi, il se leva, et dit que : Malheureux étoit celui qui venoit lui faire un pareil message de la part de Charlemagne, et qu'il n'en rendroit jamais nouvelles.

Il y eut un noble Chevalier des gens du Duc Beuves qui lui dit : Monseigneur, gardez-vous de faire cette folie! Laissez dire à Lohier ce qu'il voudra; vous n'en valez ni plus ni moins; vous savez combien Charlemagne est puissant, car vous êtes son sujet, et tenez de lui votre château d'Aigremont et votre terre. Agissez ainsi, et vous ferez sagement : car de vous élever contre votre Seigneur, il ne peut que vous en arriver mal.

Le Duc, l'entendant parler, lui dit : Taisez-vous, je ne tiendrai rien de lui tant que je pourrai porter les armes et monter à cheval. Je manderai mes frères Gérard de Roussillon, le Duc de Nanteuil, et Garnier, son fils; nous irons ensuite attaquer le Roi Charlemagne. En tel lieu que je le rencontre, je lui ferai ce qu'il pense de moi. Tout l'or de Paris n'empêcheroit pas que je fasse mourir le messager qui me menace, dussé-je être mis en pièces. Lohier lui dit : Je ne vous estime, ni ne redoute. Le Duc Beuves, piqué de ces paroles, s'écria : Barons! saisissez-vous de lui; il faut qu'il périsse! Ils n'osèrent s'opposer à ses volontés; ils tirèrent tous leurs épées, et se jetèrent sur les gens de Charlemagne. Lohier cria à son enseigne, et commença, avec ses gens, à se défendre. Ils se battirent dans la salle du Palais, et le bruit se répandit bientôt par toute la ville. Alors, vous eussiez vu bourgeois et artisans, avec des haches, des épées, d'autres avec des bâtons :

ils étoient environ sept mille, mais l'entrée du Palais étoit étroite, et les François y étoient, et les empêchoient d'y entrer facilement. Que ce jour fut terrible et malheureux! Ceux qui avoient moins de force furent obligés de combattre courageusement.

Lohier, voyant que ses gens avoient le dessous, frappa un chevalier si rudement qu'il le renversa mort aux pieds de Beuves. Il dit ensuite : — Dieu Tout-puissant, qui naquîtes du sein d'une Vierge, et souffrîtes mort et Passion pour racheter l'humanité, daignez me garantir de la mort. Je sais bien que si vous ne me secourez, jamais le Roi mon père ne me reverra. Le Duc dit à Lohier : Dieu veuille que ce soit aujourd'hui votre fin! — Non, dit Lohier. Alors il donna un si grand coup d'épée au Duc que le sang couloit dans la salle. Il dit alors : Je savais bien que vous n'en échapperiez pas. Le Duc, furieux, courut sur lui et le frappa si cruellement qu'il le renversa mort à ses pieds. Ainsi périt malheureusement Lohier, fils aîné du Roi Charlemagne. Le cruel Duc Beuves lui coupa la tête.

Quand les gens de Lohier virent que leur maître étoit mort, ils perdirent courage : de cent qui étoient venus avec Lohier, il n'en restoit plus que vingt. Le Duc en fit tuer dix, et dit aux dix autres : Promettez-moi, sur votre foi de Chevaliers, que vousporterez votre Seigneur Lohier à son père Charlemagne. Vous lui direz que je lui envoie son fils qu'il m'a, malheureusement pour lui, envoyé. Je vous laisserai aller à ce prix, et vous lui direz que je ne lui avancerai pas un denier : qu'au contraire j'irai le trouver avec cent mille combattans, et ravagerai son pays. — Sire, répondirent-ils, nous ferons ce qu'il vous plaira de nous commander. Il fit faire une bière pour y mettre le corps : ils le mirent sur une charrette, et partirent de la ville.

Quand ils furent dans la campagne, ils se mirent à pleurer en disant : Hélas! que dirons-nous au Roi quand il apprendra votre mort? Il nous fera mourir. Ainsi attristés ils allèrent droit à Paris.

Le roi Charlemagne, y étant, dit un jour à ses Barons : Je suis inquiet de mon fils Lohier, que j'ai envoyé à Aigremont.

J'ai peur qu'il n'ait eu du bruit avec le Duc Beuves, qui est un homme orgueilleux : je crains qu'il ne l'ait tué. Mais je jure par ma couronne que, s'il l'a fait, j'irai contre lui avec cent mille hommes, et le ferai pendre. — Sire, dit le Duc Aymon, s'il a mal agi vous ferez bien d'en tirer vengeance ; il est votre vassal, il doit vous respecter et vous servir ; il tient sa terre de vous : je serois fâché qu'il vous eût manqué. J'ai ici mes quatre fils, savoir : Regnaut, Allard, Guichard et Richard, qui sont fort courageux et qui vous serviront à votre volonté. — Je vous sais bon gré des offres que vous me faites. Je veux que vous les ameniez pour que je les fasse Chevaliers ; je leur donnerai assez de villes.

Le Duc Aymon envoya aussitôt chercher ses fils et les fit présenter au Roi qui, à peine les eut vus, qu'il les trouva très beaux. Regnaut parla le premier et dit au Roi : Sire, s'il vous plaît de nous faire Chevaliers, nous vous serons à jamais dévoués. Le Roi appela son Sénéchal et lui dit : Apportez-moi les armes qui furent au roi de Cypre, que j'ai tué à la bataille de Pampelune ; je les donnerai à Regnaut comme au plus vaillant de tous ; je donnerai d'autres armes à ses trois frères. Le Sénéchal apporta ces armes qui étoient très belles. Ainsi furent armés les quatre fils du Duc Aymon de Dordonne, et Oger le Danois, qui étoit leur parent [10], mit les éperons au Chevalier Regnaut ; le roi Charlemagne lui ceignit son épée, fit Regnaut Chevalier, et lui dit : Dieu vous augmente en bonté, honneur et courage [11]. Regnaut monta ensuite sur le bon cheval Bayard, qui n'eut jamais son pareil, car il eût couru dix lieues sans être las. Il avoit été nourri dans l'île de Brescau, et Maugis, le fils du Duc Beuves d'Aigremont, l'avoit donné à son cousin. Le valeureux Regnaut portoit à son col un écu

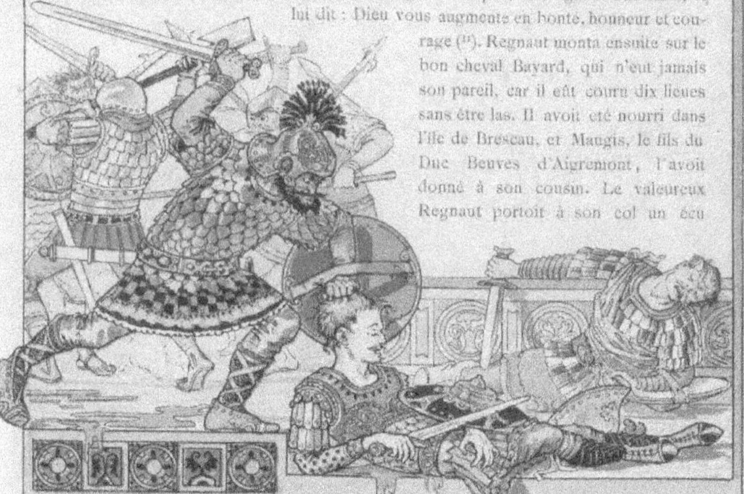

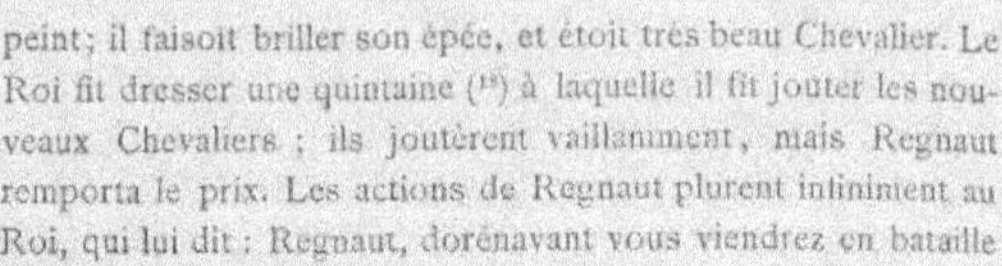

peint; il faisoit briller son épée, et étoit très beau Chevalier. Le Roi fit dresser une quintaine (19) à laquelle il fit jouter les nouveaux Chevaliers ; ils joutèrent vaillamment, mais Regnaut remporta le prix. Les actions de Regnaut plurent infiniment au Roi, qui lui dit : Regnaut, dorénavant vous viendrez en bataille avec nous. — Je vous remercie, dit Regnaut ; je vous promets de vous servir fidèlement, et jamais ne vous manquerai.

L'Empereur Charlemagne, après les joutes, retourna en son palais, et dit à ses Barons : Je suis inquiet de ce que mon fils Lohier ne revient point ; je crains qu'il ne lui soit arrivé quelque accident, car la nuit dernière j'ai songé que la foudre tomboit sur lui, et que le Duc d'Aigremont vint et lui trancha la tête. Mais je jure que si cela est ainsi, il n'aura jamais la paix avec moi. — Sire, dit le Duc Naimes, je ne crois pas cela, et on ne doit pas y ajouter foi. — Le Roi dit : Si cependant cela est, je manderai Normands, Berruyers, Flamands, Allemands, Bavarois, Anglois et Lombards, avec lesquels j'irai le détruire.

Il arriva aussitôt un messager bien fatigué et blessé. Charlemagne, qui étoit aux fenêtres, descendit du palais avec le Duc Naimes de Bavière, et Oger le Danois. Le messager salua profondément le Roi et lui dit : Sire, vous avez fait une grande folie d'envoyer votre fils demander l'obéissance du Duc Beuves d'Aigremont. Votre fils la lui demanda hardiment, mais le Duc, qui est extrêmement fier, l'ayant entendu, le fit prendre, et dit qu'il ne vous rendroit jamais de réponse. Aussitôt il s'éleva un combat où votre fils a été tué par le Duc Beuves, avec presque tous vos gens, excepté moi et neuf autres qui apportent votre fils dans une bière ; et moi qui suis blessé. Le messager tomba alors en foiblesse. Le Roi, saisi de douleur, commença à dire : Grand Dieu ! quel malheur je viens d'apprendre ! je n'y pourrai survivre. Le Duc Naimes le consola et lui dit : Sire, ne vous abandonnez pas ainsi à la douleur. Faites enterrer votre fils honorablement : vous irez ensuite attaquer le Duc, et le détruire, lui et son pays. Le Roi se consola, et approuvant les avis du Duc Naimes,

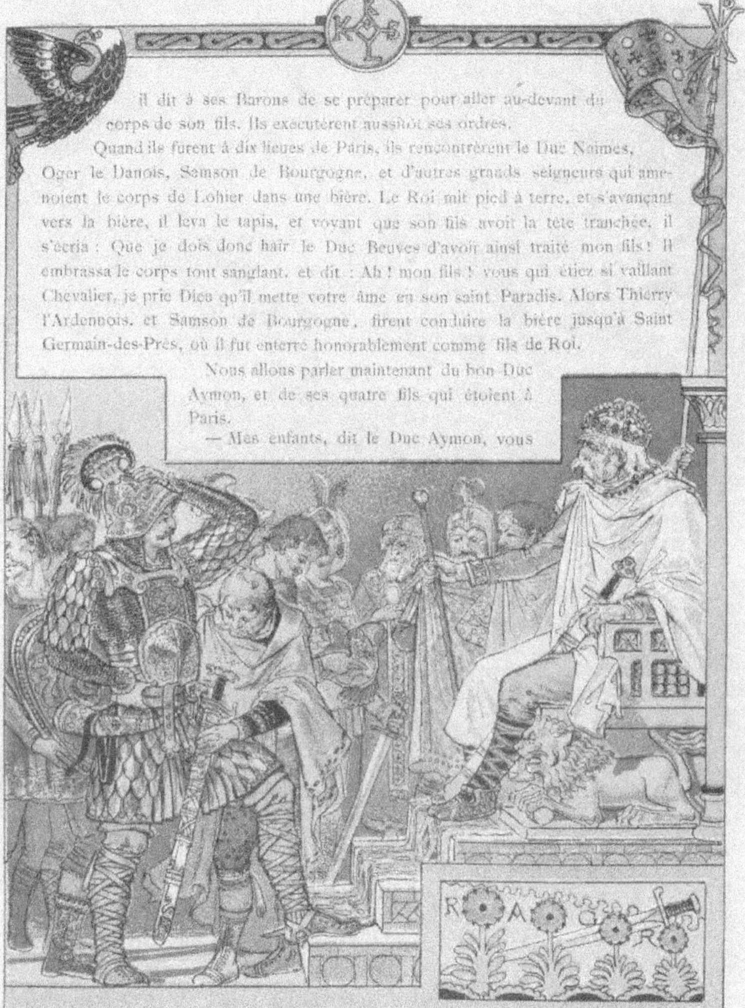

il dit à ses Barons de se préparer pour aller au-devant du corps de son fils. Ils exécutérent aussitôt ses ordres.

Quand ils furent à dix lieues de Paris, ils rencontrèrent le Duc Naimes, Oger le Danois, Samson de Bourgogne, et d'autres grands seigneurs qui amenoient le corps de Lohier dans une bière. Le Roi mit pied à terre, et s'avançant vers la bière, il leva le tapis, et voyant que son fils avoit la tête tranchée, il s'écria : Que je dois donc haïr le Duc Beuves d'avoir ainsi traité mon fils ! Il embrassa le corps tout sanglant, et dit : Ah ! mon fils ! vous qui étiez si vaillant Chevalier, je prie Dieu qu'il mette votre âme en son saint Paradis. Alors Thierry l'Ardennois, et Samson de Bourgogne, firent conduire la bière jusqu'à Saint Germain-des-Prés, où il fut enterré honorablement comme fils de Roi.

Nous allons parler maintenant du bon Duc Aymon, et de ses quatre fils qui étoient à Paris.

— Mes enfants, dit le Duc Aymon, vous

savez que le Roi Charlemagne est irrité à juste titre, parce que mon frère, votre oncle, a tué son fils Lohier. Je sais bien qu'il ira contre lui ; mais nous n'irons pas. Allons à Dordonne, et si le Roi veut lui faire la guerre, nous l'aiderons alors.

Ils montèrent à cheval, et partirent pour Laon ; de là ils allèrent à Dordonne. Quand la Dame vit venir son Seigneur avec ses quatre fils, elle en fut bien joyeuse, et vint au-devant, demandant si Regnaut et ses frères étoient Chevaliers. Le Duc Aymon lui répondit que oui. Elle lui demanda ensuite pourquoi ses fils ne restoient pas auprès du Roi : il lui raconta comment le Duc Beuves d'Aigremont avoit tué le fils aîné du Roi. Elle fut bien fâchée de cette nouvelle, car elle connoissoit bien que c'étoit la perte de son mari, d'elle, de ses enfants, et de toutes leurs terres : Regnaut menaçoit beaucoup le Roi. La Dame voyant cela, lui dit : Mon fils, je te prie de m'écouter : aime et respecte ton souverain Seigneur et tu seras aimé de Dieu. Et vous, monseigneur Aymon, je suis surprise que vous soyez sorti de la Cour du Roi sans son congé, lui qui vous a fait tant de bien, et qui a donné de si riches armes à vos enfans. Je vous prie de ne vous en pas mêler, car cet été vous verrez que le Roi ira sur votre frère. Par mon conseil, servez le Roi notre Seigneur, car si autrement vous faites, vous serez déloyal. — Dame, répondit le Duc Aymon, pour Dieu ! je voudrois avoir perdu mon cheval et la moitié de ma terre, et que mon frère, le Duc Beuves, n'eût pas tué Lohier.

Nous laisserons à parler du duc Aymon et de ses fils, et parlerons du Roi, qui regrettoit la perte de son fils.

Pendant que Charlemagne se désoloit, il vint un messager qui dit qu'Aymon et ses quatre fils étoient retournés dans leur pays ; dont le Roi fut irrité, et jura qu'avant qu'il mourût, Aymon et ses quatre fils le payeroient bien cher, et que le Duc Beuves d'Aigremont et toute sa famille ne pourroient s'y opposer. On prépara le dîner, auquel le Roi ne mangea presque point, tant il étoit triste. Salomon lui servit d'échanson ce jour-là. Après le dîner, le Roi dit à ses Barons : Seigneurs, le Duc Beuves m'a fait outrage d'avoir tué mon fils Lohier ; mais s'il plaît à Dieu, je l'irai voir cet été et détruirai toute sa terre ; et si je peux l'atteindre je m'en vengerai, par rapport à Aymon et ses fils, que j'ai faits Chevaliers, et dont je me repens. — Sire, dit le Duc Naimes, votre fils est mort par malheur ; mandez vos gens, allez vers Aigremont, et si le Duc Beuves se présente, vendez-lui chèrement

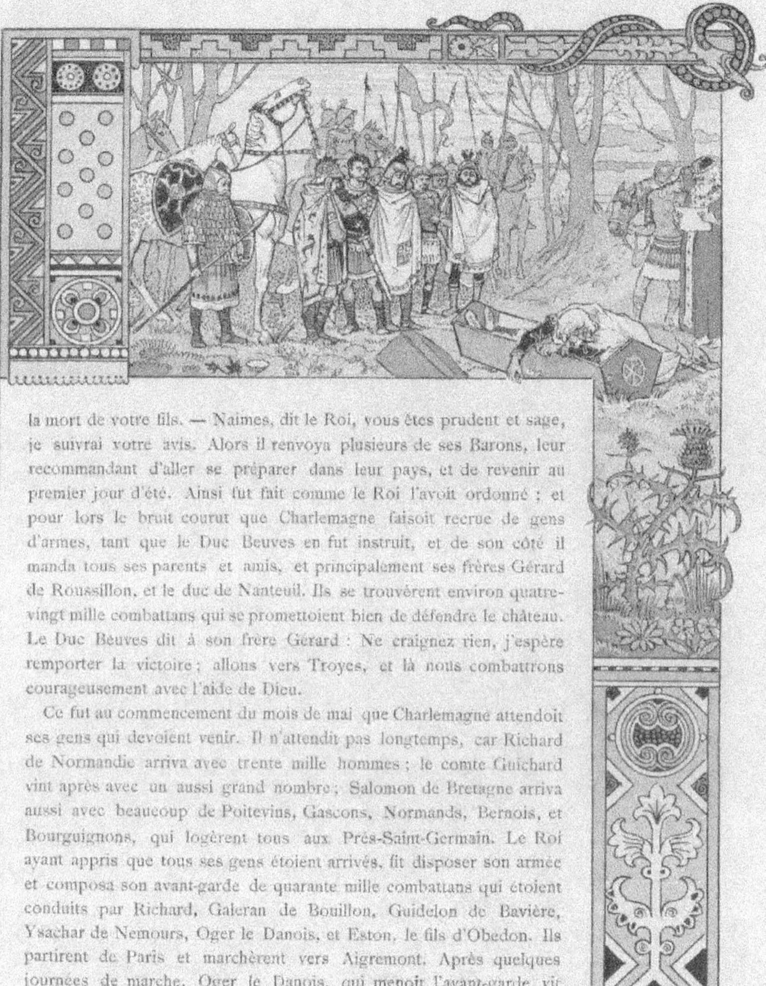

la mort de votre fils. — Naimes, dit le Roi, vous êtes prudent et sage, je suivrai votre avis. Alors il renvoya plusieurs de ses Barons, leur recommandant d'aller se préparer dans leur pays, et de revenir au premier jour d'été. Ainsi fut fait comme le Roi l'avoit ordonné ; et pour lors le bruit courut que Charlemagne faisoit recrue de gens d'armes, tant que le Duc Beuves en fut instruit, et de son côté il manda tous ses parents et amis, et principalement ses frères Gérard de Roussillon, et le duc de Nanteuil. Ils se trouvèrent environ quatre-vingt mille combattans qui se promettoient bien de défendre le château. Le Duc Beuves dit à son frère Gérard : Ne craignez rien, j'espère remporter la victoire ; allons vers Troyes, et là nous combattrons courageusement avec l'aide de Dieu.

Ce fut au commencement du mois de mai que Charlemagne attendoit ses gens qui devoient venir. Il n'attendit pas longtemps, car Richard de Normandie arriva avec trente mille hommes ; le comte Guichard vint après avec un aussi grand nombre ; Salomon de Bretagne arriva aussi avec beaucoup de Poitevins, Gascons, Normands, Bernois, et Bourguignons, qui logèrent tous aux Prés-Saint-Germain. Le Roi ayant appris que tous ses gens étoient arrivés, fit disposer son armée et composa son avant-garde de quarante mille combattans qui étoient conduits par Richard, Galeran de Bouillon, Guidelon de Bavière, Ysachar de Nemours, Oger le Danois, et Eston, le fils d'Obedon. Ils partirent de Paris et marchèrent vers Aigremont. Après quelques journées de marche, Oger le Danois, qui menoit l'avant-garde, vit

venir un messager qui lui demanda à qui appartenoient ces gens. Oger repondit que c'étoit à Charlemagne. Il lui dit qu'il voudroit bien lui parler, et Richard le mena vers lui. Le messager salua respectueusement le Roi, lui dit qu'il étoit de Troyes, et que le Gouverneur le supplioit de lui envoyer du secours, parce qu'autrement il seroit obligé de rendre la ville au Duc d'Aigremont et à ses deux frères.

Quand Charlemagne entendit que Troyes étoit assiégée par le Duc Beuves et ses frères, il fut fâché, et jura par Saint Denis de France qu'il iroit avec son armée, et que s'il pouvoit tenir le duc d'Aigremont, il le feroit mourir. Il appela Naimes de Bavière, Godefroi de Frise, le Duc Galeran, et leur dit : Barons, volons au secours de Troyes avant qu'elle soit prise. Ils répondirent tous que très volontiers ; et marchèrent tous vers Troyes. L'avant-garde arriva avec l'oriflamme (15), que portoit Oger : Richard de Normandie, le Duc Galeran, et trente mille combattans avec eux. Le messager alloit devant eux. Quand ils furent près de la ville, il y vint un nouveau messager dire à Galeran que le Roi venoit pour les secourir. — Aubert y a grande compagnie, dit Gérard de Roussillon à ses frères, étant tout le premier à l'avant-garde. Ils marchèrent tous l'un contre l'autre. Quand Oger le Danois vit venir Gérard de Roussillon, il dit à

Richard de Normandie : Voyez comme Gérard de Roussillon nous pense malmener ; or, pensons à nous bien défendre, afin que l'honneur en soit au Roi et à nous. Alors ils laissèrent courir les chevaux de part et d'autre.

Gérard frappa un Allemand de sa lance, tellement qu'il l'abattit mort. Il prit son enseigne, et cria : *Roussillon !* (18) Alors commença une bataille terrible. Oger, voyant que l'on tuoit ses gens, devint furieux et frappa un chevalier à mort ; Gérard de Roussillon, voyant cela, renversa mort un des gens d'Oger. La bataille devint très sanglante : on voyoit de part et d'autre des lances brisées, des hauberts démaillés ; le champ de bataille étoit jonché de morts et de mourans qui nageoient dans des ruisseaux de sang. Le duc Beuves d'Aigremont vint à bride abattue, et frappa si rudement Oger, seigneur de Péronne et de Saint-Quentin, qu'il l'étendit mort à ses pieds ; alors il cria : *Aigremont !* (19) Son frère de Nanteuil, et tous ses gens vinrent vers lui ; ils marchèrent aussitôt contre les gens du Roi. Il y vint d'autre part des Poitevins, Allemands et Lombards, qui étoient du parti du Roi : ils se mêlèrent, et le combat devint plus terrible, car il y avoit là de vaillans chevaliers. Richard de Normandie y montra son courage, car il donna la mort à un chevalier qui étoit aimé de Gérard de Roussillon, qui jura de venger la mort de ce chevalier ; alors il cria : *Roussillon* Son frère, le duc de Nanteuil, vint aussitôt le secourir, et lui dit : Frère, je serois d'avis de nous en retourner, car voici le Roi et tous ses gens ; si nous les attendons, ils nous feront mauvais parti. Pendant qu'ils marchoient, Galeran de Bouillon tua devant eux un des neveux de Gérard. Gérard, comme insensé, envoya chercher le duc Beuves, qui vint aussitôt le secourir. D'autre part, le Roi assembla ses gens, et ce jour il y périt environ quarante mille hommes, tant de part que d'autre. Le duc Beuves frappa messire Gauthier de Pierrette en son écu, tellement qu'il lui passa sa lance au travers du corps ; il cria : *Aigremont !* Le combat fut sanglant, et Richard de Normandie montra sa valeur, car il jouta contre le duc d'Aigremont, tellement qu'il lui perça son écu et le blessa ; puis il lui dit : Votre perte est inévitable. Malheureux le jour où vous fîtes périr Lohier ! En disant ces mots, il le frappa sur son casque : comme la coiffe étoit d'acier, le coup tomba sur le col du cheval et l'abattit ; sans cela le duc Beuves étoit mort. Alors le duc Beuves se releva promptement

l'épée à la main, et frappa un chevalier nommé messire Simon, et il le tua. Vinrent ensuite Oger, Naimes, Galeran de Bouillon, Hoël du Mans, le comte Salomon, Leon de Frise, l'archevèque Turpin [16], et Estoc, fils d'Obdon; car à cette bataille il y avoit beaucoup de noblesse.

Charlemagne vint dans ces entrefaites criant : Barons, ne le laissez pas échapper, car il ne nous en resteroit que la honte ! Alors il mit sa lance en arrêt, et frappa Gérard de Roussillon d'une telle force qu'il le renversa par terre : il seroit péri infailliblement si ses frères ne l'eussent secouru. D'autre part vint Oger le Danois, qui frappa un chevalier des gens de Gérard de Roussillon : il le fendit, dont il tomba mort sur le champ. Quand Gérard vit périr ce chevalier, il réclama Dieu et la Vierge, en disant : Hélas ! j'ai perdu aujourd'hui de très bons chevaliers. Le duc Beuves, de son côté, prioit Dieu de vouloir bien le garantir de la mort, et de tomber entre les mains du Roi.

Le soleil étoit prêt à se coucher, et les combattans de part et d'autre étoient fatigués. Les trois frères s'en retournèrent fort irrités dans leurs tentes, principalement Gérard qui, cette journée, avoit perdu son cher cousin Aymon, et cent autres de sa compagnie. Il commença à dire : Maudite l'heure où le fils du Roi est mort ! Le duc Beuves vint, tout sanglant comme s'il eût été bien blessé. Quand Gérard le vit, il se prit à soupirer tendrement, lui disant : Beau frère, vous êtes blessé à mort ? — Non, dit-il, je serai bientôt guéri. Alors Gérard jura qu'au soleil levant il commenceroit un si grand combat avec le Roi qu'il y périroit trente mille hommes. — Ne le faites pas, dit le duc de Nanteuil ; mais si vous voulez me croire, nous enverrons au Roi trente des plus sages chevaliers ; nous lui demanderons trève, lui promettant que notre frère le duc Beuves lui compensera [17] la mort de son fils. Vous savez que nous sommes ses sujets, et que ce seroit mal agir que de l'attaquer à main armée, car s'il avoit perdu tous les gens qu'il a amenés, avant un mois il en auroit deux fois autant, et nous ne pourrions longtemps lui résister. Ses frères lui répondirent qu'ils s'en rapporteroient à ses avis. Ils conclurent entre eux d'y envoyer quand le jour seroit venu ; ils firent faire une bonne garde, ils firent ensuite préparer les messagers pour les envoyer au Roi. Quand ils furent prêts, Gérard de Roussillon leur dit : Seigneurs, remontrez

bien au Roi que nous sommes bien fâchés de la mort de son fils Lohier, et que notre frère le Duc Beuves s'en repent; s'il lui plaisoit avoir pitié de nous, nous irions le servir, où bon lui semblera nous envoyer, avec dix mille combattans. Vous prierez le Duc Naimes de vouloir bien s'employer pour nous.

Quand les messagers eurent appris ce qu'ils devoient exposer au Roi de la part des trois frères, ils montèrent à cheval, portant des rameaux d'olivier en signe de paix, et vinrent auprès du Roi. Ils le saluèrent humblement, et messire Étienne lui porta la parole : Sire, je prie Dieu qu'il vous donne bonne et longue vie. Sachez que le Duc Gérard de Roussillon, le Duc Beuves d'Aigremont, et le Duc Nanteuil nous ont envoyés pour vous demander grâce, et vous supplier de leur pardonner la mort de votre fils, dont ils sont bien fâchés. Le Duc Beuves vous mande particulièrement que, si vous le voulez, il viendra servir, lui et ses frères, avec dix mille combattans. Sire, souvenez-vous que Dieu a pardonné sa mort à ses ennemis ; ainsi il vous plaira leur pardonner. Quand le Roi eut entendu les messagers des trois frères, il fronça le sourcil et, se cachant le visage, il ne répondit rien. Un peu après il leur parla en ces termes : Il falloit que le Duc d'Aigremont eût perdu le sens commun, quand il a fait périr si indignement mon fils Lohier que j'aimois tendrement. Il est mon vassal malgré lui. — Sire, répondit messire Étienne, je suis certain qu'il vous fera droit, au rapport de votre Conseil. — Nous en consulterons, répondit le Roi. Il se retira et appela le Duc Naimes de Bavière, Oger le Danois, messire Salomon, Hoël du Mans, Galeran de Bouillon, Oger de Langet, Léon de Frise, et leur dit : Seigneurs, voici les messagers du Duc Beuves d'Aigremont et de ses frères, qui mandent qu'ils me viendront servir où bon me semblera avec dix mille combattans, si la mort de mon fils étoit à pardonner : ils resteront nos vassaux et ne tiendront leurs seigneuries que de nous. — Sire, dit le Duc Naimes, je vous conseille de leur pardonner, car

ils sont hardis et très courageux. Le roi suivit le conseil du Duc Naimes, et pardonna aux trois frères. Il appela les Ambassadeurs, et leur dit qu'il pardonnoit la mort de son fils Lohier, à condition que le Duc Beuves d'Aigremont viendroit le servir à la Saint-Jean prochaine avec dix mille combattans, tous bien armés. Il leur dit de venir au plus tôt prêter serment de fidélité.

Les messagers partirent et retournèrent vers le Duc, auquel ils racontèrent leur négociation qui plut beaucoup aux trois frères. Gérard de Roussillon dit : Il est juste de nous dépouiller de nos habits, et aller tout nuds vers le Roi, pour lui demander grâce d'avoir offensé Sa Majesté. Ils se mirent tout nuds en chemise, et partirent accompagnés bien de quatre mille chevaliers.

Le Roi voyant venir les trois frères, avec les Barons, appela le Duc Naimes et plusieurs Barons, et leur dit : Ne me sauriez-vous dire quelles gens ce sont là? — Sire, dit le Duc Naimes, c'est le Duc Beuves d'Aigremont avec ses gens, qui viennent demander grâce. Le Duc Beuves parut aussitôt. Il se jeta aux pieds du Roi, et lui dit : Sire, je viens vous demander grâce : nous nous sommes rendus à vos ordres. J'ai tué votre fils inconsidérément : mes frères et moi, nous nous rendons à vous. Nous vous servirons de toutes nos forces où il vous plaira de nous envoyer, et de toute notre vie ne manquerons de vous être fidèles. Quand le Roi le vit devenu si humble, il en eut pitié, et lui pardonna la mort de son fils. Alors il leur fut permis de se réunir et de s'embrasser les uns les autres. Ainsi furent apaisés le Roi et les Barons, par le conseil du Duc Naimes. Les trois frères jurèrent et promirent au Roi de le suivre quand il leur ordonneroit. Ils prirent congé du Roi, qui fit promettre au Duc Beuves qu'il reviendroit *le* servir à la Saint-Jean prochaine. Le Roi retourna vers Paris, et les trois frères retournerent en leur hôtel, car ils pensoient être bien réconciliés avec le Roi.

Un peu après la Saint-Jean-Baptiste arriva. Le Roi tenoit sa Cour à Paris; le Duc Beuves ne manqua pas de s'y trouver comme il l'avoit promis. Il partit d'Aigremont avec deux cents chevaliers, et se mit en chemin pour venir vers le Roi et le servir où il voudroit l'employer. Comme le Roi étoit à Paris, il y vint vers lui le Comte Ganelon, Foulques de Morillon, Harare et Béranger. Ils dirent au Roi que le Duc Beuves d'Aigremont venoit avec deux cents chevaliers, et ils lui dirent aussi : Comment pouvez-vous accepter les services d'un homme qui a tué votre fils, notre cousin? Si vous le voulez, je vous en vengerai. — Ce seroit trahison, dit le Roi; nous lui avons donné sauf-conduit; toutefois faites à votre volonté, mais je ne prends rien sur moi. Prenez garde que le Duc d'Aigremont est d'une grande famille : vous pourriez bien le payer cher. — Sire, répondit Ganelon (8), ne vous inquiétez point; il n'y a personne assez hardi pour combattre contre ma famille et moi. Je vous promets de partir demain matin avec deux mille combattans, et nous vous vengerons. — Le Roi répéta que c'étoit trahison. — Qu'importe? dit Ganelon; il a bien tué votre fils par trahison. — Faites donc comme vous voudrez; pour moi je ne m'en mêle aucunement.

Le lendemain matin, Ganelon et ses gens partirent de Paris avec quatre mille combattans : ils s'arrêterent dans la vallée de Soissons; ils rencontrèrent le Duc Beuves et ses gens. Quand Beuves les vit venir, il dit à ses gens : Voici venir des courtisans. Je ne sais ce que ce peut être, continua-t-il, car le Roi est vindicatif, et s'il a avec lui des traîtres, c'est surtout Foulques de Morillon. J'ai songé cette nuit qu'un griffon venoit d'en haut et perçoit mon écu et mes armes; il me déchiroit les entrailles, et pas un seul de mes hommes ne lui

échappa. Un des Chevaliers lui dit qu'il ne devoit pas s'effrayer d'un pareil songe. Je ne sais, dit le Duc, ce que Dieu me réserve, mais je suis dans une inquiétude extrême. Il commanda aussitôt à chacun de s'armer, ce qui fut bientôt exécuté. Le Comte Ganelon et Foulques de Morillon s'avancèrent à grands pas, et vinrent droit au Duc Beuves, lui disant qu'il avoit bien mal agi d'avoir tué Lohier, le fils aîné du Roi, mais qu'il en subiroit la peine avant qu'il fût nuit. Quand le Duc l'entendit, il commença à dire : Grand Dieu ! qui pourroit se méfier des traîtres? Je croyois que le Roi n'étoit pas aussi traître, mais je vois le contraire. Mais je vous assure que je vendrai cher ma mort à celui qui osera m'attaquer. Alors ils commencèrent un combat terrible dans lequel Ganelon tua Regnier, cousin du Duc Beuves, et il s'écria : Frappez, Chevaliers! Ils ont bien mal fait d'avoir tué mon cousin Lohier. Ils se jetèrent à grande force sur les gens du Duc qui se défendit vaillamment, et frappa un Chevalier nommé messire Faucon, tellement qu'il l'abattit mort à terre. Il se mit ensuite à regretter ses deux frères et ses neveux : Hélas! chers fils, où êtes-vous à présent? Que n'êtes-vous ici pour me secourir? Si vous saviez ma situation, vous viendriez me secourir. Ah! Duc de Nanteuil et Gérard de Roussillon! vous ne me reverrez jamais. Que n'êtes-vous instruits de la misérable entreprise du Roi et du Comte Ganelon qui veulent me faire mourir cruellement? Et vous, mes chers neveux Regnaut, Alard, Guichard et Richard! j'ai grand besoin de vous! Ah! très courageux Regnaut, s'il plaisait à Notre-Seigneur que vous fussiez informé de la trahison à laquelle je suis livré, je suis bien persuadé que vous emploieriez toutes vos forces et votre courage pour m'en retirer.

Le combat fut terrible; mais le Duc Beuves d'Aigremont ne pouvoit pas résister à tant de gens, car il n'avoit avec lui que deux cents Chevaliers, et les autres plus de quatre mille. On voyoit des membres épars sur le champ de bataille, ce qui représentoit un spectacle affreux. Ganelon vint ensuite frapper Thessaume de Blois, et le tua. Il fit reculer les gens du Duc Beuves. Le Duc d'Aigremont vit bien qu'il falloit périr; il frappa un Chevalier à mort : il se battoit en désespéré. Grand Dieu, quel dommage de l'avoir trahi! car depuis il y eut plusieurs villes et châteaux ruinés, beaucoup de nobles y perdirent la vie.

Le traître Ganelon fit une grande destruction des gens du Duc Beuves, car de deux cents Barons qu'il avoit amenés, il n'en restoit plus que cinquante. Le Duc Beuves leur dit : Vous voyez que si nous ne nous défendons pas vaillamment, nous sommes tous morts ; ainsi il faut que chacun de nous en vaille trois. Alors le Duc frappa un Chevalier nommé messire Hélie, tellement qu'il le renversa mort à terre ; puis cria à haute voix : Frappons ! Barons. La mêlée étoit belle ; on entendoit le bruit des coups qui retomboient sur les casques. Un nommé Griffon de Hautefeuille frappa le cheval du Duc à la poitrine, de manière que le cheval tomba sous lui, en sorte que le Duc croyant atteindre le Chevalier Griffon, laissa tomber le coup sur le cheval, et le blessa. Le Comte Ganelon vint alors sur le Duc d'Aigremont et lui passa sa lame au travers du corps ; le Duc Griffon le jeta dans la foule et lui passa son épée au travers du corps, en disant : Voilà la mort de Lohier vengée entièrement. Le traître Ganelon et le seigneur de Hautefeuille remontèrent à cheval ; ils allèrent contre les gens du Duc, qui se rendirent, car ils n'étoient plus restés que dix ; ils leur firent jurer et promettre que le Duc Beuves d'Aigremont ils porteroient, ainsi que l'on avoit porté le corps de Lohier à Paris. Les dits Chevaliers promirent de le faire. Ils mirent le corps dans une bière, puis ils se mirent en chemin. Quand ils furent un peu éloignés de la place où l'action s'étoit passée, ils commencèrent à regretter la perte de leur maître et maudire la noire trahison que le Roi leur avoit faite.

Ainsi partirent les Chevaliers dans la plus grande tristesse, faisant porter le corps du Duc Beuves d'Aigremont, qui ne cessa de saigner pendant l'espace de quatre lieues. Ils arrivèrent à Aigremont. Les nouvelles parvinrent bientôt à la Duchesse qui n'eut pas plus tôt appris la nouvelle, qu'elle et son fils Maugis en eurent un chagrin très grand. Les gens de la ville et d'Église furent au-devant de leur Seigneur. Quand la Duchesse vit son Seigneur mort, elle tomba en faiblesse. Les gens d'Église emportèrent le corps dans la maîtresse Église où l'Évêque l'enterra honorablement, et célébra son service. Son fils Maugis commença à dire : Grand Dieu ! quel dommage que ce Seigneur ait été tué par une trahison aussi cruelle ! Si je vis longuement, le Roi et les traîtres qui ont agi ainsi le payeront cher. Il consola ainsi sa mère, et lui dit : Prenez patience, car mes oncles et mes cousins m'aideront à venger la mort de mon père.

Nous laisserons à parler du Duc Beuves d'Aigremont, et retournerons au traître Griffon, et Ganelon, son fils, qui, avec leurs gens, s'en retournèrent à Paris.

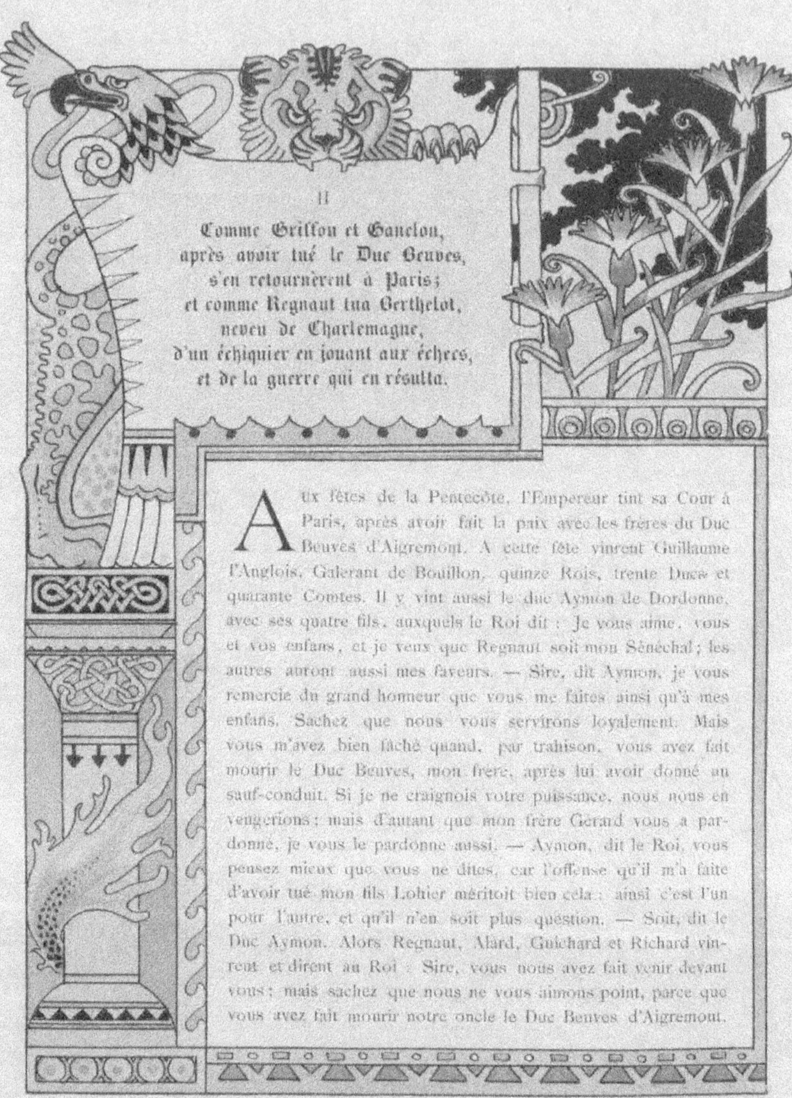

II

Comme Griffon et Ganelon, après avoir tué le Duc Beuves, s'en retournèrent à Paris; et comme Regnaut tua Berthelot, neveu de Charlemagne, d'un échiquier en jouant aux échecs, et de la guerre qui en résulta.

Aux fêtes de la Pentecôte, l'Empereur tint sa Cour à Paris, après avoir fait la paix avec les frères du Duc Beuves d'Aigremont. A cette fête vinrent Guillaume l'Anglois, Galerant de Bouillon, quinze Rois, trente Ducs et quarante Comtes. Il y vint aussi le duc Aymon de Dordonne, avec ses quatre fils, auxquels le Roi dit : Je vous aime, vous et vos enfans, et je veux que Regnaut soit mon Sénéchal; les autres auront aussi mes faveurs. — Sire, dit Aymon, je vous remercie du grand honneur que vous me faites ainsi qu'à mes enfans. Sachez que nous vous servirons loyalement. Mais vous m'avez bien fâché quand, par trahison, vous avez fait mourir le Duc Beuves, mon frère, après lui avoir donné un sauf-conduit. Si je ne craignois votre puissance, nous nous en vengerions; mais d'autant que mon frère Gérard vous a pardonné, je vous le pardonne aussi. — Aymon, dit le Roi, vous pensez mieux que vous ne dites, car l'offense qu'il m'a faite d'avoir tué mon fils Lohier méritoit bien cela; ainsi c'est l'un pour l'autre, et qu'il n'en soit plus question. — Soit, dit le Duc Aymon. Alors Regnaut, Alard, Guichard et Richard vinrent et dirent au Roi : Sire, vous nous avez fait venir devant vous; mais sachez que nous ne vous aimons point, parce que vous avez fait mourir notre oncle le Duc Beuves d'Aigremont.

Le Roi les ayant entendus, rougit de colère, et dit à Regnaut : Malheureux, retire-toi! car sans la compagnie je te ferois mettre dans une prison si obscure que de longtemps tu ne verrois la lumière. — Sire, dit Regnaut, ce ne seroit pas la raison qui peut vous en empêcher; mais puisque vous ne voulez pas en entendre parler, nous nous tenons belle sur l'assemblée de quinze Rois, trente Ducs et quarante Comtes.

Ils allèrent entendre la messe, revinrent au Palais, et se mirent à table, excepté le Roi Salomon et le Duc Godefroi qui servirent ce jour là. Regnaut ne put manger à cause de l'outrage qu'il avoit reçu, et disoit en lui-même : Hélas! je ne pourrai donc pas me venger de celui qui a fait mourir mon oncle si cruellement! Mais ses frères le remirent un peu. Après le dîner, les Barons sortirent pour aller se divertir, et Berthelot, le neveu du Roi, appela Regnaut pour jouer aux échecs, qui étoient d'ivoire, et l'échiquier d'or massif. Ils jouèrent ensemble, et il s'éleva une dispute si vive entre eux que Berthelot insulta Regnaut, et lui fit sang ([28]). Regnaut, se sentant blessé, jura qu'il s'en vengeroit. Il prit aussitôt l'échiquier, et en frappa si rudement Berthelot sur la tête qu'il l'étendit mort à ses pieds. Alors il se fit un grand bruit dans le Palais au sujet de Berthelot, que Regnaut, fils d'Aymon, avoit tué. Le Roi s'écria aussitôt : Barons, prenez garde que Regnaut ne vous échappe, car, si je puis le tenir, je le ferai mourir cruellement parce qu'il a tué mon cher neveu. Ils coururent tous sur lui; mais aidé de ses parens, il se défendit courageusement, et il y eut un combat sanglant dans tout le Palais. Maugis ([29]), cousin à Regnaut, faisoit un grand carnage.

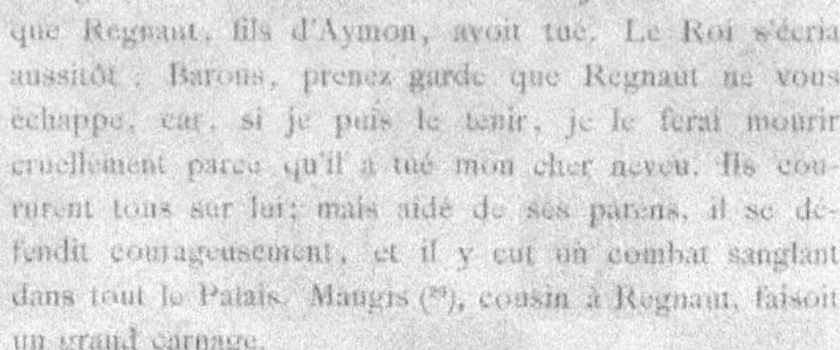

Pendant que ces horreurs se passoient dans le Palais, Regnaut, ses trois frères et Maugis se retirèrent; et, étant montés à cheval, ils partirent de Paris, et s'en retournèrent vers Dordonne. Quand l'Empereur sut que Regnaut et ses frères étoient partis, il fit armer deux mille Chevaliers pour les poursuivre; mais Regnaut et ses frères ne s'arrêtèrent point qu'ils ne fussent en lieu de sûreté; alors ils firent paître leurs chevaux. Regnaut commença à dire : Grand Dieu! qui avez souffert la mort et passion pour nous, daignez préserver aujourd'hui mes frères et mon cousin de tomber entre les mains du Roi! Les François les poursuivoient, et un Chevalier qui étoit monté sur un meilleur cheval que les autres, atteignit Regnaut, et lui dit : Chevalier audacieux, vous vous rendrez au pouvoir de Charlemagne. Regnaut se retourna, et, d'un coup de lance, l'abattit à ses pieds. Il prit ensuite le cheval, qu'il donna à son frère Allard. Il vint à un autre, et le tua d'un coup d'épée qu'il lui donna sur la tête. Il donna le cheval à son frère Guichard. Un des Chevaliers du Roi vint et s'écria : Malheureux! je vous livrerai au Roi qui vous fera tous pendre. — Nous ne craignons rien, lui répondit Regnaut. Alors il le partagea d'un grand coup d'épée, et se saisit de son cheval, qu'il donna à son frère Richard, qui en avoit besoin.

Les trois frères bien montés, et Regnaut sur Bayard, ayant son cousin monté en croupe, étoient poursuivis par le Roi, mais en vain; car la nuit étoit si obscure que les quatre frères et leur cousin arrivèrent en assurance à Dordonne, où ils trouvèrent leur mère qui courut les embrasser et leur demanda où étoit leur père, et s'ils étoient sortis de la Cour avec disgrâce. — Oui, madame, lui répondit Regnaut, car j'ai tué Berthelot, neveu du Roi, parce qu'il m'a maltraité jusqu'au sang. Quand la Dame l'eut entendu parler, elle tomba en foiblesse, mais Regnaut la fit revenir, et elle lui dit : Mon fils, pourquoi avez-vous agi de la sorte? Vous vous en repentirez un jour et serez la cause de la perte de votre père. Ainsi, je vous prie d'aller prendre beaucoup d'or et d'argent dans mon trésor, et de vous en aller; car, si votre père vous trouve, il vous rendra au Roi. — Dame, lui dit Regnaut, croyez-vous que notre père soit assez cruel pour nous livrer à notre ennemi?

Regnaut, ses trois frères et Maugis ne voulurent rester plus longtemps. Ils prirent beaucoup d'or au trésor de

leur mère et partirent en l'embrassant les larmes aux yeux, car elle n'espéroit jamais les revoir. Ils partirent tous, avec leur cousin Maugis, et entrèrent dans la forêt des Ardennes, dans la vallée aux Fées. Ils vinrent à la rivière de Meuse et firent bâtir un beau Château, au pied duquel passoit ladite rivière. Quand ce Château fut fini, ils l'appellèrent Montfort ; c'étoit le plus fort qu'il y eût depuis là jusqu'à Montpellier, car il étoit environné de trois murs et de profonds fossés, et ils n'appréhendoient pas le Roi, sinon par trahison.

Le Roi étoit à Paris, qui regrettoit la perte de son neveu Berthelot. Il fit venir devant lui le bon Duc Aymon, et le fit jurer que jamais il n'aideroit ses enfans, et qu'en tel lieu qu'il les trouveroit, s'il pouvoit les prendre il les livreroit. Aymon n'osa le contredire, et lui jura tout, dont il fut repris. Après cette promesse faite, il s'en alla fort irrité de Paris, et retourna à Dordonne. Quand la Duchesse le vit, elle se mit à pleurer. Il en devina bientôt le sujet : il lui demanda où étoient ses enfans. — Sire, je n'en sais rien; mais pourquoi souffrîtes-vous que Regnaut tuât Berthelot? — Regnaut est un des plus vaillans chevaliers qu'il y ait eu depuis longtemps, car toute l'assemblée n'a pu l'empêcher de tuer Berthelot. Regnaut avoit dit auparavant au Roi de lui faire raison de la mort de son oncle; mais le Roi le traita outrageusement, ce qui, avec la dispute qu'ils eurent aux échecs, fut cause de la mort de Berthelot. Le Roi m'a fait promettre que, si je puis tenir mes enfans, j'aie à les lui amener, et que de moi ils n'auront aucun secours; ce que je suis bien fâché d'avoir promis.

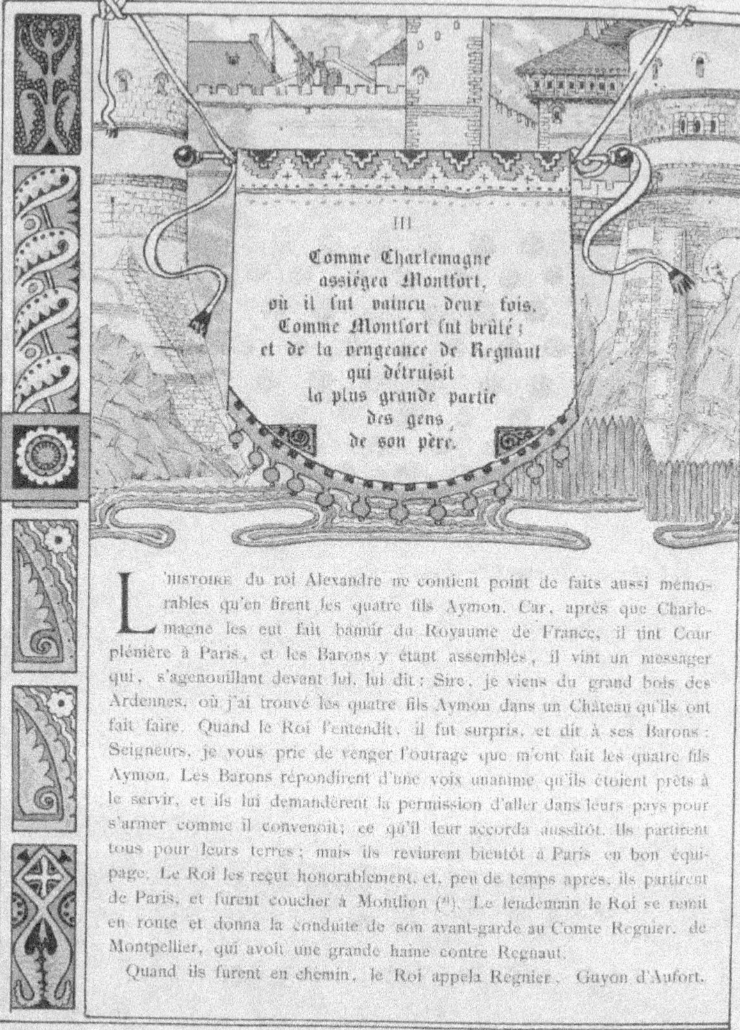

III

Comme Charlemagne assiégea Montfort, où il fut vaincu deux fois. Comme Montfort fut brûlé ; et de la vengeance de Regnaut qui détruisit la plus grande partie des gens de son père.

L'HISTOIRE du roi Alexandre ne contient point de faits aussi mémorables qu'en firent les quatre fils Aymon. Car, après que Charlemagne les eut fait bannir du Royaume de France, il tint Cour plénière à Paris, et les Barons y étant assemblés, il vint un messager qui, s'agenouillant devant lui, lui dit : Sire, je viens du grand bois des Ardennes, où j'ai trouvé les quatre fils Aymon dans un Château qu'ils ont fait faire. Quand le Roi l'entendit, il fut surpris, et dit à ses Barons : Seigneurs, je vous prie de venger l'outrage que m'ont fait les quatre fils Aymon. Les Barons répondirent d'une voix unanime qu'ils étoient prêts à le servir, et ils lui demandèrent la permission d'aller dans leurs pays pour s'armer comme il convenoit ; ce qu'il leur accorda aussitôt. Ils partirent tous pour leurs terres ; mais ils revinrent bientôt à Paris en bon équipage. Le Roi les reçut honorablement, et, peu de temps après, ils partirent de Paris, et furent coucher à Monthion [a]. Le lendemain le Roi se remit en route et donna la conduite de son avant-garde au Comte Regnier, de Montpellier, qui avoit une grande haine contre Regnaut.

Quand ils furent en chemin, le Roi appela Regnier, Guyon d'Aufort, le Comte Garnier, Geoffroy, Longon, Oger le Danois, Richard de Normandie, et le duc Naimes de Bavière, et leur dit : Seigneurs, je vous prie de faire diligence afin que nous puissions prendre les quatre fils Aymon. Naimes lui répondit : Nous le ferons. Ils firent sonner les trompettes et rallier l'armée; ils vinrent ensuite à Molins que l'on nommoit Aspes. Quand ils furent arrivés, ils aperçurent le Château de Montfort. Étant arrivés à Aspes, ils trouvèrent les trois frères de Regnaut qui venoient chasser au bois des Ardennes. Richard, le plus jeune, portoit un cor que Regnaut aimoit beaucoup; ils étoient au nombre de vingt Chevaliers. Comme ils retournoient à Montfort, Richard regarda du côté de la Meuse, et aperçut l'armée du Roi. Il appela Guichard, son frère, et lui dit : Quels sont ces gens que je vois là ? J'ai ouï dire à un messager que le Roi devoit nous assiéger. Comme ils conversoient, Guichard vit l'avant-garde qui étoit guidée par Regnier. Richard s'avança et demanda au comte Regnier qui étoient ces gens ? — Ce sont les gens du Roi qui viennent assiéger un Château que les quatre fils Aymon ont fait bâtir : je prie Dieu qu'ils puissent réussir. Richard lui répondit : Je suis ami de Regnaut, ainsi je ne vous sais pas gré de ce que vous dites, car je suis obligé de le défendre. Alors il piqua son cheval si vivement qu'il le renversa mort : il prit son cheval et le donna à un de ses écuyers. Les François commencèrent à crier : *Mont-joie Saint-Denis!* et les frères de Regnaut : *Montfort!* [32] Il y eut un combat sanglant, car tous les gens de Regnier, qui faisoient l'avant-garde, furent mis en pièces. Un écuyer vint rapporter au Roi que son avant-garde étoit détruite, et que Richard, frère de Regnaut, avoit tué Regnier. — O Dieu ! dit le Roi, j'aurois pu perdre Regnier! Il appela ensuite Oger le Danois, et lui dit : Allez avec le Duc Naimes au secours de

notre avant-garde, que Richard a presque détruite, avec trois cents Chevaliers bien armés.

Mais ils se sont déjà retirés dans Montfort avec tout le butin qu'ils ont fait. Quand Regnaut vit ses frères revenir avec les dépouilles ennemies, il ne put s'empêcher de les embrasser et leur demander où ils avoient fait un butin si considérable. Ils lui répondirent : Sachez que le Roi vient vous assiéger avec toute son armée. Nous venions de chasser, mes frères et moi, dans le bois des Ardennes : nous avons rencontré l'avant-garde de Charlemagne sous la conduite du Comte Regnier ; nous avons combattu ensemble, mais, grâce à Dieu, nous avons vaincu. Nous en avons tué une partie, et le reste a pris la fuite ; nous avons amené le butin que vous voyez ; le Comte Regnier est mort ainsi que plusieurs de ses gens. Regnaut leur dit : Je suis bien charmé que vous ayez fait un pareil butin sur nos ennemis. Il leur dit : Seigneurs, le temps est venu de se montrer vaillans ; que chacun songe à faire son devoir : montrons notre courage au Roi. Quand Regnaut eut dit cela, ils répondirent : Seigneur, ne craignez rien, nous ne vous manquerons pas.

Ayant entendu la réponse de ses gens, il commença à faire fermer la porte et lever le pont. Ils aperçurent de loin Oger avec trois cens Chevaliers, qui suivoient Richard. Dès qu'il le vit entrer au Château, il s'en retourna raconter au Roi ce qu'il avoit fait. Quand il entendit parler Oger, il fut bien irrité, et jura que jamais il ne retourneroit en France que Regnaut ne fût pris ; et s'il pouvoit le prendre, il le feroit pendre, et feroit trainer son frère à la queue d'un cheval. — Sire, dit Oger, vous le devez, car il nous a donné bien de la peine. — Sire, dit Foulques de Morillon, nous nous en vengerons : faites investir le Château. — Volontiers, dit le Roi. Il fit sonner la trompette, et commanda d'environner le Château de Montfort. Ce Château étoit bâti sur un rocher au pied duquel passoit la Meuse ; d'autre part y avoit une grande forêt, et de l'autre côté de belles prairies. Quand les gens du Roi furent logés, il monta à cheval et fut, avec peu de compagnie, pour visiter le Château ; et après l'avoir bien considéré, il dit en lui-même : Grand Dieu ! que ce Château est fortifié ! Il dit ensuite à ses gens de penser à bien combattre, car nous ne sommes pas à la fin de cette guerre. Il fit arborer son pavillon

sur une riche escarboucle (1) qui brilloit comme une torche ardente, et une pomme d'or de très grand prix au-dessus. Quand les tentes furent dressées, il entra et fit appeler le Duc Naimes, et lui dit de ne pas monter à cheval de huit jours, sinon pour s'amuser; car je vais demander du secours par tout le Royaume, et faire venir des vivres en abondance avant que le Château soit assailli. Le Duc Naimes lui répondit : Sire, vous pouvez mieux faire si c'est votre plaisir. Envoyez un messager à Regnaut, qui lui dira qu'il vous rende son frère Richard, et vous abandonnerez son pays; s'il vous le rend, faites-lui trancher la tête, et s'il le refuse il, faudra soutenir la guerre. Le Roi lui répondit : Je ne puis m'assurer d'un messager fidèle. — Sire, dit le Duc Naimes, Oger et moi ferons le message. — Je le veux bien, dit le Roi, et vous en sais bon gré, car jamais vous ne m'avez abandonné.

Le Duc Naimes et Oger se préparèrent. Ils prirent un rameau vert pour montrer qu'ils étoient messagers, et ils s'en allèrent seuls. Quand Allard vit venir les Chevaliers, il leur demanda qui ils étoient. — Seigneur, nous sommes messagers du Roi, qui nous a envoyés vers Regnaut. Allard vint dire à son frère qu'il y avoit deux messagers du Roi qui vouloient lui parler. On les conduisit devant Regnaut, qui les reçut favorablement. Il les fit asseoir sur un banc; le Duc Naimes lui dit ensuite : Le Roi vous mande que vous envoyiez votre frère Richard pour en faire son plaisir; et si vous ne le faites, il vous défie, et dit que jamais ne vous laissera qu'il ne vous ait pris, et s'il peut vous retenir, il vous fera tous mourir.

Quand Regnaut entendit ces paroles, il rougit de mal-talent, et lui dit : Naimes, par la foi que je dois à Dieu, si ce n'étoit que je vous aime, je vous ferois couper les bras; car vous m'avez bien

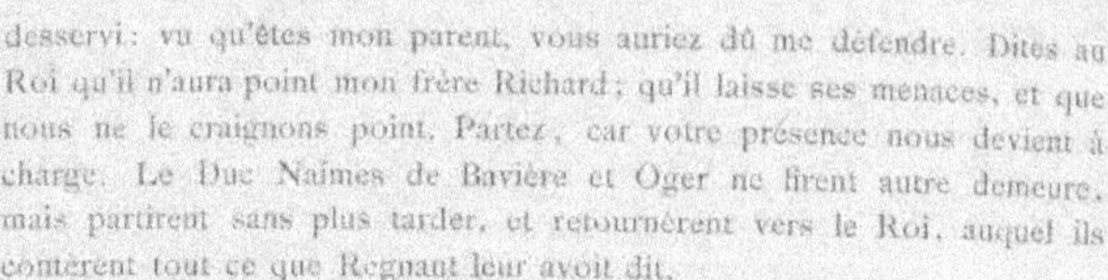

desservi: vu qu'êtes mon parent, vous auriez dû me défendre. Dites au Roi qu'il n'aura point mon frère Richard; qu'il laisse ses menaces, et que nous ne le craignons point. Partez, car votre présence nous devient à charge. Le Duc Naimes de Bavière et Oger ne firent autre demeure, mais partirent sans plus tarder, et retournèrent vers le Roi, auquel ils contèrent tout ce que Regnaut leur avoit dit.

Quand Charlemagne entendit cette réponse, il fut si irrité qu'il commanda l'attaque du Château. Il n'y avoit que trois portes: à la première, Guy et Foulques de Morillon, le Comte de Nevers et Oger le Danois furent mis; le Duc de Bourgogne et le Comte Albundes étoient à la seconde; à la troisième étoit le vieux Aymon, qui étoit venu pour combattre contre ses enfans. Le Château fut assiégé par un grand nombre de gens; mais Regnaut fit une chose dont il eut grand honneur. Il dit à ses gens: Seigneurs, je vous prie que vous montiez à cheval jusqu'à ce que vous entendiez sonner la trompette, car je vois les gens du Roi qui sont fort occupés, et nous n'aurions pas d'honneur de faire une sortie sur eux; mais quand ils seront un peu reposés, nous leur montrerons notre prouesse.

Au Château de Montfort il y avoit une fausse porte sur le rocher, par laquelle Regnaut et ses frères sortoient à couvert quand bon leur sembloit. Regnaut connut bien qu'il étoit temps de sortir sur ses ennemis. Il appela Samson le Bordelois, qui étoit venu à son secours, et avoit amené avec lui cent Chevaliers, et leur dit: Seigneurs, il est temps que nos ennemis sachent qui nous sommes; si nous demeurons davantage, le Roi pourra dire que nous sommes lâches. Après que Regnaut eut dit ces paroles, il vint vers son frère Richard, et lui dit: Je ne vous manquerai jamais, car je vous aime autant que moi-même, et je vous regarde comme le meilleur de tous les

Chevaliers. Alors il l'embrassa et dit à ses frères : Faites sonner la trompette pour préparer la sortie, pour montrer au Roi qui nous sommes; si Dieu vouloit que nous puissions prendre le Comte d'Estampes, j'en serois fort joyeux, car, de tous nos ennemis, c'est celui que je crains le plus : il ne pourra nous échapper, il est toujours à l'avant-garde. Alors les quatre frères, et tous ceux de leur compagnie, s'armèrent et sortirent tous par la fausse porte du Château sans faire de bruit : ils tombèrent avec précipitation sur l'armée du Roi avec tant de fureur qu'ils renversèrent soldats, tentes et pavillons. Il eût fallu voir Regnaut, monté sur Bayard, et les armes qu'il faisoit, car celui qu'il rencontroit pouvoit se regarder comme très malheureux : il n'atteignoit personne qu'il ne le renversât.

Quand les gens du Roi virent leurs ennemis, ils coururent aux armes, et vinrent contre les gens de Regnaut. Le vieux Aymon entendit le bruit, et monta à cheval, lui et ses gens, et se mit en bataille contre ses enfans. Regnaut, voyant son père, fut bien fâché, et dit à ses frères : Voici notre père, quittons-lui la place : je ne voudrois pas qu'aucun de nous le frappât. Ils se tournèrent d'autre part, mais leur père vint sur eux, et les maltraita cruellement. Regnaut, voyant que son père les attaquoit si vivement, lui dit : Mon père, vous faites mal : vous qui devriez nous secourir, vous nous faites pis que les autres; il me paroît bien que vous ne nous aimez pas; il vous déplaît que nous sommes si courageux contre le Roi, car vous nous avez déshérités. Nous avons fait faire ce petit Château pour notre retraite, et vous-même venez le détruire; ce n'est pas même bien agir : si vous ne nous faites pas de bien, ne nous faites pas de mal. Je vous jure que si vous avancez, je vous donnerai un tel coup d'épée que vous aurez lieu de vous en repentir. Aymon fut très irrité d'entendre son fils lui parler ainsi, car il connoissoit bien Regnaut, mais il ne pouvoit faire autrement, tant il redoutoit le Roi. Ainsi il se retira sans rien dire à son fils.

Pendant que Regnaut faisoit des reproches à son père, le Roi Charlemagne, Aubri, Oger, le Comte Henri et Foulques de Morillon arrivèrent. Quand Regnaut les aperçut, il fit sonner la trompette pour rallier ses gens. Quand ils furent réunis, un Chevalier nommé Thierry fit courir son cheval contre les gens de Regnaut; mais quand Allard le vit, il piqua son cheval, et courut sur Thierry, qu'il frappa si rudement qu'il lui passa son épieu au travers du corps. Quand le Roi vit tomber le Chevalier Thierry, il fut si irrité qu'il commença à dire : Seigneurs, prenez vengeance de ces malheureux qui nous maltraitent. Quand le vieux Aymon entendit ainsi parler le Roi, crainte d'en être blâmé il piqua son cheval, et frappa si cruellement un des Chevaliers de ses enfans, qu'il lui abattit la tête. — Père, lui dit son fils Regnaut, vous agissez bien mal de tuer ainsi mes gens, mais si ce n'étoit pas la crainte d'être blâmés, nous nous en vengerions. Il dit ensuite : Ah! ma mère! quel chagrin pour vous d'apprendre tous les maux que mon père nous fait aujourd'hui! Quand Foulques de Morillon vit que les gens de Regnaut se défendoient courageusement, il s'écria : Sire, que vois-je? Je pense qu'on vous oublie; faites arrêter les traîtres, et qu'ils soient pendus aussitôt.

Les François ayant entendu ce que disoit Foulques de Morillon, piquèrent leurs chevaux, et frappèrent sur les gens de Regnaut avec tant de fureur qu'ils les firent reculer. Allard, voyant reculer ses gens, en fut si irrité qu'il mit l'épée à la main, et repoussa les ennemis avec tant de fureur que les François en furent surpris. Il y eut beaucoup de Chevaliers de tués; personne n'osoit se trouver devant Regnaut, car il renversoit tout ce qui se trouvoit à son passage; les parens n'épargnoient pas leur

famille, car ils se tuoient comme des bêtes. Yon de Saint-Omer, qui montoit un fort bon cheval, renversa mort à ses pieds un Chevalier nommé Guyon. Regnaut en fut irrité; il prit son Enseigne et dit à ses gens: Faites en sorte que j'aie ce cheval; je serois très fâché de ne pas l'avoir, car je le mettrois avec Bayard. Quand Guichard connut le désir de son frère, il piqua son cheval, tua Yon, et amena le cheval vers son frère Regnaut, lui disant: Voici le cheval que vous avez tant désiré. Regnaut le remercia de ce présent, et lui dit: Nous avons maintenant deux chevaux auxquels nous pouvons nous fier; montons dessus promptement. Guichard, entendant son frère, monta sur le cheval et donna le sien en garde à un Ecuyer. Quand Regnaut revint à la bataille, et vit son père, il fut si irrité que peu s'en fallut qu'il ne perdît le sens; et il lui dit par reproche: Mon père, vous ne vous faites pas estimer d'agir aussi mal contre nous que vous le faites. A Noël et Pâques on doit se réconcilier avec ses ennemis; mais vous ne le faites pas: au contraire vous venez nous attaquer à force ouverte, et nous faites du mal autant qu'il est en votre pouvoir; vous ne nous traitez pas comme vos enfans. Le Duc Aymon dit alors à Regnaut: Prenez bien garde, car si Charlemagne peut vous tenir, tout le monde ne vous garderoit d'être pendu. — Père, dit Regnaut, laissez cela et venez nous aider, et le Roi sera bientôt détruit. — Va! malheureux, Dieu te maudisse! dit le père; je suis trop vieux pour commettre une trahison. — Père, dit Regnaut, je vois bien que vous ne nous aimez pas: prenez garde à moi. Après avoir dit ces paroles, il piqua Bayard, et frappa un nommé Gaymar et le tua. Aymon, voyant que ce Chevalier étoit tué, piqua son cheval, et armé d'un bâton de fer, il ordonna le combat; car il voyoit bien que ses gens avoient le dessous. Il commanda aux François de se retirer. Il étoit temps de commencer, et comme on se préparoit à le faire, Bernard le Bourgui-

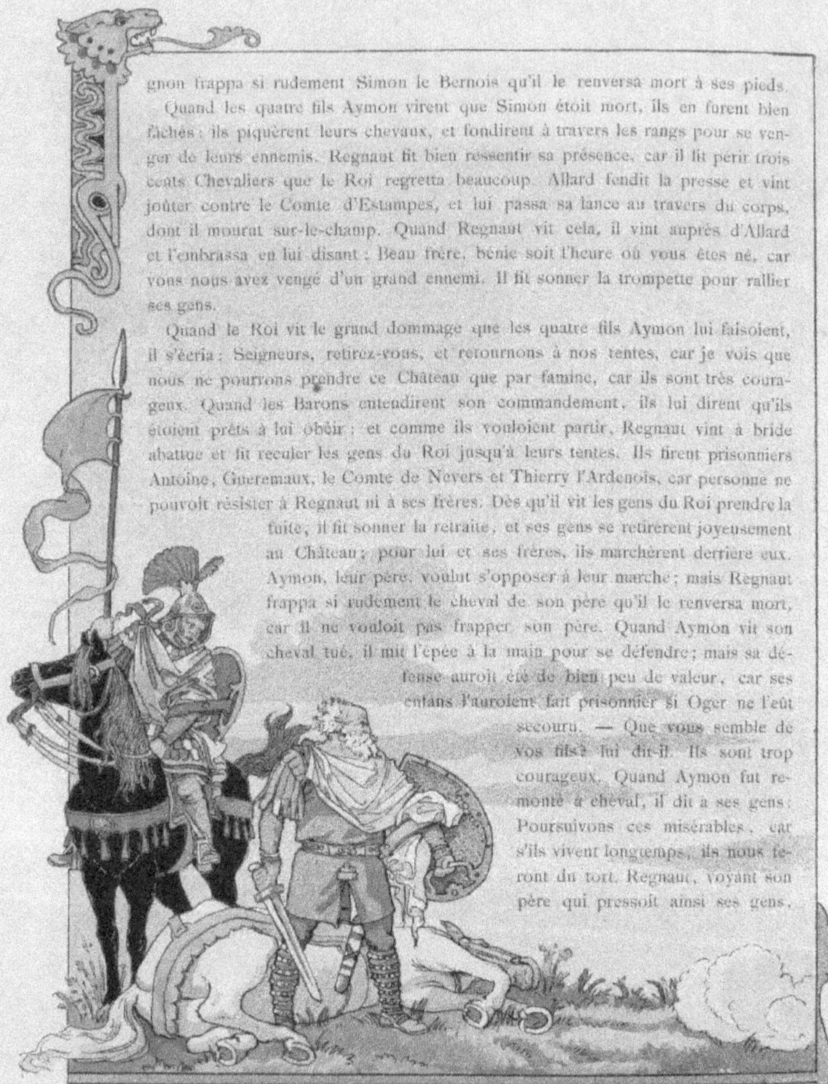

gnon frappa si rudement Simon le Bernois qu'il le renversa mort à ses pieds.

Quand les quatre fils Aymon virent que Simon étoit mort, ils en furent bien fâchés : ils piquèrent leurs chevaux, et fondirent à travers les rangs pour se venger de leurs ennemis. Regnaut fit bien ressentir sa présence, car il fit périr trois cents Chevaliers que le Roi regretta beaucoup. Allard fendit la presse et vint joûter contre le Comte d'Estampes, et lui passa sa lance au travers du corps, dont il mourut sur-le-champ. Quand Regnaut vit cela, il vint auprès d'Allard et l'embrassa en lui disant : Beau frère, bénie soit l'heure où vous êtes né, car vous nous avez vengé d'un grand ennemi. Il fit sonner la trompette pour rallier ses gens.

Quand le Roi vit le grand dommage que les quatre fils Aymon lui faisoient, il s'écria : Seigneurs, retirez-vous, et retournons à nos tentes, car je vois que nous ne pourrons prendre ce Château que par famine, car ils sont très courageux. Quand les Barons entendirent son commandement, ils lui dirent qu'ils étoient prêts à lui obéir ; et comme ils vouloient partir, Regnaut vint à bride abattue et fit reculer les gens du Roi jusqu'à leurs tentes. Ils firent prisonniers Antoine, Gueremaux, le Comte de Nevers et Thierry l'Ardenois, car personne ne pouvoit résister à Regnaut ni à ses frères. Dès qu'il vit les gens du Roi prendre la fuite, il fit sonner la retraite, et ses gens se retirerent joyeusement au Château ; pour lui et ses frères, ils marchèrent derrière eux. Aymon, leur père, voulut s'opposer à leur marche ; mais Regnaut frappa si rudement le cheval de son père qu'il le renversa mort, car il ne vouloit pas frapper son père. Quand Aymon vit son cheval tué, il mit l'épée à la main pour se défendre ; mais sa défense auroit été de bien peu de valeur, car ses enfans l'auroient fait prisonnier si Oger ne l'eût secouru. — Que vous semble de vos fils? lui dit-il. Ils sont trop courageux. Quand Aymon fut remonté à cheval, il dit à ses gens : Poursuivons ces misérables, car s'ils vivent longtemps, ils nous feront du tort. Regnaut, voyant son père qui pressoit ainsi ses gens,

tourna Bayard, et, secouru de ses frères, ils firent fuir les gens de leur père, car personne ne pouvoit endurer le courage de Regnaut. Le Roi, voyant le grand courage de Regnaut, fit le signe de la croix, piqua son cheval, et alla vers Regnaut et lui dit : Je vous défends d'aller plus avant. Quand il vit le Roi, il se retira et dit à ses gens : Retirez-vous, voici le Roi; je ne voudrois pas que personne de nous mît la main sur lui. Quand les gens de Regnaut entendirent ces paroles, ils retournèrent dans leur Château, bien contents de leur journée. Quand ils furent tous entrés, ils firent lever les ponts, ils se désarmèrent, puis s'assirent à table : il y avoit avec eux grand nombre de prisonniers. Après le souper, Regnaut remercia son frère de ce qu'il avoit tué le Comte d'Estampes.

Charlemagne, voyant que Regnaut étoit rentré dans le Château, s'en retourna dans sa tente, et jura que jamais il ne partiroit de là qu'il n'eût pris le Château et les quatre fils Aymon. Ils furent treize mois au siège de Montfort. Ils ne passoient pas une semaine sans combattre, et quand ils ne combattoient pas, ils alloient à la chasse. Regnaut parloit aux François pour avoir la paix, et disoit à Oger : Sire, je vous prie de dire à Charlemagne que personne ne nous prendra jamais, parce que notre Château est bien muni de vivres. Dites-lui qu'il ne cherche point à prendre par force ce qu'il peut avoir de bonne volonté; il peut avoir le Château et nous aussi. Je lui remettrai le Château de Montfort, pourvu que mes frères, nos gens et moi, sortent sains et saufs, et que la guerre finisse, car il y a trop longtemps qu'elle dure. Oger lui répondit : Je vous promets que je le dirai au Roi, et, s'il me veut croire, je vous promets qu'il le fera. Comme Regnaut et Oger parloient ensemble, Foulques de Morillon arriva et dit à Regnaut : Vous êtes un insensé. Je vous ai entendu; vous nous laisserez Montfort, car il n'est point à vous. — Foulques, dit Regnaut, vous m'avez souvent desservi. Je vois bien que la mort de Berthelot est l'unique sujet de haine de Charlemagne contre moi; vous savez bien que c'étoit à mon corps défendant. Je vous prie de dire au Roi qu'il nous fasse grâce; si vous le faites, vous n'en pourriez retirer que de l'honneur. Foulques lui répondit : Toutes vos propositions ne pourront vous sauver la vie, ni à vos frères. — Foulques, lui dit Regnaut, vous nous menacez trop : sachez que nous valons mieux que vous, ainsi agissez comme vous voudrez.

Charlemagne fit battre l'arrière-ban [21] dans tout son Royaume pour rassembler ses troupes. Quand ce fut fait, il dit à ses Barons : Seigneurs, je suis bien irrité contre les quatre fils Aymon qui ont

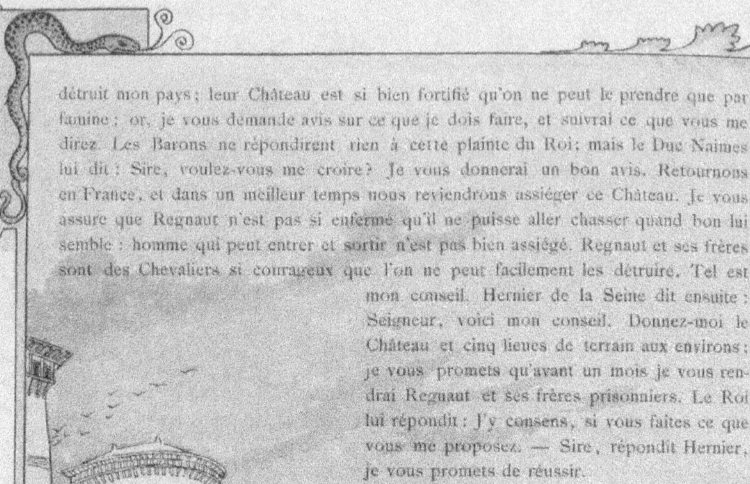

détruit mon pays; leur Château est si bien fortifié qu'on ne peut le prendre que par famine; or, je vous demande avis sur ce que je dois faire, et suivrai ce que vous me direz. Les Barons ne répondirent rien à cette plainte du Roi; mais le Duc Naimes lui dit : Sire, voulez-vous me croire? Je vous donnerai un bon avis. Retournons en France, et dans un meilleur temps nous reviendrons assiéger ce Château. Je vous assure que Regnaut n'est pas si enfermé qu'il ne puisse aller chasser quand bon lui semble : homme qui peut entrer et sortir n'est pas bien assiégé. Regnaut et ses frères sont des Chevaliers si courageux que l'on ne peut facilement les détruire. Tel est mon conseil. Hernier de la Seine dit ensuite : Seigneur, voici mon conseil. Donnez-moi le Château et cinq lieues de terrain aux environs; je vous promets qu'avant un mois je vous rendrai Regnaut et ses frères prisonniers. Le Roi lui répondit : J'y consens, si vous faites ce que vous me proposez. — Sire, répondit Hernier, je vous promets de réussir.

Hernier de la Seine dit au Roi : Sire, il me faut un bon Capitaine avec mille Chevaliers courageux. Je les ferai passer sans bruit sous la montagne, et je les mènerai devant le Château. Le Roi envoya aussitôt chercher Guyon de Bretagne, et lui commanda de choisir mille combattans, et de faire tout ce que lui diroit Hernier. Quand Hernier fut armé de tous points, il monta à cheval, alla jusqu'à la porte du Château de Montfort, et dit à ceux qui gardoient la porte : Seigneurs, je vous prie d'avoir pitié de moi, et de me faire entrer, autrement je suis mort; car Charlemagne me poursuit pour me faire pendre, à cause que je lui ai dit beaucoup de bien de Regnaut. J'ai quelque chose à lui dire s'il veut m'entendre. Quand les gardes des portes l'eurent entendu s'exprimer ainsi, ils baissèrent le pont et le laissèrent entrer en le saluant humblement : mais ce traître les trompoit cruellement. Le Roi fit préparer Guyon de Bretagne et mille Chevaliers avec lui, et l'envoya passer sans bruit sous la montagne. Il les fit embusquer près du Château en attendant les ordres.

Hernier fut introduit dans le Château de Montfort. Regnaut n'eut pas plus tôt appris qu'il étoit arrivé un Chevalier de Charlemagne, qu'il l'envoya chercher. Quand on l'eut amené devant lui, il lui demanda qui il étoit. Il lui répondit : Sire, j'ai nom Hernier de la Seine : j'ai attiré l'indignation du Roi par rapport à vous, c'est pour cela que je me suis réfugié ici. — Ami, dit Regnaut, puisque vous êtes de mon parti, soyez le bienvenu. Dites-moi, je vous prie, comme est disposé le camp du Roi. — Sire, dit Hernier, ils souffrent beaucoup ; ce qui est cause que bien des Barons n'y peuvent rester, dont le Roi est bien fâché : je vous promets que si l'armée s'éloigne, vous pouvez gagner. — Ami, dit Regnaut, si cela est ainsi, je suis content.

Quand l'heure du souper fut venue, Regnaut et ses frères se mirent à table et soupèrent joyeusement avec le traître Hernier. Après le souper, les Chevaliers allèrent se coucher, car ils étoient très fatigués parce qu'ils n'avoient cessé de batailler. Hernier, pour cette nuit, fut très bien traité, car Regnaut l'avoit recommandé. Quand tous les Chevaliers furent endormis, Hernier ne dormit pas, mais il se leva et s'arma ; il alla ensuite au pont, coupa les cordes qui le soutenoient, monta sur la muraille, et trouva celui qui faisoit le guet. Il lui coupa la gorge ; après lui avoir ôté les clefs, il alla ensuite ouvrir la porte. Alors Guyon de Bretagne, voyant le Château ouvert, entra lui et ses gens, et ils firent main basse sur tout ce qu'ils rencontroient. Dieu sauva Regnaut et ses frères de cette cruelle trahison.

Les valets d'écurie, qui s'étoient enivrés, allèrent se coucher. Quand ils furent tous endormis, le cheval d'Allard, qui étoit extrêmement orgueilleux, commença à faire noise aux autres. Richard et Allard, entendant le bruit des chevaux, se levèrent aussitôt et aperçurent reluire les armes au clair de la lune. Ils allèrent au lit où étoit couché le traître Hernier, mais ils ne le trouvèrent pas, ce qui les surprit beaucoup. Alors Regnaut s'éveilla et demanda : Qui êtes-vous ? Laissez dormir les Chevaliers. Allard s'écria : Regnaut, nous sommes trahis ! car Hernier a introduit les gens de Charlemagne ici, et ils détruisent les nôtres. Quand Regnaut l'eut entendu, il se leva promptement, s'arma, et cria fort haut : Mes amis, du courage ! Nous en avons besoin plus que jamais ! Regnaut n'avoit que trente Chevaliers avec lui dans le Donjon, car tous les autres étoient dans la basse-cour [85], qui ressembloit à une petite ville, dans laquelle Guyon, à la tête de ses gens, faisoit un grand carnage.

Regnaut, voyant venir Hernier avec cent Chevaliers, s'écria : Mes frères, avancez ! Car si Dieu ne veut nous secourir, nous sommes perdus ! Alors ils se mirent à combattre avec tant de fureur que personne n'en approchoit qu'il ne lui en coûtât la vie. La basse-cour commençoit à s'émouvoir, et le combat devenoit très opiniâtre. Quand les gens de Charlemagne virent que ceux du Donjon se défendoient fort bien, ils mirent le feu à la basse-cour, et commencèrent à abattre les maisons. Le feu en peu de temps attei-gnit le

Grav. imp. par Gillot

Donjon. Regnaut, se voyant ainsi surpris, dit à ses frères : Que ferons-nous ici? Si nous y restons nous périrons, car le feu augmente. Il dit ensuite à ses frères de le suivre. Ils sortirent par la fausse porte : mais ils furent plus embarrassés qu'auparavant, car ils ne savoient pas de quel côté se retourner. Voyant que le Château étoit tout en flammes, ils se retirèrent dans un souterrain, et ils défendirent courageusement leur vie. Hernier les aperçut et vint avec ses gens l'assaillir. Regnaut se défendit courageusement : mais il pensa qu'ils devoient aller secourir leurs gens, et ils sortirent du souterrain.

Le combat recommença plus fort, car Regnaut mettoit en pièces tout ce qui se trouvoit devant lui. Il avoit mis son ecu derrière lui, et, à grands coups d'épée, il fit une telle destruction des gens de Charlemagne que la terre étoit toute couverte de sang. Quand Regnaut vit ses ennemis ainsi détruits, il dit à ses frères : Nous avons bien tort de nous cacher ainsi : pensons à bien combattre ; les traitres seront bientôt vaincus. Il parvint jusqu'à la porte du Château qu'il ferma, et leva le pont ; il revint ensuite dans la mêlée où ses frères détruisoient les Chevaliers.

IV

Comme Regnaut, après avoir détruit les gens de Charlemagne, fit pendre les douze qui étoient restés, et tirer Hernier à quatre chevaux, brûler ensuite ses membres, et jeter ses cendres au vent.

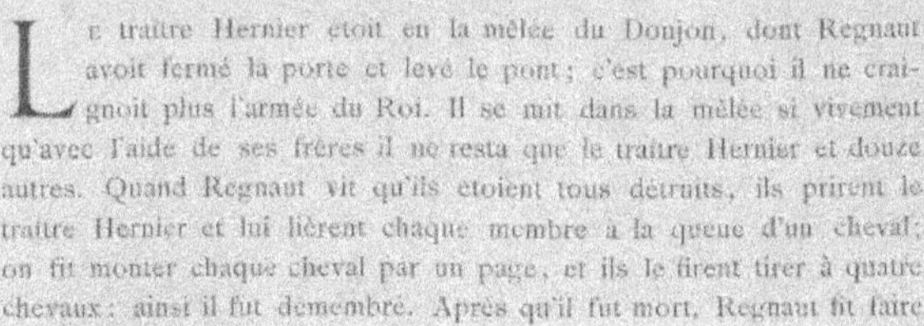

Le traitre Hernier etoit en la mêlée du Donjon, dont Regnaut avoit fermé la porte et levé le pont ; c'est pourquoi il ne craignoit plus l'armée du Roi. Il se mit dans la mêlée si vivement qu'avec l'aide de ses frères il ne resta que le traitre Hernier et douze autres. Quand Regnaut vit qu'ils etoient tous détruits, ils prirent le traitre Hernier et lui lièrent chaque membre à la queue d'un cheval ; on fit monter chaque cheval par un page, et ils le firent tirer à quatre chevaux : ainsi il fut demembré. Après qu'il fut mort, Regnaut fit faire

un grand feu et fit jeter les douze dedans, et fit jeter les cendres au vent.

Charlemagne eut bientôt appris que Regnaut avoit détruit tous les gens de Hernier, et l'avoit fait tirer à quatre chevaux, et fait pendre plusieurs de ses gens. Charlemagne dit en lui-même : Que je suis maltraité par ces quatre Chevaliers! J'ai bien mal fait quand je leur ai donné l'ordre de Chevalerie! On a bien raison de dire que l'on donne souvent des armes contre soi. Je suis désespéré. Leur oncle a tué mon fils Lohier; Regnaut, mon neveu Berthelot que j'aimois si chèrement; et maintenant ils ont pendu de mes gens et fait mourir les autres. Je ne pourrai donc pas me venger de quatre simples Chevaliers! Mais je ne partirai pas d'ici que je ne me sois vengé, ou je perderai tout. — Sire, dit Foulques de Morillon, vous avez raison; cependant Regnaut ne vous craint point, car il n'eût pas fait pendre vos gens en dépit de vous. Le Duc Naimes lui dit : Sire Empereur, si vous m'eussiez cru, vous n'eussiez pas perdu les meilleurs de vos gens; mais vous avez voulu croire Hernier, et vous voyez ce qu'il en est arrivé. L'Empereur, entendant ce que Naimes disoit, reconnut la vérité, et ne sut que répondre, mais il baissa la tête de honte.

Regnaut et ses frères montèrent sur les murs et regardèrent autour du Château. Ils virent que la basse-cour, où étoient tous les vivres et la garnison, étoit en proie aux flammes. Regnaut dit alors à ses frères : Nous allons perdre nos vivres; nous sommes heureux d'avoir sauvé nos jours! Il est impossible que nous restions davantage ici. — Frère, dit Allard, vous parlez sagement; nous suivrons votre avis, nous ne vous quitterons jamais.

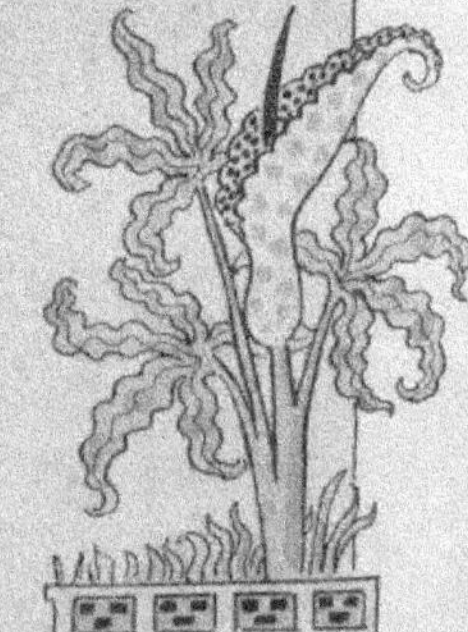

Quand les trois frères se furent accordés, ils préparèrent leurs meilleures affaires, et attendirent jusqu'à la nuit. Quand tout fut préparé, ils montèrent à cheval, et Regnaut leur dit : Seigneurs, combien sommes-nous? — Nous sommes, répondit Allard, environ cinq cens. — C'est assez, dit Regnaut; mais que ferons-nous? Tenons-nous toujours bien ensemble, sans rien craindre :

nous gagnerons l'Allemagne, et si les gens de Charlemagne nous attaquent, il faudra nous défendre courageusement; et tâchons de l'emporter sur eux. Quand il fut temps de monter à cheval, Regnaut monta sur Bayard, et les autres chacun sur le leur. Ils firent ouvrir la porte, et ils sortirent sans bruit. Quand ils furent sortis, Regnaut regarda tristement le Château, et dit: Adieu, beau Château. Quel dommage de te voir ainsi détruit! Il fut bâti il n'y a que sept ans. Nous sommes forcés d'y laisser nos richesses.

Quand Allard vit Regnaut si triste, il dit: Frère, vous avez tort de vous attrister ainsi, vous qui êtes un des plus vaillans Chevaliers que je connoisse. Consolez-vous. Je vous jure, au nom de tous les saints, qu'avant qu'il soit deux ans vous aurez votre Château, qui en vaudra plus de quatre. Partons, car nous n'avons plus affaire ici. — Frère, dit Regnaut, j'ai toujours trouvé

de la prudence dans vos avis. Prenez l'avant-garde entre vous et Guichard; Richard et moi serons derrière. — Sire, dit Allard, soit fait comme il vous plaira. Alors Allard et Guichard se mirent à la tête avec cent Chevaliers, et ils mirent les chariots au milieu. Regnaut et Richard venoient après avec le reste de leurs gens; mais les gens de Charlemagne les aperçurent. Quand le Roi sut que Regnaut se sauvoit, il fut très irrité, et fit crier aux armes. Alors l'armée se mit en mouvement. Quand Allard et Guichard, qui alloient devant, virent qu'ils ne pouvoient passer sans combattre, ils piquèrent leurs chevaux contre Charlemagne. Regnaut prit avec lui vingt des plus vaillans Chevaliers et leur dit : Prenez ces sommes (**), et passez devant sans vous arrêter; j'irai aider à mes frères. — Sire, lui répondirent-ils, nous ferons vos commandemens.

Regnaut piqua Bayard et courut dans la mêlée, où il montra toute sa valeur, et fit trembler les gens de Charlemagne. Ceux de Regnaut passèrent au delà de l'armée, et Charlemagne perdit plusieurs de ses gens dans cette journée. Quand Regnaut fut passé, il trouva ses sommiers et ses Chevaliers qui les conduisoient; il en fut bien charmé, et dit à ses frères : Marchons! Il suivoit ses gens avec son frère Guichard. Charlemagne, ayant appris que Regnaut s'en alloit, fut bien joyeux de ce qu'il avoit laissé le Château; mais il le fit poursuivre par son armée. Regnaut fit marcher ses gens devant lui, et en donna la conduite à Allard et à Guichard, à qui il dit : Si les gens du Roi nous attaquent, défendons-nous. — Sire, dit Allard, nous ne manquerons pas de le faire. Charlemagne s'avança, suivi de Oger le Danois, du Duc Naimes de Bavière, de Foulques de Morillon, et plusieurs autres. Charlemagne, qui étoit bien monté, apercevant les quatre frères, leur cria : Avec l'aide de Dieu, vous perirez, malheureux que vous êtes! C'est aujourd'hui que je vous fais tous pendre. — Sire, dit Regnaut, il n'en sera pas ainsi que vous le dites, s'il plaît à Dieu; car si Dieu me donne la force, nous nous défendrons courageusement. Alors il vint comme un furieux pour frapper Charlemagne, mais il manqua son coup. Damp Hugues se mit entre Charlemagne et lui; il eut le cœur percé du coup de lance que Regnaut vouloit donner à Charlemagne, qui cria à ses gens : Seigneurs, saisissez-vous de ces malheureux! s'ils nous échappent je ne serai jamais content.

Regnaut revint vers ses gens, et leur dit : Seigneurs, ne craignez rien tant que je serai en vie; marchez hardiment et sans rien craindre. Pendant treize lieues ils furent poursuivis par les gens de Charlemagne, mais ils ne perdirent pas un seul homme, et ils vinrent jusqu'à la rivière. Le Roi appela tous ses Barons et dit : Seigneurs,

laissons la poursuite; ce serait folie de les suivre, car nos chevaux sont très fatigués. Je crois que ce Regnaut a le diable à son commandement, pour agir comme il le fait. Restons auprès de cette rivière. — Sire, lui répondirent les Barons, nous nous conformerons à vos ordres. Alors on déchargea les sommiers, et l'on dressa les tentes. Le Roi fit ôter ses armes et préparer à manger, car de toute la journée ils n'avoient pu le faire.

Quand Regnaut fut éloigné de l'armée de Charlemagne, il trouva une belle fontaine bordée de verdure. Il trouva cet endroit délicieux, et dit à ses frères : Voici un endroit propre à faire paître nos chevaux. — Sire, dit Allard, vous avez raison. Alors ils déchargèrent leurs sommiers et les firent paître; mais les Chevaliers ne se trouvèrent pas à leur aise, car ils n'avoient rien à manger.

Jusqu'ici Charlemagne ne pouvoit se flatter de s'être vengé des quatre fils Aymon. Il avoit campé vers la rivière où il s'étoit lassé de poursuivre Regnaut. Le lendemain, à la pointe du jour, Charlemagne dit au Duc Naimes : Que ferons-nous? — Sire, dit Naimes, si vous voulez me croire, nous retournerons en France; je crois qu'il est inutile d'aller plus avant, parce que le bois est épais et la rivière trop périlleuse. Comme le Roi et le Duc Naimes parloient ensemble, il vit venir plusieurs Chevaliers, et, dès qu'ils se furent approchés, il appela Bridelon, Regnier, Oger, et leur dit : Seigneurs, je veux que vous retourniez à Paris avec moi. Ils furent tous bien contens, et dirent au Roi : Sire, c'est le meilleur avis que vous puissiez suivre. Charlemagne fit publier dans le camp que chacun pliât bagage pour s'en retourner. — Sire, dirent les Barons, nous sommes à vos ordres. Chacun alors se mit en route. Le Roi retourna à Paris, et les Barons chacun dans leur pays. Quand Charlemagne fut arrivé

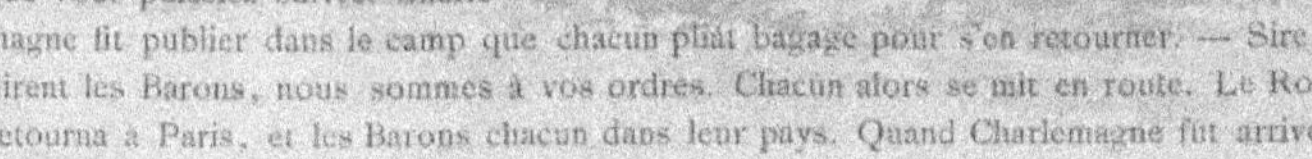

à Paris, il fit venir ses Barons devant lui, et leur dit : Seigneurs, mon pouvoir est donc de très peu de valeur, puisque je n'ai pu me venger des quatre fils Aymon. Je pense qu'ils retourneront en leur pays ou en leur Château ; s'ils y retournent, nous irons les assiéger de nouveau. — Sire, dit le Duc Naimes, ils ne le feront pas : ils sont dans la forêt des Ardennes ; mais elle est si grande que je pense qu'ils y mourront de misère. — Cela pourroit bien être, dit Charlemagne. Que mille maux puissent leur arriver ! Alors il se tourna vers Oger et lui dit : Prenez avec vous Girard, Foulques l'Allemand, et aussi Dion de Montdidier ; puis vous donnerez le congé aux autres. — Sire, dit Oger, vos ordres seront exécutés. Les Barons firent ce que le Roi leur avoit ordonné : ils donnèrent congé à tous les Chevaliers, qui retournèrent chacun dans leur pays.

Comme le Duc Aymon s'en retournoit, il arriva vers la fontaine où ses fils se reposoient. Quand il les aperçut, il dit à ses gens : Seigneurs, conseillez-moi comme je dois agir contre mes enfans. Si je les attaque, leur perte est certaine, et j'en serois fâché ; si je ne les attaque point, je serois un parjure : mais à Dieu ne plaise ! que je passe jamais pour un traître. — Sire, dit Emofroy, si vous attaquez vos enfans, vous n'agirez point mal, puisque vous l'avez promis au Roi ; prenez garde d'être parjure. — Vous parlez juste, lui répondit Aymon ; je ferai si bien que je ne serai pas blâmé. Alors il appela deux de ses Chevaliers, et leur dit : Allez vers Regnaut et ses frères, et les défiez de ma part. — Sire,

dirent les Chevaliers, vous nous commandez une chose qui nous répugne; mais, puisque vous le voulez, nous le ferons. Alors ils allèrent vers Regnaut, qui fut bien fâché de voir des messagers de son père. Il dit à ses frères : Seigneurs, armons-nous; sans cela nous serons bientôt vaincus, car je connois toute la colère de mon père contre nous. — Frère, dit Richard, vous avez raison. Cependant les deux Chevaliers arrivèrent auprès de Regnaut qui alla au-devant d'eux, et leur demanda: Seigneurs, qui êtes-vous, et quel sujet vous amène ici? Alors un des Chevaliers lui dit: Nous venons vous défier de la part de votre père. — Seigneur, dit Regnaut, je m'en suis douté quand je vous ai aperçus venir. Retournez, et dites à mon père de vouloir bien nous accorder trêve; il ne seroit pas naturel de voir un père qui combattroit ses propres enfans. — Sire, dit le Chevalier, préparez-vous toujours à vous défendre, car il vous attaquera. Les Chevaliers s'en retournèrent, et dirent à Aymon qu'ils avoient fait leur message. Quand le vieil Aymon les eut entendus, il ne resta pas longtemps : il piqua son cheval et courut sur ses enfans. Regnaut, voyant venir son père au-devant de lui, lui dit: Hélas! mon père, que faites-vous? nous n'avons point de plus cruel ennemi que vous. Si vous ne voulez point nous défendre, du moins ne nous faites aucun mal. — Malheureux, dit Aymon, voulez-vous donc toujours demeurer dans les bois? Vous ne valez pas un fétu. Pensez à vous défendre, car, si vous êtes pris, vous périrez dans les tourmens. — Père, dit Regnaut, vous avez tort. Je me défendrai donc, puisqu'il le faut; je ne peux faire autrement. Quand Aymon entendit cela, il courut sur ses enfans, la lance baissée, comme si c'eût été sur des étrangers. Regnaut cria à ses frères, et leur dit : Seigneurs, pensons à bien nous défendre, le danger est pressant. Il piqua Bayard, et se mit dans la mêlée, où il combattit avec tant de courage que les gens de son père en furent surpris. Le combat s'animoit, mais Regnaut fut obligé d'abandonner, parce que son père avoit plus de monde que lui.

Regnaut, voyant que de cinq cens hommes il ne lui en restoit plus que cinquante, dont plusieurs étoient blessés, — le Duc Aymon avoit bien perdu la moitié des siens, — se sauva sur une montagne, toujours poursuivi par son père, qui pensoit bien se saisir d'eux. Quand Regnaut se vit sur cette montagne, il dit à ses frères : Ne quittons pas ce lieu, il est très propre pour nous défendre. Il y eut quantité de Chevaliers de tués, et le bon cheval d'Allard y périt. Son maître, le voyant mort, mit aussitôt l'épée à la main, et se défendit vaillamment. Richard courut auprès de lui pour le secourir; Aymon et ses gens s'efforçoient de le prendre. Le combat devint encore plus terrible qu'auparavant, et Allard auroit été pris si Regnaut ne l'eût secouru en se jetant dans la mêlée, et renversant son père. — Vous avez mal agi contre mon frère, lui dit-il. Et il retira Allard et le fit monter en croupe. Quand Bayard se sentit chargé de deux écuyers, il se tint la tête haute et se redressa tellement que Regnaut en fut surpris. Il combattit longtemps, ayant son frère en croupe, et il se retira. Les quatre fils Aymon, excepté Regnaut, étoient harassés par la fatigue; de temps en temps Regnaut retournoit sur ses ennemis. Quand il vit cependant que ses gens étoient bien éloignés, il piqua Bayard et vint les rejoindre; son cheval voloit avec une vitesse incroyable.

Pendant que Regnaut s'en retournoit, Emofroy, qui étoit un des vaillans Chevaliers de Charlemagne, vint monté sur un cheval dont le Roi lui avoit fait présent. Quand il fut près de Regnaut, il lui dit : Traître, vous allez périr ou être pris; je vous remettrai entre les mains de Charlemagne. Il donna un coup dans l'ecu de Regnaut, et lui, comme un désespéré, le frappa si rudement qu'il le renversa mort à ses pieds. Il prit ensuite le cheval par la bride, et dit à Allard : Mon frère, montez sur ce cheval; je vous le donne.

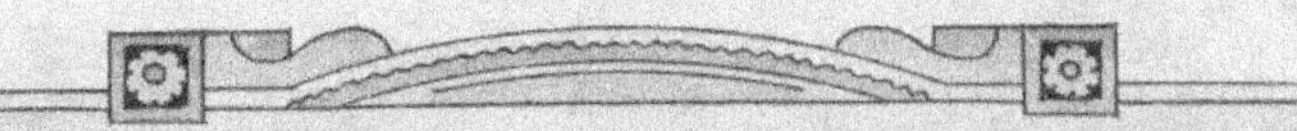

Allard le remercia du beau présent que son frère lui avoit fait. Alors il descendit de dessus Bayard et monta sur le cheval d'Emofroy; il le piqua, et vint jouter contre un des Chevaliers de son père, nommé Arfroy, si rudement qu'il le tua. La bataille recommença plus fort qu'auparavant, car à ce moment il y eut de tué un des meilleurs Chevaliers d'Aymon, qui s'écria: Seigneurs, vengeons la mort d'Emofroy le bon Chevalier que le Roi m'avoit donné! Quand ses gens l'entendirent ainsi parler, ils se jetèrent comme des furieux sur Allard, lui firent abandonner la place, et, si ce n'eût été une petite rivière, Regnaut et ses frères eussent eu beaucoup d'affaires. Si Regnaut eût eu seulement cinquante Chevaliers au passage de la rivière, il eût détruit tous les gens de son père; mais, faute de gens, il fut obligé de quitter la place, et ne put sauver avec lui que quatorze Chevaliers, ce qui le chagrina beaucoup de voir que de cinq cens hommes il lui en restoit si peu. Ils auroient peut-être bien été pris, si ce n'eût été la rivière. Regnaut, voyant tant de gens péris dans cette affaire, ne put retenir ses larmes; l'histoire rapporte qu'Aymon, son père, pleuroit aussi. Après avoir versé un torrent de larmes, il dit: Hélas! mes enfans, que j'ai de douleur d'avoir causé votre perte; vous vivrez donc désormais errans et fugitifs; vous manquez de tout, et je ne puis vous secourir! Après avoir donné un libre cours à ses larmes, il ordonna d'enterrer tous les morts; il fit mettre Emofroy sur une litière, et s'en alla à Dordonne, où il ne coucha qu'une nuit. Le lendemain il fit porter la litière

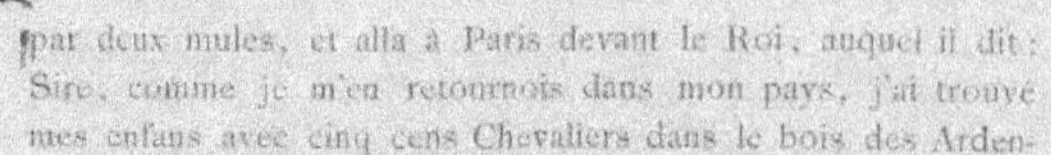

par deux mules, et alla à Paris devant le Roi, auquel il dit : Sire, comme je m'en retournois dans mon pays, j'ai trouvé mes enfans avec cinq cens Chevaliers dans le bois des Ardennes ; j'ai voulu les prendre prisonniers, mais je n'ai pu, car ils m'ont fait tant de mal ! Je les ai tous detruits, à la réserve de quatorze, qui se sont échappés avec eux ; mais avant que je les eusse tués, ils ont tué votre Chevalier Emofroy, et nous les eussions pris si ce n'eût été la rivière. Quand le Roi entendit ces paroles, il en fut si irrité qu'il devint furieux et dit à Aymon : Parbleu ! votre excuse est bien mauvaise, car jamais corbeau ne mangea ses petits ! Ce n'est point à moi que vous en pourrez imposer. Quand Aymon entendit le Roi lui parler avec tant de colere, il lui dit : Sire, sachez que ce que je vous dis est la pure vérité ; je suis prêt de l'affirmer à la face du ciel et des hommes. — Aymon, dit le Roi, je vous connois, car s'il ne dépendoit que de vous, vos fils seroient Seigneurs de France. — Sire, dit Aymon, si vous êtes irrité, je n'en suis point cause ; de plus, s'il se trouve un Chevalier qui veuille soutenir ce que vous dites, je lui prouverai qu'il est un fourbe. Vous n'avez jamais aimé vos plus fidéles Chevaliers ; vous leur avez toujours préferé des flatteurs, et il n'en est jamais résulté que du mal. Il remonta à cheval et retourna dans son pays sans prendre congé du Roi ; peu s'en fallut qu'il ne lui remit son service. Il arriva à Dordonne, où il trouva la Duchesse qui venoit au-devant de lui, et lui demanda comme il avoit agi.

Le Duc Aymon répondit qu'il avoit bien mal agi, car, dit-il, j'ai trouvé nos enfans aux bois des Ardennes ; je les attaquai cruellement pour tâcher de les prendre, ce que je n'ai pu faire. Au contraire, ils ont endommagé mes gens et en ont tué un grand nombre. Il est vrai que sans la valeur de Regnaut, j'aurois pris Allard, mais il le retira de la bataille et le fit monter en croupe sur Bayard. Il fit ensuite un si grand carnage que personne n'osoit aller à sa rencontre. Il a tué Emofroy, un Chevalier du Roi; il a même emmené son cheval malgré nous. Je retournai à Paris, je racontai au Roi tout ce qui s'étoit passé... La Duchesse l'interrompit en lui disant: Vous avez agi cruellement de leur avoir fait tant de maux; vous qui devriez les défendre, vous leur faites pis que les autres. Ne sont-ils pas vos enfans? Hélas! vous devriez avoir pour eux l'amitié d'un père. Bénie soit l'heure où ils sont nés! Je voudrois qu'ils vous eussent fait prisonnier, afin de leur faire rendre ce qu'ils ont perdu. Je suis bien aise de ce que le Roi est irrité contre vous, car il ne pourra faire de mal ni à vous, ni à vos enfans. Le Duc Aymon dit: Dame, vous avez raison; je vous promets dorénavant de ne leur plus faire aucun mal.

V

Comme, après que le Duc Aymon eut vaincu ses enfans, ils se retirèrent dans la forêt des Ardennes, comme des bêtes sauvages; comme ils allèrent ensuite trouver leur mère, qui leur donna de l'argent pour combattre contre Charlemagne.

Après que Regnaut et ses frères eurent été longtemps en la forêt des Ardennes, ils commencèrent à marcher. Ils n'osoient aller dans les villes pour acheter des vivres. Ils étoient cependant bien pressés par la faim et le froid, à cause des neiges; la plupart des gens mouroient. Regnaut et ses frères en échappèrent, et ils n'avoient que quatre chevaux, Bayard et trois autres; ils n'avoient ni blé ni avoine à leur donner, et ils ne vivoient que de racines; par quoi les chevaux étoient si maigres qu'à peine pouvoient-ils aller, excepté Bayard qui se portoit bien, car il vivoit mieux avec des racines que les trois autres avec de l'avoine. Les quatre vaillans fils Aymon menèrent longtemps cette vie malheureuse. Leurs harnois étoient enrouillés, leurs selles et leurs brides pourries; ils étoient devenus tout noirs et velus;

Regnaut avoit un air si terrible qu'aucun homme n'osoit en approcher. Quand il se vit si malheureux, il dit à ses frères : Je suis fort surpris que nous ne prenions aucun avis sur notre malheur, je crois que nous avons perdu le courage ; nous ne serions pas si malheureux que nous sommes ; nos harnois et nos chevaux ne valent plus rien, et nous n'avons plus d'argent pour en acheter : prenons donc conseil sur ce qu'il nous reste à faire.

Quand Allard eut entendu Regnaut parler ainsi, il lui dit : Beau frère, il y a longtemps que je m'en suis aperçu, mais je me gardois bien de le dire, à cause que je craignois que vous n'en fussiez pas content ; mais si vous le voulez, je vous donnerai un bon conseil. Nous avons souffert ici bien des peines et ne pouvons aller en aucun pays, car vous savez que tous les Barons de France, notre père, et même tous nos parens, nous haïssent mortellement. Si vous me voulez croire, nous irons tout droit auprès de notre mère, à Dordonne. J'espère qu'elle ne nous abandonnera pas. Nous y prendrons un peu de repos ; ensuite nous irons servir un grand Seigneur, et nous acquérerons de la gloire. — Frère, dit Regnaut, vous avez raison, je vous promets qu'ainsi sera fait. Quand les autres frères entendirent le conseil qu'Allard avoit donné, ils commencèrent à dire : Frère, nous savons que vous donnez un bon conseil à Regnaut, et nous sommes tout prêts à le suivre. Les quatre frères attendirent que la nuit fût venue, puis montèrent à cheval et se mirent en chemin, et ils marchèrent tant qu'ils arrivèrent à Dordonne. Ce fut alors qu'ils sentirent toute la pauvreté et la misère qu'ils avoient endurées. Regnaut dit à ses frères : Nous avons mal fait de n'avoir pas demandé de sûreté à notre père, car vous savez bien qu'il est si cruel que s'il peut nous prendre il nous fera prisonniers. — Frère, dit Richard, vous avez bien dit ; mais je ne pense pas que notre père le fasse ainsi que vous le dites, si toutefois il le fait. J'aime mieux mourir dans Dordonne que de mourir de faim dans un bois. Marchez toujours ; je vous jure que personne ne nous connaîtra, et si nous ne pouvons entrer dans Dordonne, nous ne risquons toujours rien ; car nous y sommes trop aimés, et notre mère nous soutiendroit. — Frère, dit Regnaut, vous parlez sagement et m'avez rassuré ; marchons maintenant.

Tout le monde qui les regardoit étoit étonné, car on ne les connoissoit pas, et ils disoient : Ces gens ne sont pas de notre Religion. Quand ils furent au Palais, ils mirent pied à terre et donnèrent garder leurs chevaux à trois valets qu'ils trouvèrent. Ils montèrent au Palais et ne rencontrèrent personne, car Aymon, leur père, étoit à la chasse. La Duchesse étoit dans sa chambre, où elle étoit bien inquiète de n'avoir point reçu de nouvelles de ses enfans. Ils entrèrent dans la salle, et ne trouvant personne à qui parler, ils s'assirent et restèrent quelque temps pour se reposer. Leur mère, qui descendoit de sa chambre, les aperçut dans la salle, mais elle ne les reconnut point tant ils étoient défaits ; mais elle désira savoir qui ils étoient. Allard, voyant venir sa mère, dit à Regnaut et à ses frères : Voici notre mère ; allons au-devant d'elle et lui racontons notre pauvreté. — Frère, dit Regnaut, attendons qu'elle nous parle, pour savoir si elle nous reconnoîtra. Elle entra dans la salle et leur dit : Seigneurs, que Dieu vous garde ! Puis-je savoir qui vous êtes et de quel pays vous êtes ? si vous êtes Chrétiens ou Payens, ou gens

qui font pénitence? Ne demandez-vous point l'aumône? Je vois que vous avez besoin. Je me ferai un vrai plaisir de vous aider pour l'amour de Dieu, le priant d'avoir pitié de mes enfans et les préserver de tous dangers. Il y a bien sept ans que je ne les ai vus. Hélas! quand aurai-je le bonheur de les voir? Elle témoigna tant de douleur qu'ils en eurent pitié.

Quand Regnaut vit sa mère si désolée, il ne put retenir ses larmes et alloit se faire connoître; mais la Duchesse l'ayant regardé, tomba en foiblesse, et demeura longtemps sans proférer une parole. Enfin, étant revenue à elle, elle le reconnut à une cicatrice qu'il avoit au front dès son enfance. Elle lui dit alors: Mon cher fils, vous qui êtes un des plus vaillans Chevaliers, qu'est devenue votre beauté? Je vous aime plus que moi-même. Pendant qu'elle disoit ces paroles, elle reconnut tous ses enfans. Quand elle les eut reconnus, elle les embrassa tendrement, et les fit asseoir auprès d'elle, et leur dit: Mes enfans, comme je vous vois pauvres et défaits! Vous n'avez donc point de Chevaliers avec vous? — Dame, dit Regnaut, nous n'avons plus de Chevaliers avec nous, car notre père les a tués, et vouloit nous tuer aussi. Alors elle appela un domestique, et lui recommanda de panser leurs chevaux. Son Écuyer vint, et dit à la Duchesse que le dîner étoit prêt. Elle emmena ses enfans dîner avec elle, et, comme ils mangeoient, le Duc Aymon, leur père, revint de la chasse, et il avoit tué quatre cerfs et deux sangliers. Il entra dans la salle et trouva ses enfans qui étoient à table avec la Duchesse leur mère, qui les servoit. Il ne les reconnut point, et

demanda à la Duchesse : Qui sont ces gens si mal en ordre? Elle se mit à pleurer et lui dit : Sire, ce sont mes enfans et les vôtres, que vous avez poursuivis comme des bêtes sauvages, qui ont resté dans la forêt des Ardennes si longtemps qu'ils sont devenus dans la triste situation où vous les voyez. Ils sont venus vers moi dans l'espérance d'avoir du réconfort.

Aymon fut bien fâché, et se tourna vers ses enfans, et leur dit : Malheureux! vous ne valez pas une obole. — Père, dit Regnaut, par le respect que je vous dois, notre pays est tranquille, mais les autres ne le sont pas; car, d'ici à quatre-vingts lieues, la plupart des gens se sont retirés dans les bois. Vous avez eu grand tort de nous faire du mal! Dernièrement vous nous avez ôté notre bon château de Montfort; vous avez ensuite tellement détruit dans la forêt des Ardennes, que de cinq cens Chevaliers, il ne nous en est resté que quatorze. Mais, puisque vous nous voulez tant de mal, faites-nous trancher la tête : vous serez ami de Charlemagne et ennemi de Dieu.

Le Duc Aymon sentit bien la valeur des paroles de Regnaut. Il se mit à soupirer, et dit à ses enfans : Songez à partir promptement d'ici. Regnaut lui dit : Vous parlez bien durement ; nous avons tué tant de gens que nous ne pouvons aller ailleurs que dans votre pays. Aymon n'y voulut point consentir, et son fils Regnaut lui dit : Je découvre maintenant toute votre mauvaise volonté, et je sens que vous ne désirez que notre perte. Je vous assure que s'il faut absolument que nous quittions ces lieux, vous me le paierez cher. Comment! Nous chasser de notre pays! J'aimerois mieux tomber sous vos coups que de mourir de faim dans d'autres lieux ; mais puisque cela ne peut être autrement, nous verrons! Il changea de couleur et tira son épée moitié dehors du fourreau. Allard, voyant son frère irrité, courut l'embrasser au plus vite, et lui dit : Calmez, je vous prie, votre colère. Notre père est notre maître, ainsi il peut faire tout ce que bon lui semblera ; c'est à nous de lui obéir humblement. Prenez bien garde de

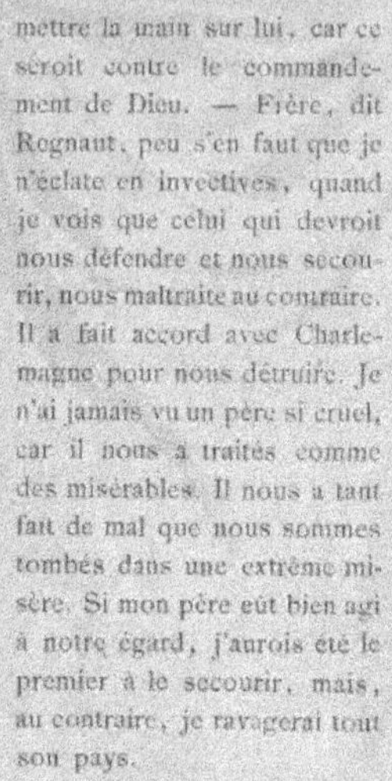

mettre la main sur lui, car ce seroit contre le commandement de Dieu. — Frère, dit Regnaut, peu s'en faut que je n'éclate en invectives, quand je vois que celui qui devroit nous défendre et nous secourir, nous maltraite au contraire. Il a fait accord avec Charlemagne pour nous détruire. Je n'ai jamais vu un père si cruel, car il nous a traités comme des misérables. Il nous a tant fait de mal que nous sommes tombés dans une extrême misère. Si mon père eût bien agi à notre égard, j'aurois été le premier à le secourir, mais, au contraire, je ravagerai tout son pays.

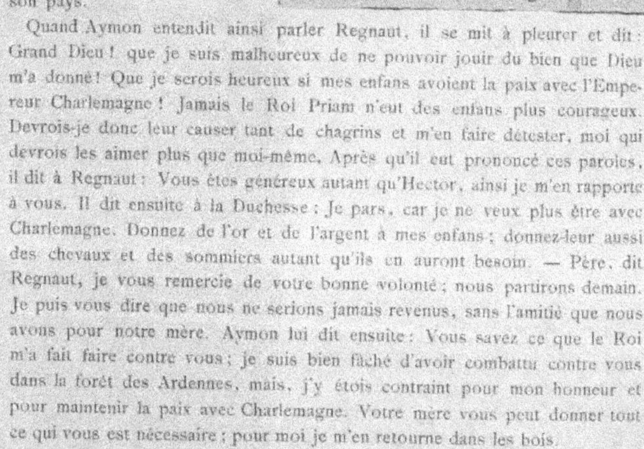

Quand Aymon entendit ainsi parler Regnaut, il se mit à pleurer et dit: Grand Dieu! que je suis malheureux de ne pouvoir jouir du bien que Dieu m'a donné! Que je serois heureux si mes enfans avoient la paix avec l'Empereur Charlemagne! Jamais le Roi Priam n'eut des enfans plus courageux. Devrois-je donc leur causer tant de chagrins et m'en faire détester, moi qui devrois les aimer plus que moi-même. Après qu'il eut prononcé ces paroles, il dit à Regnaut: Vous êtes généreux autant qu'Hector, ainsi je m'en rapporte à vous. Il dit ensuite à la Duchesse: Je pars, car je ne veux plus être avec Charlemagne. Donnez de l'or et de l'argent à mes enfans; donnez-leur aussi des chevaux et des sommiers autant qu'ils en auront besoin. — Père, dit Regnaut, je vous remercie de votre bonne volonté; nous partirons demain. Je puis vous dire que nous ne serions jamais revenus, sans l'amitié que nous avons pour notre mère. Aymon lui dit ensuite: Vous savez ce que le Roi m'a fait faire contre vous; je suis bien fâché d'avoir combattu contre vous dans la forêt des Ardennes, mais, j'y étois contraint pour mon honneur et pour maintenir la paix avec Charlemagne. Votre mère vous peut donner tout ce qui vous est nécessaire; pour moi je m'en retourne dans les bois.

La Duchesse fut bien satisfaite de ce que le Duc Aymon lui avoit donné permission d'agir à sa volonté. Elle appela ses enfans et leur dit : Puisque votre père n'est plus ici, vous serez bien traités. Elle leur fit préparer un bain où ils se lavèrent, et leur donna à chacun un manteau d'écarlate fourré d'hermine. Quand elle les eut bien rétablis, elle les conduisit dans une chambre où étoit le trésor de son mari, et elle le leur montra. Regnaut, voyant un si riche trésor, ne put contenir sa joie, et dit à sa mère : Nous vous avons bien des obligations ; vous nous secourez à propos, car nous en avions besoin. Alors il prit le trésor, et paya un messager et plusieurs autres personnes à son service pour un an. Regnaut et ses gens couchèrent cette nuit au Château, et le lendemain ils partirent, et menèrent avec eux environ cinq cens hommes tous bien armés. La Duchesse dit alors à ses enfans : Je voudrois que vous alliez en Espagne, car le pays est fort bon. Ils lui répondirent : Nous sommes prêts à vous obéir. Ils se mirent en chemin. A peine étoient-ils partis, qu'ils rencontrèrent leur cousin Maugis qui venoit de France. Il courut aussitôt embrasser Regnaut et ses autres cousins. Regnaut lui dit : Où avez-vous été que nous ne vous avons point vu ? — Cousin, dit Maugis, je viens de Paris, où j'ai vu le Roi qui étoit bien armé. Regnaut partit de Dordonne, et rencontra son père ; il rencontra aussi sa mère qui étoit triste du départ de ses enfans. Aymon la rassura et lui dit : Ne vous chagrinez pas, vos enfans sont en bonne santé.

VI

Comme Regnaut, ses frères et leur cousin Maugis arrivèrent dans le Royaume de Gascogne, et firent beaucoup de ravage en passant en France, et comme le Roi Yon les retint à son service.

Après que les quatre frères Aymon et leur cousin Maugis furent sortis de Dordonne au nombre de sept cens, tous bien armés et en ordre, ils passèrent par la Brie, le Gâtinois, l'Orléanois, et la rivière de Loire. Ils ravagèrent le pays par où ils passèrent jusqu'à Poitiers, où ils apprirent que le roi Yon étoit attaqué par les Sarrasins. Maugis dit à Regnaut : Cousin, allons

défendre ce Roi, car il le mérite. — Volontiers, dit Regnaut. Ils prirent le chemin de la Gascogne, et arrivèrent à Bordeaux où ils trouvèrent le Roi Yon avec grand nombre de Chevaliers. Quand ils furent arrivés, Regnaut dit à ses gens : Cherchons promptement des logemens. Maugis dit à Regnaut : Allons parler au Roi Yon. S'il veut nous retenir à son service, nous soutiendrons ses droits ; si, au contraire, il ne veut pas, nous irons servir Bourgons le Sarrasin, qui a déjà conquis Toulouse, Montpellier, Saint-Gilles, Tarascon et Arles. — Cousin, lui répondit Regnaut, vous avez raison ; nous ferons comme vous avez dit. Alors Regnaut, ses frères et Maugis se désarmèrent et s'habillèrent fort honorablement ; ayant avec eux un grand nombre de Chevaliers, ils s'en allèrent à la Cour du Roi Yon. Comme Regnaut se promenoit dans la ville de Bordeaux, tout le monde couroit après lui pour le voir, tant il avoit bonne grâce ; et quand ils furent à la porte du Palais, Regnaut descendit et trouva le Roi en son Conseil.

Le Sénéchal, voyant Regnaut si bel homme et si bien accompagné de tous ses gens, alla vers lui et lui dit : Monseigneur, soyez le bien venu. Regnaut lui répondit : Dieu vous donne bonne aventure. Dites-moi, s'il vous plaît, où est le Roi ? — Monseigneur, il tient son conseil pour Bourgons le Sarrasin qui est entré dans son pays et a fait brûler Villes, Châteaux et Abbayes ; et maintenant il est dans Toulouse avec des forces supérieures. Regnaut lui dit : Ce Bourgons est-il donc aussi puissant qu'on le dit ? Comme ils parloient ensemble, le Roi arriva. Quand Regnaut le vit, il appela ses frères ; ils allèrent à la rencontre du Roi. Regnaut le salua honorablement et lui dit : Sire, mes frères et moi sommes Chevaliers étrangers ; nous venons avec nos soldats vous offrir nos services. Si vous les agréez, promettez-nous, foi de Roi, que vous ne nous manquerez en rien. — Ami, dit le Roi Yon, soyez le bien venu : puisque vous m'offrez vos services, je vous en remercie de bon cœur, mais auparavant je veux savoir qui vous êtes, car je pourrois être votre ennemi. — Sire, dit Regnaut, puisqu'il vous plaît savoir qui nous sommes, je vais vous l'apprendre. Sachez que je suis Regnaut, fils du Duc Aymon de Dordonne, et ces trois Chevaliers sont mes frères ; voici notre cousin Maugis, un des meilleurs Chevaliers du monde. Charlemagne nous a bannis de France et nous a déshérités ; il nous a fait

désavouer par notre père, ainsi nous cherchons un Seigneur qui nous soit fidèle; il nous aidera à nous défendre, et nous le servirons fidèlement.

Quand le Roi Yon eut entendu ce que Regnaut lui disoit, il en fut joyeux, car il reconnut que c'étoient les quatre meilleurs Chevaliers du monde, et qu'il pourroit faire la guerre par leur valeur. Il regarda vers le Ciel et remercia Dieu de l'arrivée de ces Chevaliers. Il leur dit ensuite : Je vous retiens volontiers à mon service ; je vous promets, parole de Roi, que je vous secourerai de toutes mes forces envers et contre tous ; vous êtes déshérités et moi aussi, il est bien juste que nous nous vengions de tout notre pouvoir. — Sire, dit Regnaut, je vous rends grâces, et je vous promets que nous mourrons étant à votre service ; or, votre terre vous sera rendue. Le Roi appela son Sénéchal, et commanda que Regnaut et sa compagnie fussent bien logés. Ses ordres furent bien executés sur-le-champ.

VII

Comme Regnaut, ses frères et Maugis vainquirent Bourgons le Sarrasin, qui avoit conquis le Royaume de Gascogne, et chassé de Bordeaux le Roi Yon.

Quand Bourgons eut pris Toulouse, il dit à ses gens : Seigneurs, vous savez qu'il faut battre le fer quand il est chaud, ainsi marchons vers Bordeaux pendant que les blés sont épais, car nos ennemis auront assez à manger. Le lendemain Bourgons partit de Toulouse avec vingt mille combattans, et vint camper devant Bordeaux. Il envoya quatre cens Sarrasins bien équipés pour ravager le plat pays (?) jusqu'auprès de la Ville. Quand la sentinelle l'entendit, elle cria aux armes. Tous ceux de la Ville furent bien étonnés. Quand Regnaut vit qu'il étoit temps de s'armer, il dit à ses frères : Allez tous vous préparer et faites préparer vos gens. Quand ils furent

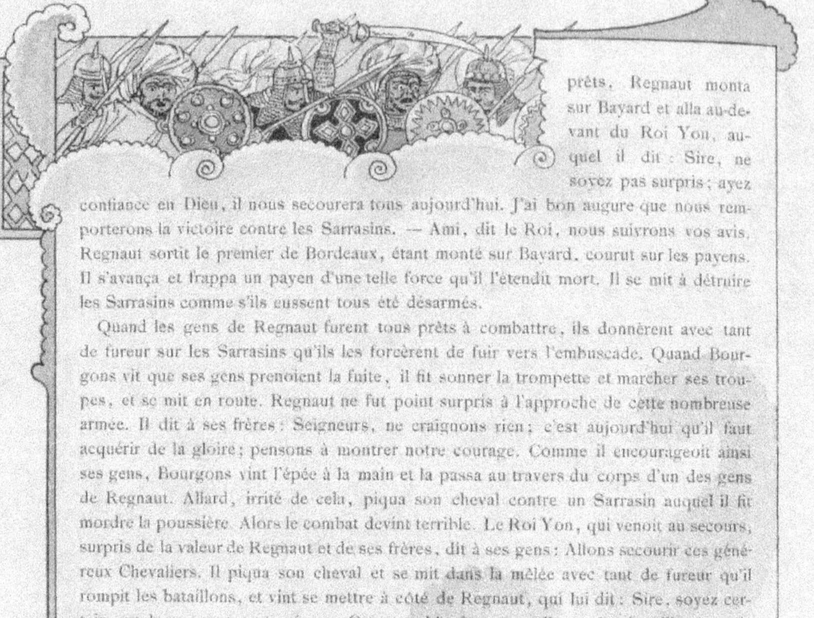

prêts, Regnaut monta sur Bayard et alla au-devant du Roi Yon, auquel il dit : Sire, ne soyez pas surpris ; ayez confiance en Dieu, il nous secourera tous aujourd'hui. J'ai bon augure que nous remporterons la victoire contre les Sarrasins. — Ami, dit le Roi, nous suivrons vos avis. Regnaut sortit le premier de Bordeaux, étant monté sur Bayard, courut sur les payens. Il s'avança et frappa un payen d'une telle force qu'il l'étendit mort. Il se mit à détruire les Sarrasins comme s'ils eussent tous été désarmés.

Quand les gens de Regnaut furent tous prêts à combattre, ils donnèrent avec tant de fureur sur les Sarrasins qu'ils les forcèrent de fuir vers l'embuscade. Quand Bourgons vit que ses gens prenoient la fuite, il fit sonner la trompette et marcher ses troupes, et se mit en route. Regnaut ne fut point surpris à l'approche de cette nombreuse armée. Il dit à ses frères : Seigneurs, ne craignons rien ; c'est aujourd'hui qu'il faut acquérir de la gloire ; pensons à montrer notre courage. Comme il encourageoit ainsi ses gens, Bourgons vint l'épée à la main et la passa au travers du corps d'un des gens de Regnaut. Allard, irrité de cela, piqua son cheval contre un Sarrasin auquel il fit mordre la poussière. Alors le combat devint terrible. Le Roi Yon, qui venoit au secours, surpris de la valeur de Regnaut et de ses frères, dit à ses gens : Allons secourir ces généreux Chevaliers. Il piqua son cheval et se mit dans la mêlée avec tant de fureur qu'il rompit les bataillons, et vint se mettre à côté de Regnaut, qui lui dit : Sire, soyez certain que les payens sont vaincus. On assembla de part et d'autre les bataillons ; mais quand le Roi Bourgons vit le mal que Regnaut lui faisoit, il dit à ses gens : Ces cinq Chevaliers nous causent bien du dommage ; il est temps de nous sauver. Ils prirent la fuite aussitôt.

Regnaut, voyant que Bourgons fuyoit, piqua Bayard et le poursuivit en le menaçant de le tuer. Il fut bientôt éloigné de ses frères et de la compagnie du Roi Yon ; ils ne savoient pas ce qu'il étoit devenu. Alors Allard commença à dire : Hélas ! qu'est devenu notre frère ? Le Roi Yon vint aussitôt, et leur dit : Seigneurs, il ne faut pas trop pousser nos ennemis ; retirons-nous, je vous prie. — Sire, dit Allard, que dites-vous ? Nous avons perdu notre frère Regnaut, et nous ne savons s'il est mort ou vivant. Le Roi en fut bien fâché, et fit chercher Regnaut parmi les morts, mais on ne le trouva point. Quand Allard, ses frères et Maugis virent qu'on ne le trouvoit point, ils commencèrent à le regretter. — Hélas! dit Allard, que ferons-nous? Nous sommes sortis de notre pays avec le meilleur Chevalier du monde; mes frères et moi nous pensions qu'il recouvriroit nos malheurs passés par son courage! Le Roi Yon, voyant les regrets qu'ils faisoient sur Regnaut, leur dit: Pourquoi êtes-vous si tristes? Il n'est peut-être pas mort; s'il est pris nous le rachèterons. D'ailleurs nous avons fait de leurs gens prisonniers, et nous ne leur ferons point de mal. — Sire, dit Allard, allons après, et sachons ce qu'il est devenu. — Amis, dit le Roi, volontiers. Ils se mirent tous à la poursuite.

Regnaut poursuivoit Bourgons avec tant de précipitation qu'il l'atteignit en peu de temps et lui cria: Retourne contre moi; il te seroit honteux de mourir en fuyant. Quand Bourgons entendit Regnaut parler ainsi, il retourna derrière lui, et l'ayant aperçu, il reconnut que c'étoit le Chevalier qui avoit détruit une partie de ses gens, et lui dit: Chevalier, ne vous hasardez pas à perdre votre cheval, car vous n'en trouverez jamais un pareil. Il disoit cela pour l'épouvanter, car il n'osoit pas

jouter contre lui. Mais Regnaut n'étoit pas homme à pouvoir s'étourdir. Il dit à Bourgons: Il s'agit maintenant de vous défendre. Bourgons, voyant qu'il ne pouvoit se délivrer de Regnaut que par joutes, piqua son cheval, courut sur Regnaut, le jeta par terre et brisa sa lance. Mais Regnaut lui fit une plaie considérable. Bourgons se releva et mit l'épée à la main. Regnaut voyant qu'il avoit mis pied à terre, lui dit: On ne me reprochera pas d'avoir agi indignement. Il descendit de dessus Bayard et mit l'épée

à la main. Ils avancèrent l'un contre l'autre ; le combat fut opiniâtre. Quand le cheval du payen se sentit déchargé de son maître, il prit la fuite ; mais Bayard courut après, le prit par la crinière et le ramena au champ de bataille. Regnaut frappa si rudement Bourgons qu'il lui fit une large blessure dans le côté. Bourgons se sentant blessé et inférieur à Regnaut, lui dit : Généreux Chevalier, faites-moi grâce ; je vous remettrai tout ce que je possède. — Non, dit Regnaut, car j'ai promis au Roi Yon de le défendre envers et contre tous ; mais si vous voulez vous rendre à la Religion Chrétienne, je vous ferai grâce. Bourgons lui dit : Je me rends à vous dans l'espérance que vous me ferez grâce. Regnaut lui répondit : Si vous vous rendez à moi, je ne vous ferai aucun mal. — Vous me le promettez, dit Bourgons. — Oui, lui répondit Regnaut, je vous le promets, foi de Chevalier. Alors ils remontèrent à cheval, et prirent le chemin pour retourner à Bordeaux.

Comme ils s'en retournoient, ils rencontrèrent le Roi Yon qui venoit avec ses gens. Quand Regnaut le vit, il lui présenta Bourgons, et lui dit : Sire, je vous prie de ne faire aucun mal à Bourgons, car je le lui ai promis. — Ami, dit le Roi Yon, il ne recevra aucun mal, à votre considération. Quand les trois frères et Maugis virent que Bourgons étoit pris, ils furent bien charmés et coururent embrasser Regnaut en lui disant : Vous nous avez mis bien en peine, car nous croyions que vous étiez pris ; au contraire, la guerre doit se terminer. Après qu'ils se furent complimentés de part et d'autre, ils allèrent à Bordeaux. Le Roi monta au Palais avec les quatre fils Aymon et Maugis, leur cousin. Il trouva des gens qui se divertissoient, et leur dit : Seigneurs, faites honneur à ces Chevaliers plus qu'à moi-même, car c'est par leur valeur que j'ai

remporté la victoire et terminé la guerre. Le Roi donna la partie la plus considérable du butin à Regnaut et à ses frères, mais Regnaut donna tout à ses gens. Le Roi, voyant cette libéralité, s'attacha encore plus à Regnaut qu'auparavant, et vouloit le rendre Seigneur de toute sa terre.

Le Roi Yon avoit une sœur, qui étoit très belle. Quand elle eut entendu dire tant de bien de Regnaut, elle appela un Chevalier nommé Gauthier, et lui demanda : Dites-moi, je vous prie, qui a eu l'honneur de la bataille? — Dame, lui répondit Gauthier, sachez que Regnaut est le plus vaillant Chevalier du monde, car il a pris Bourgons le Sarrasin, et par lui la guerre est terminée. La sœur du Roi fut charmée d'apprendre ces nouvelles. Bourgons, se voyant prisonnier, manda au Roi Yon qu'il desiroit lui parler, et il lui dit : Sire, vous me tenez prisonnier avec la plus grande partie de mes gens : je vous donnerai pour notre rançon six sommiers chargés d'or. Le Roi lui répondit que si Regnaut le vouloit il y consentiroit. Il prit ensuite conseil de Regnaut, ses frères, et de tous les Barons. Ils lui conseillèrent de recevoir les offres que lui faisoit Bourgons, mais à condition que Toulouse lui seroit rendue. Regnaut ne voulut rien recevoir.

Un jour, Regnaut et ses frères étant dans une forêt, prirent quatre bêtes sauvages, et comme ils s'en retournoient ils se trouvèrent auprès de la rivière de Gironde. Allard aperçut une montagne au delà, et dit à Regnaut : Il me semble qu'il y avoit autrefois un Château dans cet endroit : si nous pouvions le fermer, Charlemagne ne nous pourroit venir prendre ; vous pourrez le demander au Roi Yon, et nous y ferions bâtir une forteresse. — Cousin, dit Maugis, Allard vous donne un bon avis. — Je le suivrai, leur répondit Regnaut.

Ils traversèrent la Gironde et revinrent vers le Roi. Ils lui présentèrent les bêtes sauvages qu'ils avoient prises. Le Roi les reçut honorablement, et le lendemain, après qu'il eut entendu la Messe, Regnaut le tira à part et lui dit : Sire, nous avons resté déjà un peu de temps à votre service. — Vous avez raison, répondit le Roi, et je dois

vous en récompenser. S'il y a dans mon Royaume quelque Ville ou Château qui puisse vous faire plaisir, je vous l'accorde. — Sire, dit Regnaut, je vous remercie; faites-moi le plaisir de m'entendre. Nous venons de chasser, et comme nous revenions, j'ai aperçu une montagne au delà de la rivière de Gironde; si vous voulez, j'y ferai bâtir une forteresse. — Je vous l'accorde de bon cœur, dit le Roi à Regnaut qui le remercia. Il lui promit de l'aider dans toutes ses entreprises. — Sire, dit Regnaut, Dieu vous récompensera de vos bienfaits.

Le lendemain matin, le Roi fit venir Regnaut. Ils prirent vingt Chevaliers et se mirent sur la rivière de Gironde qu'ils traversèrent, et montèrent sur le rocher, et trouvèrent l'endroit fort propice. Regnaut en fut bien content, et dit en soi-même que s'il pouvoit faire une forteresse, il n'appréhenderoit point Charlemagne, pourvu qu'il ne manquât pas de vivres. Il y avoit une belle fontaine au sommet du rocher. Quand ils eurent bien examiné l'endroit, un des Chevaliers tira le Roi à l'écart, et lui dit : Sire, que voulez-vous faire? Voulez-vous avoir un Seigneur sur vos terres? S'il bâtit une forteresse, je vous assure qu'il ne craindra ni vous ni les Barons de Gascogne. Considérez que Regnaut et ses frères sont Chevaliers étrangers, et qu'ils pourroient vous causer beaucoup de dommage. Si vous me voulez croire, donnez-leur autre chose, car il pourroit nous en arriver bien du mal. Quand le Roi Yon entendit ce que lui avoit dit le Chevalier, il fut surpris, car il sentoit bien que ce qu'il disoit étoit vrai. Peu s'en fallut que le Château ne demeurât imparfait. Il réfléchit un peu, puis il lui dit qu'il avoit donné sa parole à Regnaut. Il l'appela et lui dit : Ami, vous pouvez faire bâtir votre forteresse; mais j'espère que si je vous l'accorde, ce ne sera pas pour me faire la guerre. — Sire, dit Regnaut, je vous donne ma parole de Chevalier que j'aimerois mieux mourir que de commettre une trahison aussi noire! D'ailleurs je suis ennemi de Charlemagne qui est mon souverain Seigneur, non pas que j'aie commis aucune trahison contre lui; sachez que c'étoit à mon corps défendant que j'ai tué son neveu Berthelot; il m'avoit frappé sans que je lui en eusse donné sujet. Je vous jure sur mon honneur que si quelqu'un vient pour vous attaquer, je vous vengerai de tout mon

pouvoir ; et si vous avez quelque soupçon, ne me le cachez pas. — Ami, dit le Roi, je me suis fié à vous, ainsi je veux que vous soyez Seigneur de tout mon pays.

Regnaut remercia le Roi de ses bontés, et fit venir les meilleurs maçons et charpentiers du pays. Il leur donna son idée pour la distribution de la forteresse, et il leur recommanda de bâtir une grande tour. Quand le donjon fut fini, il fit enfermer la forteresse de murs d'une épaisseur considérable. Regnaut fut très satisfait quand la forteresse fut finie. Le Roi vint la voir, et Regnaut alla au-devant de lui. Il le fit monter dans la tour où il y avoit une belle fontaine. Le Roi, après avoir examiné tout cela, dit à Regnaut : Ami, quel nom donnerez-vous à cette forteresse? Il me semble qu'il faut lui en donner un beau. — Sire, répondit Regnaut, vous voudrez bien lui donner un nom. — Je la nommerai donc Montauban. Le Roi fit publier dans tout le pays que tous ceux qui voudroient venir habiter la forteresse de Montauban seroient quittes de tous droits pendant dix ans (*).

Quand les gens du pays apprirent la franchise, les Chevaliers, Gentilshommes, Bourgeois et Marchands y vinrent en si grand nombre que la forteresse fut bientôt peuplée. Les Barons furent bientôt jaloux de l'amitié que le Roi Yon portoit à Regnaut à cause de sa valeur. Ils dirent au Roi : Sire, prenez garde à ce que vous allez faire : Montauban est bien fortifié, Regnaut est courageux et vous pourriez vous en repentir. — Il est vrai, répondit le Roi; mais Regnaut est franc, et il ne me trahira pas. — Sire, dit un ancien Chevalier, si vous voulez me croire, je vous donnerai un moyen pour être toujours votre maître et ne rien appréhender de la part de Regnaut. — Quel est ce moyen? lui demanda le Roi. — C'est de lui donner votre sœur en mariage ; elle sera très bien avec lui, car il est honnête Chevalier. — Ami, répondit le Roi, vous me donnez un bon conseil ; je le suivrai certainement.

Le Roi Yon s'en retourna à Bordeaux fort content ; et le premier jour du mois de Mai, Regnaut alla de Montauban à Bordeaux pour voir son frère Allard qui vint au-devant de lui. Quand ils furent montés au Palais, le Roi demanda des échets pour jouer contre Regnaut, et, comme ils jouoient, un ancien Chevalier qui étoit chargé de faire le mariage de Regnaut avec la sœur du Roi (il avoit nom Godefroy de Moulins), vint dans la salle et dit : Seigneurs, écoutez-moi : je songeois la nuit passée que Regnaut, fils du Duc Aymon, étoit monté sur un puits, que tout le peuple de ce Royaume s'inclinoit devant lui, et le Roi lui donna un épervier ; il passa aussi devant Gironde un sanglier si affreux que personne n'osoit l'approcher, mais Regnaut vint et le tua. Alors je m'éveillai. Il vint ensuite un Clerc, nommé Bernard, qui dit ensuite : Seigneurs, si vous daignez m'écouter, je vous ferai l'explication de ce songe : le puits où Regnaut est monté est la forteresse qu'il a fait bâtir ; le peuple qui s'inclinoit devant lui sont les habitans de ce Royaume ; le don du Roi, c'est sa sœur qu'il lui donne en mariage ; le sanglier, c'est un grand Prince Chrétien ou Payen qui viendra attaquer le Roi, et Regnaut le défendra. Voici le songe de Godefroy. Pour moi, je serois d'avis que l'on célébrât le mariage de Regnaut et de la sœur du Roi. — Vous avez raison, dit le Roi, ce mariage me plairoit beaucoup. Le courageux Regnaut remercia le Roi de ce beau présent, et le pria d'attendre qu'il en eût parlé à ses frères et à son cousin Maugis. — Frère, lui dit Allard, vous auriez tort de refuser le présent que le Roi vous fait. Si vous voulez m'en croire, vous accomplirez sa volonté : nous en sommes tous bien contens. — Frère, dit Regnaut, je le ferai puisque vous en êtes d'accord. Il retourna vers le Roi et lui dit : Sire, je suis prêt de faire à votre volonté. Le Roi le prit par la main et les fit fiancer.

VIII
Comme le Roi Yon, après avoir reçu plusieurs services de Regnaut, lui donna Dame Claire, sa sœur, en mariage, dont il eut deux beaux enfans qui furent conduits à Charlemagne qui les reçut honorablement. (22)

Quand le mariage de Regnaut fut accordé, le roi Yon alla à la chambre de sa sœur et la salua. Elle lui fit la révérence. — Belle sœur, dit le Roi, je vous ai mariée. Et quand elle l'eut entendu, elle lui répondit : Sire, à qui m'avez-vous donnée ? — Au meilleur Chevalier du monde : c'est Regnaut, fils d'Aymon. Quand elle eut appris que c'étoit avec Regnaut, elle dit à son frère : Vous ferez comme il vous plaira. Le Roi la prit par la main et la conduisit au Palais. Il dit ensuite à Regnaut :

Généreux Chevalier, je vous donne ma sœur en mariage. — Sire, dit Regnaut, je vous remercie de ce présent; il n'appartient pas à un Chevalier tel que moi. Regnaut cependant prit la Dame par la main et la conduisit à l'Église, où l'Évêque de Bordeaux leur donna la bénédiction nuptiale.

Quand ils furent mariés, Regnaut manda ses frères, qui étoient à Montauban. Ils arrivèrent et assistèrent aux fêtes, qui durèrent huit jours. Le Roi Yon fut bien charmé du mariage de Regnaut, car il pensoit bien que ce vaillant Chevalier le défendroit de tout son pouvoir.

IX

Comme Charlemagne ayant appris que Regnaut et ses frères étoient au fort de Montauban, somma le Roi Yon de lui rendre ses ennemis, savoir Regnaut et ses frères, sous peine d'être assiégé. Le Roi répondit qu'il n'en feroit rien.

Le Roi Charlemagne étant à Paris, eut un jour envie d'aller en pèlerinage à Saint-Jacques en Galice. Il partit de Paris, et mena avec lui Oger le Danois, Naimes de Bavière, et plusieurs autres Seigneurs. Après plusieurs journées de marche, ils arrivèrent à Saint-Jacques. Quand ils y furent, le Roi entra dans l'Église et offrit dix marcs d'or sur l'autel. Après avoir fait sa dévotion, il se mit en marche pour passer à Bordeaux. Comme il étoit en chemin, il aperçut le Château de Montauban au delà de la Gironde. Il dit alors : Seigneurs, voici une forteresse considérable; je sais que le

Roi Yon l'a fait faire pour nous faire la guerre. Il demanda à un homme du pays à qui étoit ce Château. — Sire, il se nomme Montauban : c'est Regnaut, le fils d'Aymon, qui l'a fait faire. Charlemagne fut fâché d'apprendre ces nouvelles, et dit à ses Barons qu'il venoit de trouver ses ennemis, qui étoient les quatre fils Aymon. — Oger, et vous, Duc Naimes, montez à cheval et allez trouver le Roi Yon, et vous lui direz qu'il me livre les quatre fils Aymon, qui sont mes ennemis, et qu'il me donne des Chevaliers pour les conduire jusqu'en mon pays, afin de les faire pendre. S'il ne le veut faire, dites-lui que d'ici à trois mois je serai dans la Gascogne avec mon armée, et que je viendrai mettre le siège devant la ville de Bordeaux : si je puis le prendre, je le punirai certainement.

Oger fit le message que le Roi lui avoit ordonné, et dit au Roi Yon ce qui lui étoit recommandé. — Oger, dit le Roi Yon, il est vrai que j'ai les quatre fils Aymon, qui sont très vaillans. Ils m'ont secouru au besoin; j'étois déshérité sans eux. En récompense des services qu'ils m'ont rendus, j'ai donné en mariage ma propre sœur à Regnaut; ainsi je serois un traître si je les livrois entre les mains de leur ennemi mortel, puisqu'ils m'ont si bien servi. J'aime mieux mourir ou être déshérité que de leur causer aucun déshonneur, car Charlemagne lui-même m'en blâmeroit. Vous pouvez dire à l'Empereur de ma part, que j'abandonnerai plutôt mon bien que de les rendre. Quand le Roi Yon eut parlé, Regnaut dit à Oger : Je ne sais pourquoi Charlemagne ne veut pas nous laisser en repos; il nous a chassés de France, il a pris notre Château de Montfort, et nous a rendus errans et fugitifs, et il veut encore nous chasser de Gascogne! S'il veut, nous sommes encore prêts de faire à sa volonté; mais, s'il le refuse, apprenez-lui que nous sommes en état de nous défendre. Oger, je veux que Charlemagne sache que le Roi nous a fait faire un Château qui a nom Montauban, et qui est bien fortifié. Oger lui dit : Vous parlez comme un insensé! Croyez-vous nous inspirer de la terreur par vos discours? Vous savez que Charlemagne vous fit Chevalier : vous avez tué son neveu Berthelot, ainsi ne pensez pas avoir jamais la paix avec lui. Croyez-vous être bien sûrs, parce que vous avez une forteresse? Sachez qu'avant deux mois nous

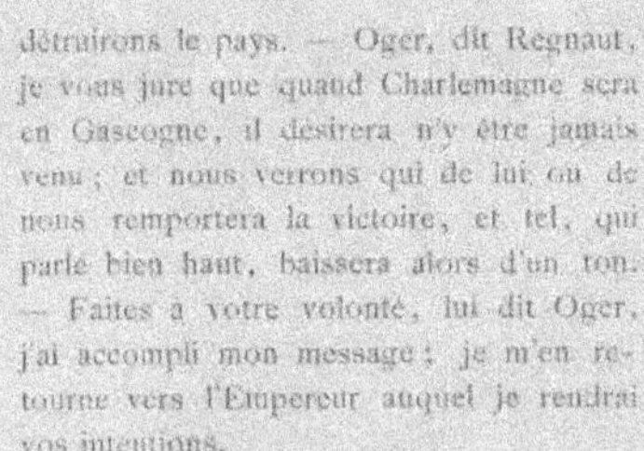

détruirons le pays. — Oger, dit Regnaut, je vous jure que quand Charlemagne sera en Gascogne, il désirera n'y être jamais venu ; et nous verrons qui de lui ou de nous remportera la victoire, et tel, qui parle bien haut, baissera alors d'un ton. — Faites à votre volonté, lui dit Oger, j'ai accompli mon message ; je m'en retourne vers l'Empereur auquel je rendrai vos intentions.

X

Comme Roland, neveu de Charlemagne, arriva à Paris avec trente Ecuyers bien armés, et du bon accueil que leur fit l'Empereur.

Quand Charlemagne l'entendit, il rougit de colère, et dit : Nous verrons comment le Roi Yon et Regnaut défendront la Gascogne contre moi. Lors il se mit en chemin et passa la Garonne ; il s'en revint à Paris. Le lendemain le Roi appela tous ses Barons, et quand ils furent arrivés, le Roi tint son Conseil et leur dit : Seigneurs, je vous ai mandés pour vous faire savoir la honte que m'a faite le Roi de Gascogne ; car il garde les quatre fils Aymon en dépit de moi : vous savez quel tort ils m'ont fait d'avoir tué mon neveu Berthelot. Je les ai chassés de mon Royaume ; ils ont fait faire le Château de Montfort, d'où je les ai chassés ; maintenant ils sont en Gascogne avec le Roi, qui a dit qu'il les défendroit contre moi ; il a fait même épouser sa sœur à Regnaut.

Pas un d'eux ne répondit, car ils étoient fâchés d'aller contre Regnaut et ses frères. Charlemagne, voyant qu'ils ne répondoient rien, appela le Duc Naimes, Oger le Danois, et le Comte Guidelon, et leur dit : Seigneurs, quel conseil me donnerez-vous ? — Sire, dit le Duc Naimes, si vous voulez m'en croire, vous retarderez jusqu'au printemps ; vos gens sont encore fatigués de la dernière guerre ; quand ils seront un peu reposés vous recommencerez, et nous marcherons de bon cœur.

Le Roi fut irrité de ce conseil, et comme il se disposoit à y répondre, il arriva un beau Damoisel ([illegible]) à la tête de trente Chevaliers. Il fit au Roi un profond salut.

— Beau Damoisel, lui dit le Roi, soyez le bien-venu. Pourrois-je savoir qui vous êtes? — Sire, je suis fils de votre sœur et du Duc Milon; je m'appelle Roland. Le Roi en fut bien satisfait et l'embrassa plusieurs fois, et lui dit : Demain matin je vous ferai Chevalier et vous pourrez combattre contre Regnaut, le fils d'Aymon. — Sire, dit Roland, je marcherai sous vos ordres; je vous promets de ne point épargner Regnaut : il a tué mon cousin Berthelot, et je vengerai sa mort.

Le lendemain matin Charlemagne fit Chevalier son neveu. Pendant ce temps il arriva un messager qui dit à Charlemagne : Sire, vos gens de Cologne vous saluent, et vous font savoir que les Sarrasins ont brûlé et détruit votre pays; ils vous supplient de venir les secourir. Le Roi resta un instant à réfléchir. Roland, voyant son oncle embarrassé, lui dit : Sire, à quoi pensez-vous? Mettez-moi à la tête de vos gens; j'irai faire lever le siége que les Sarrasins ont mis devant Cologne. Le Roi dit à son neveu : Heureux le moment auquel vous êtes né, vous serez mon appui, et je veux que vous y alliez. Il lui donna bien vingt mille hommes armés, et lui dit : Je vous mets à la tête de mes gens, ainsi, tâchez de vous en retirer avec honneur. — Sire, répondit Roland, ne craignez rien. Et il se mit en marche.

Les François, voyant leurs ennemis, commencèrent à dire : Enfonçons leurs rangs et ils seront vaincus. Alors ils coururent sur les Sarrasins qu'ils défirent en peu de temps, et reprirent tous leurs prisonniers. Dès que les Sarrasins entendirent venir les François, ils montèrent aussitôt à cheval et coururent sur les François, qui, les ayant aperçus, retournèrent à leur embuscade (3).

Quand Roland vit qu'il étoit temps de frapper, il sortit de son embuscade avec ses gens, et attaqua vivement les Sarrasins. Le combat fut cruel, la

terre couverte de tant de corps morts que l'on pouvoit à peine passer sur le champ de bataille. Roland frappa sur un Roi Sarrasin, le renversa par terre, et le fit prisonnier ; ensuite il le fit monter sur son cheval et l'emmena. Quand les Sarrasins virent leur Seigneur prisonnier, et la valeur de Roland et des François, ils prirent la fuite. Roland dit alors à ses gens : Poursuivons ces lâches, et si nous les rejoignons ils seront bientôt vaincus puisque nous tenons leur Seigneur prisonnier. — Nous les prendrons morts ou vifs, lui répondirent ses gens. — Seigneur, dit le Roi des Sarrasins, nommé Escorfaut, je vous prie de ne point tuer mes gens ; ils sont assez malheureux de me voir prisonnier. Donnez-leur trêve, et conduisez-moi vers le Roi Charlemagne : si vous pouvez obtenir mon pardon, je deviendrai son vassal, ainsi que ma postérité. — Vous parlez juste, lui dit Roland. Et le Duc Naimes approuva sa raison. Ils firent trêve aux Sarrasins, et conduisirent Escorfaut auprès de Charlemagne.

Quand le Roi apprit que son neveu étoit revenu, qu'il avoit vaincu les Sarrasins et fait leur Roi prisonnier, il monta à cheval et vint au-devant de lui. Quand Roland vit son oncle, il descendit de cheval, salua respectueusement le Roi, et lui dit : Sire, nous vous amenons Escorfaut que nous avons pris ; il nous a promis de se faire Chrétien : si vous voulez lui pardonner, il reconnoitra aussi que c'est de vous que lui et sa postérité tiendront leurs terres. — Neveu, dit Charlemagne, c'est un traitre, je m'en défie. Alors il ordonna qu'Escorfaut fût remis en prison, bien gardé, mais qu'on lui donnât à boire et à manger à sa volonté. Quand ses ordres furent exécutés, il appela le Duc Naimes et lui dit : Que pensez-vous de tout ceci ? — Sire, répondit le Duc Naimes, il faut avouer que Roland est un bon Chevalier, et que c'est par son courage que les Sarrasins sont vaincus ; s'il avoit un bon cheval, il n'y auroit aucun ennemi qu'il ne soumît par les armes. Charlemagne en témoigna toute sa satisfaction et dit au Duc Naimes : Comment ferons-nous pour lui trouver un cheval ? — Sire, lui répondit le Duc, si vous voulez m'en croire, je vous donnerai un bon avis : c'est de faire publier à son de trompette que vous voulez voir courir tous les chevaux de votre

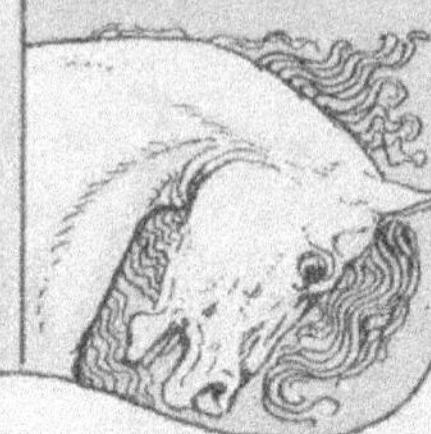

armée, et que celui à qui appartiendra le cheval qui courra le mieux, aura pour récompense une couronne d'or, cinq marcs d'argent et cent pièces de drap de soie. Par ce moyen vous pourrez connoître le meilleur cheval de votre Royaume, ensuite vous l'achèterez pour votre neveu Roland ; après quoi vous donnerez congé à tous vos Barons jusqu'à la Saint-Jean prochaine. — Duc Naimes, dit Charlemagne, votre avis est bon, et je le suivrai. Le Roi ordonna qu'on fit des lices pour la course des chevaux, et fit mettre au bout des lices le prix de la course.

Un valet qui alloit en Gascogne, passa à Montauban et raconta à Regnaut ce qui devoit se faire à Paris, comme Roland avoit vaincu Escorfaut, et comme Charlemagne vouloit avoir le meilleur cheval pour le donner à son neveu. Ce valet raconta encore que le Roi avoit fixé la course des chevaux à la Saint-Jean prochaine. Regnaut ayant entendu cela se mit à rire, et dit à Maugis : Charlemagne verra le meilleur tour du monde et je lui gagnerai sa couronne ; je veux monter sur Bayard pour l'éprouver. — Ne le faites pas, lui dit Maugis ; mais si vous y voulez aller, souffrez que je vous accompagne : vous serez plus en sûreté, et nous mènerons avec nous des Chevaliers bien armés. — Volontiers, répondit Regnaut, puisque cela vous fait plaisir. Quand il fut temps de partir pour Paris, Regnaut dit à ses frères : Il est temps d'aller à Paris ; choisissons des chevaux et partons. Comme ils étoient prêts, Regnaut vint auprès de sa femme et lui dit : Je vous prie de bien garder mon Château ; je reviendrai sous peu de temps. — Sire, lui répondit-elle, commandez à vos Chevaliers de n'en point sortir, et je vous réponds que quand le Roi mon frère y viendroit, il n'y entreroit point. Allez à la garde de Dieu. Regnaut embrassa sa femme et partit avec ses gens. Quand ils furent à Orléans et eurent passé Loiron, on lui demanda d'où il étoit ? Maugis, qui parloit pour tous, répondit : Seigneurs, nous sommes Bernois, et nous allons à Paris pour le prix que le Roi a proposé à la course des chevaux.

Ils continuèrent leur route et arrivèrent à

Melun, où ils logèrent dans le Bourg ([1]). La veille de la Saint-Jean, Regnaut appela Maugis, et lui dit : Cousin, que ferons-nous demain ? On fera la course des chevaux, ainsi il faut aller coucher à Paris. — Vous avez raison, lui répondit Maugis; mais laissez-moi faire. Alors il prit une certaine herbe qu'il pila et détrempa avec un peu d'eau, puis en frotta Bayard, de manière qu'il devint tout blanc, et l'on ne pouvoit le reconnoître. Il oignit ensuite Regnaut avec un élixir qui le fit paroître aussi jeune qu'à quinze ans.

Quand Maugis eut ainsi métamorphosé Regnaut et son cheval, il dit à ses cousins : Seigneurs, que vous en semble ? Je pense qu'on ne pourra pas les reconnoître ; voyez comme Bayard est devenu vieux ! il ne pourra pas gagner le prix. Ils furent tous bien surpris. Regnaut étant monté à cheval avec ses frères, leur dit : Ne soyez pas en peine à mon égard, on ne me reconnoitra point. Allard dit à Maugis : Cousin, nous vous recommandons notre frere, car sans vous nous ne souffririons pas qu'il aille à Paris.

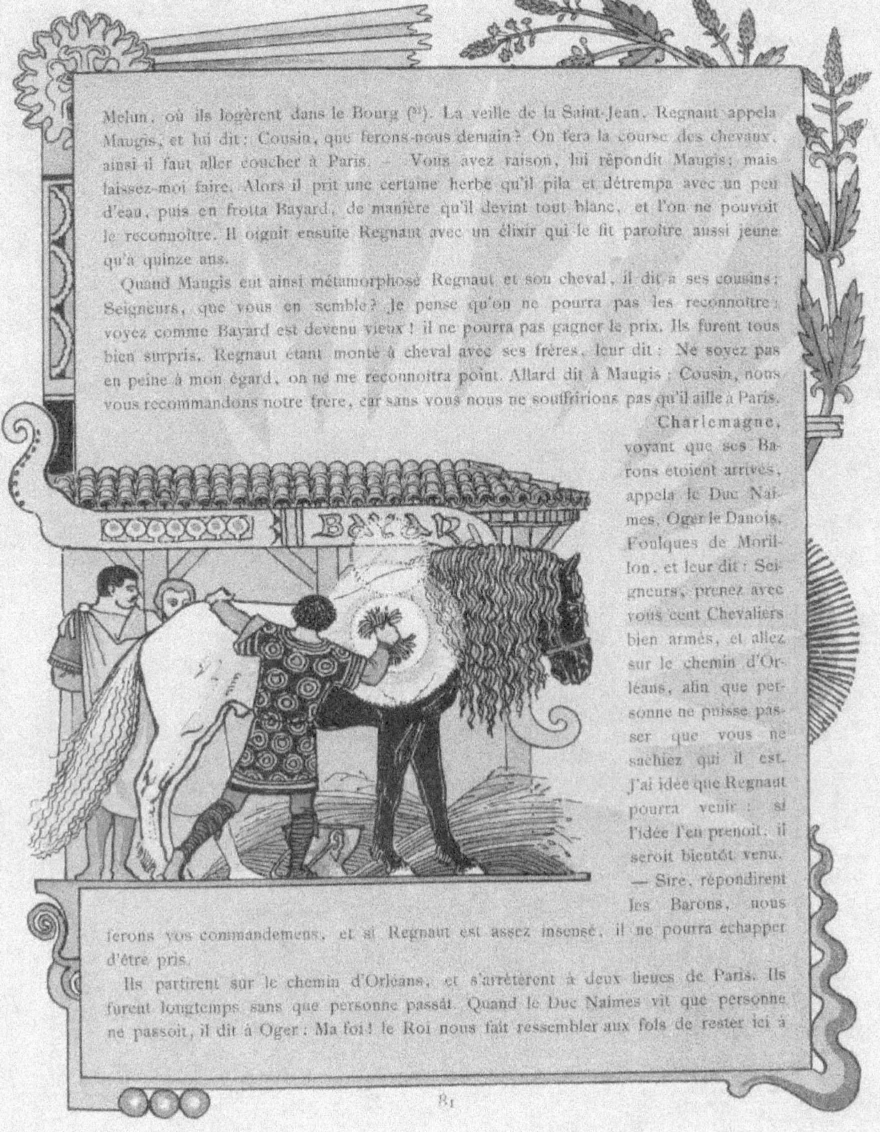

Charlemagne, voyant que ses Barons étoient arrivés, appela le Duc Naimes, Oger le Danois, Foulques de Morillon, et leur dit : Seigneurs, prenez avec vous cent Chevaliers bien armés, et allez sur le chemin d'Orléans, afin que personne ne puisse passer que vous ne sachiez qui il est. J'ai idée que Regnaut pourra venir : si l'idée l'en prenoit, il seroit bientôt venu. — Sire, répondirent les Barons, nous ferons vos commandemens, et si Regnaut est assez insensé, il ne pourra échapper d'être pris.

Ils partirent sur le chemin d'Orléans, et s'arrêtèrent à deux lieues de Paris. Ils furent longtemps sans que personne passât. Quand le Duc Naimes vit que personne ne passoit, il dit à Oger : Ma foi ! le Roi nous fait ressembler aux fols de rester ici à

attendre. — Sire, dit Oger, vous avez raison : pour moi je n'y reste pas davantage. Comme ils vouloient s'en retourner, le Duc Naimes vit venir de loin Regnaut et Maugis. Foulques s'écria aussitôt : Voici Regnaut, il ne pourra nous échapper! — Vous avez raison, lui dit le Duc Naimes, ce cheval ressemble à Bayard s'il étoit de la couleur. Foulques mit alors l'épée à la main, et vint au-devant de Regnaut. Mais il fut bien surpris de ne pas le reconnoître. Regnaut et Maugis passerent. Le Duc Naimes les voyant passer, appela Maugis et lui dit : Qui êtes-vous? où allez-vous? — Sire, répondit Maugis, je suis de Péronne, j'ai nom Josuate. Naimes lui dit ensuite : Ne pourriez-vous pas me donner des nouvelles de Regnaut, fils d'Aymon? — Oui, dit Maugis, il a marché deux jours avec nous. Naimes, voyant que Regnaut ne disoit rien, dit : Je crois que celui qui est là sans rien dire a de mauvaises pensées. — Sire, dit Maugis, c'est mon fils qui ne sait pas parler le françois. Alors le Duc Naimes dit à Regnaut : Pourriez-vous me donner quelques nouvelles de Regnaut? Il lui répondit : *Imi scajus prena Franches, en prenant par cheval à Paris couronne Ri, non Draphonis gagner mi* (20). Naimes se prit à rire et lui dit : Qui donc vous a appris à parler? je n'entends pas un mot de ce que vous dites.

Regnaut et Maugis continuèrent leur chemin, et arrivèrent enfin à Paris. Comme ils y entrèrent, Regnaut fut reconnu par un homme qu'ils rencontrèrent. Il vint beaucoup de monde auprès d'eux. Quand cet homme vit une si grande foule, il devint encore plus hardi et prit Bayard par la bride. Mais le cheval lui donna un si grand coup de pied, qu'il lui brisa le cœur. Les gens voyant cela se retirèrent promptement; Regnaut et Maugis continuèrent leur chemin et ne furent point reconnus. Ils allèrent loger chez un cordonnier. Quand ils eurent mis pied à terre, Maugis lia le pied de Bayard avec de la soie qu'il cira. L'hôte qui le regardoit demanda pourquoi il lioit le pied de ce cheval, et il lui dit aussi : Qui est le Chevalier qui le monte? — Sire, dit Maugis, j'ai lié le pied de ce cheval

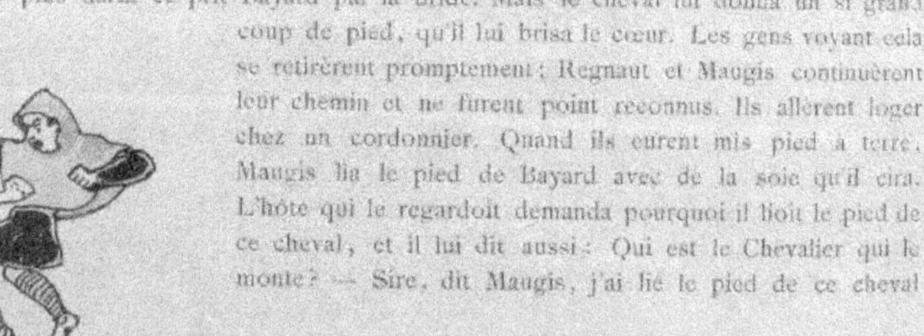

parce qu'il est boiteux, et celui qui le monte est mon fils. Comme Maugis parloit le nom de Regnaut lui échappa. — Ah! dit l'hôte, vous en avez assez dit! C'est sans doute Regnaut, qui a tué Berthelot, neveu du Roi: il en sera averti avant ce soir. Regnaut, tout irrité, lui dit: Vous vous méprenez, car je n'ai jamais vu Regnaut; je ne sais point qui il est. — Taisez-vous, dit l'hôte, je vous reconnois bien. Alors il voulut sortir de sa maison, mais Regnaut le poursuivit et le tua d'un coup d'épée. Maugis, voyant ce meurtre, dit à Regnaut: Ah! cousin, qu'avez-vous fait? Si Dieu ne nous secourt, nous sommes perdus! Maugis alla à l'écurie, sella Bayard, et fit monter Regnaut. Ils partirent de cet endroit. Quand la femme et les enfans virent ce que Regnaut avoit fait, ils commencèrent à crier. Mais Regnaut et Maugis s'en allèrent, et on ne put savoir ce qu'ils étoient devenus, car ils se mirent dans la mêlée avec les autres, Bayard s'en allant clochant à la Porte Saint-Martin, où ils restèrent toute la nuit.

Le lendemain ils entendirent la Messe avec les autres Barons, puis ils allèrent dans la prairie de Seine. Maugis et Regnaut suivirent le Roi. Bayard clochoit toujours. Le Roi commanda que sa couronne fût mise au bout de la lice avec les cinq marcs d'argent et les draps de soie. Aussitôt le Duc Naimes et Oger firent ce que le Roi avoit commandé. Quand tout fut préparé, les Chevaliers montèrent à cheval; chacun d'eux pensoit gagner le prix. Le Roi dit au duc Naimes, à Oger et à Guidelon de Bourgogne et à Richard de Normandie, qu'ils prissent cent Chevaliers bien armés pour garder la course, afin qu'il ne se fît aucun bruit. Les Chevaliers qui devoient courir commencèrent; ils se moquoient de Regnaut qui alloit clochant, et se disoient l'un à l'autre: Ce sera celui-ci qui gagnera le prix et la couronne. Un d'eux dit à Regnaut: Vous avez bien fait, vaillant Chevalier, d'avoir amené votre bon cheval; vous gagnerez sûrement le prix. Regnaut entendant toutes les paroles qu'on disoit de lui, en étoit fâché; mais s'il n'eût craint de perdre le prix, il auroit commencé la course; mais il se tint sans rien dire. Quand le Roi entendit ce que les Chevaliers disoient à Regnaut, il en fut bien irrité et dit assez haut: Je vous recommande, sur peine

d'encourir ma disgrâce, que personne ne fasse de reproches à ces Chevaliers. Regnaut ne se soucioit guère de ce qu'on disoit de lui. Quand le Duc Naimes et Oger virent qu'il étoit temps de courir, ils firent sonner la trompette ; alors chacun se mit à courir.

Quand Maugis vit qu'il étoit temps de partir, il délia le pied de Bayard ; mais avant qu'il fût délié, les autres étoient déjà bien loin. Quand Regnaut vit qu'il étoit temps de partir, il dit à Bayard : Nous sommes en arrière ; si vous n'êtes le premier, vous en seriez blâmé. Quand Bayard entendit Regnaut, il fronça les narines, allongea le col et partit avec tant de vivacité que la terre sembloit fondre sous ses pieds, et en peu de temps il les eut bientôt passés. Quand ceux qui gardoient les lices le virent courir, ils en furent tous surpris, se disant l'un à l'autre : Voyez comme ce cheval blanc court rapidement ! Il n'y a pas longtemps qu'il boitoit, et maintenant c'est le meilleur de tous. L'Empereur Charlemagne appela Richard de Normandie, et lui dit : Vites-vous jamais tant de beaux chevaux courir ensemble ? Et Richard lui répondit : Non, Sire, mais le blanc les a tous passés. Grand Dieu ! qu'il ressemble bien à Bayard s'il étoit de son poil ; et celui qui le monte est plus léger encore !

Sachez que Regnaut fit tant que Bayard passa tous les autres chevaux. Quand Regnaut fut au bout des lices, il prit la couronne et la mit dans son bras ; quant à l'argent et aux draps, il les laissa. Quand il eut pris la couronne, il retourna vers le Roi, toujours le petit pas. Le Roi le voyant venir lui dit en riant : Ami, je vous prie, arrêtez un peu ; si vous voulez ma couronne vous l'aurez, et je donnerai tant de votre cheval qu'en votre vie ne serez jamais pauvre. — Parbleu ! dit Regnaut, ces paroles ne servent de rien. Je m'appelle Regnaut, et j'emporte votre couronne : cherchez un autre cheval pour Roland, car vous n'aurez ni votre couronne, ni Bayard ([34]). Alors il partit comme la foudre. Quand Charlemagne eut entendu ce que Regnaut lui avoit dit, il en fut si irrité que de longtemps il ne put dire un mot. Peu de temps après il s'écria : Seigneurs, mon ennemi Regnaut, le fils Aymon ! Les Chevaliers ayant entendu ce

que le Roi avoit dit, piquèrent leurs chevaux pour poursuivre Regnaut ; mais ils ne purent en venir à bout. Regnaut, les voyant bien éloignés, passa la Seine à la nage. Quand il fut passé, il mit pied à terre. Le Roi, qui étoit aussi à sa poursuite, appela Regnaut et lui dit : Fils de prud'homme, rends ma couronne ! Je t'en donnerai la valeur, et trêve pour deux ans. Regnaut lui répondit : Je n'en ferai rien, vous n'aurez jamais votre couronne; je la vendrai et paierai mes Chevaliers ; je ferai mettre l'escarboucle au-dessus de mon Château, afin que ceux qui iront à Saint-Jacques le puissent mieux voir. Charlemagne entendant Regnaut ne sut que lui répondre. Regnaut se mit dans un sentier par lequel il avoit déjà passé. Maugis partit de Paris, et dit à Regnaut : Marchons un peu vite, car il ne fait pas bon ici. — Cousin, dit Regnaut, vous avez raison. Ils se mirent en chemin pour aller à Melun. Allard, les voyant venir, dit à ses gens : Seigneurs, préparons-nous à partir; montons à cheval, et si ils ont besoin de secours, nous en donnerons. Comme ils sortoient de l'embuscade, Regnaut et Maugis arrivèrent, qui leur dirent : Seigneurs, pensez à vous dépêcher; il ne faut pas rester ici; j'emporte avec moi la couronne du Roi que Bayard m'a fait gagner par sa course. Ils se mirent en chemin pour aller à Montauban, où ils furent très bien reçus par leurs gens qui tous étoient bien charmés de voir leur Seigneur. Regnaut leur raconta comme il avoit gagné la couronne du Roi, dont ils furent bien réjouis.

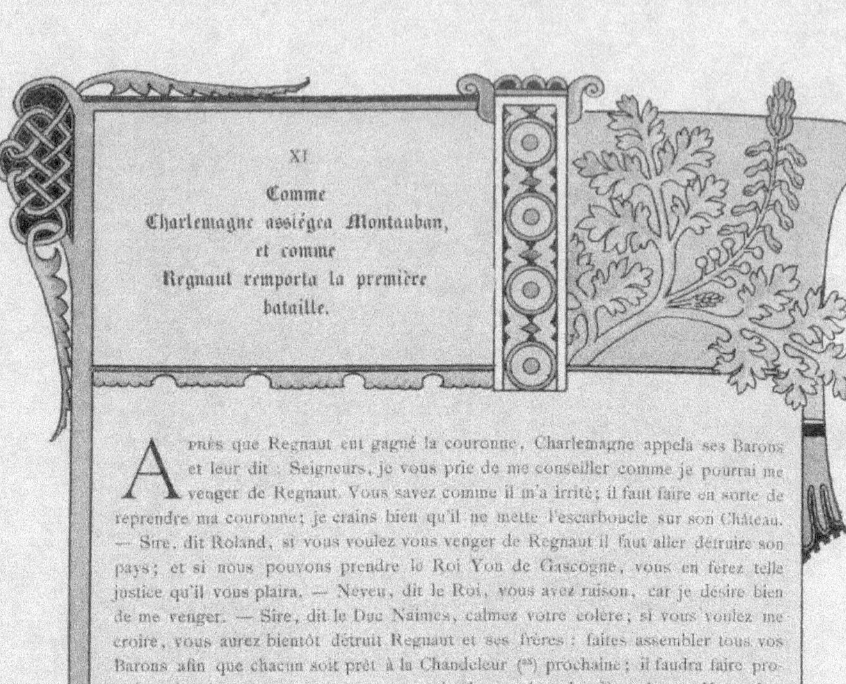

XI

Comme Charlemagne assiégea Montauban, et comme Regnaut remporta la première bataille.

Après que Regnaut eut gagné la couronne, Charlemagne appela ses Barons et leur dit : Seigneurs, je vous prie de me conseiller comme je pourrai me venger de Regnaut. Vous savez comme il m'a irrité; il faut faire en sorte de reprendre ma couronne; je crains bien qu'il ne mette l'escarboucle sur son Château. — Sire, dit Roland, si vous voulez vous venger de Regnaut il faut aller détruire son pays; et si nous pouvons prendre le Roi Yon de Gascogne, vous en ferez telle justice qu'il vous plaira. — Neveu, dit le Roi, vous avez raison, car je désire bien de me venger. — Sire, dit le Duc Naimes, calmez votre colère; si vous voulez me croire, vous aurez bientôt détruit Regnaut et ses frères : faites assembler tous vos Barons afin que chacun soit prêt à la Chandeleur ([25]) prochaine; il faudra faire provision de vivres pour sept ans; nous tiendrons alors le siège devant Montauban jusqu'à ce qu'il soit pris, ensuite vous le rangerez sous votre obéissance. Charlemagne approuva ce conseil. Il envoya des lettres circulaires dans tout son royaume, par lesquelles il étoit porté que tout homme qui vouloit aller à la guerre, eût à se trouver à la cour du Roi vers la Chandeleur prochaine, avec des vivres pour sept ans. Quand les Barons surent la volonté du Roi, ils se préparèrent, et vinrent à Paris, où ils se présentèrent au Roi et à Roland, son neveu. Il y en arriva tant qu'ils ne purent tous loger dans Paris.

Le Roi fit assembler tous ses Barons, et leur dit : Seigneurs, vous savez que j'ai vaincu quatre Rois qui sont sous mon obéissance, excepté le Roi de Gascogne qui a retiré mes ennemis mortels les quatre fils Aymon; ainsi je vous invite à venir en Gascogne me venger des torts qu'ils m'ont faits. Alors le Comte de Nanteuil dit : Sire, nous n'irons pas pour cette fois, car il n'est pas possible. Vous savez qu'il n'y a pas longtemps que nous sommes revenus d'Allemagne, et nous sommes encore bien fatigués. Il y a encore ici plusieurs Barons qui ne sont point retournés dans leurs pays et qui désireroient y retourner. Attendez à la Pentecôte; donnez congé à vos Barons afin qu'ils puissent se reposer; et, quand il en sera temps, vous les ferez venir pour vous suivre en Gascogne ou ailleurs. Le Roi fut très mécontent de cette proposition, et dit que, quand il devroit tout perdre, il vouloit aller en Gascogne : J'y menerai tous les jeunes gens de mon armée, et vous serez déçus. — Sire, dit Naimes, vous ferez bien, car ces jeunes gens seront bien aises d'en essayer. Charlemagne dit : J'espère qu'ils détruiront le Roi Yon, et quand j'aurai pris Regnaut et ses frères, je donnerai toute la Gascogne aux jeunes Chevaliers.

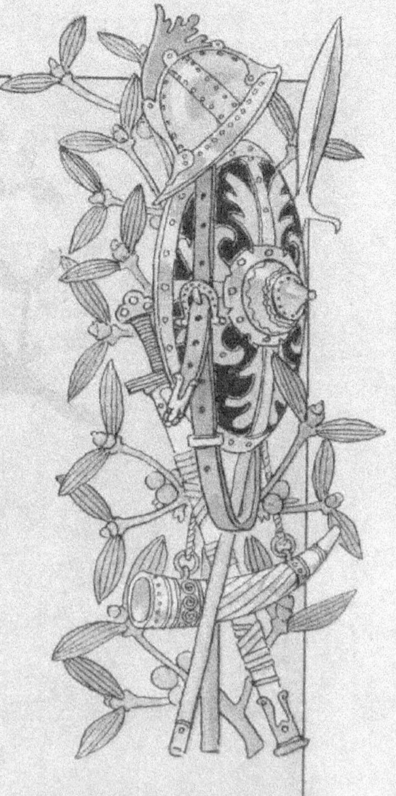

Un espion de Regnaut, qui avoit entendu tout ce que le Roi avoit dit, se mit aussitôt en chemin, et, arrivant à Montauban, il alla trouver Regnaut, ses frères et Maugis. Quand Regnaut le vit, il lui demanda quelles nouvelles il apportoit de la Cour de Charlemagne. — Monseigneur, dit l'espion, sachez qu'il est très irrité contre le Roi Yon, contre vous, vos frères et Maugis; il manda tous ses sujets, mais personne ne voulut venir. Alors il a juré qu'il n'emmèneroit avec lui que des jeunes gens auxquels il donneroit toute la Gascogne. Regnaut dit alors : Ne vous découragez point, je verrai comme Roland et Olivier se comporteront contre moi et mes gens. Alors il s'en vint dans la salle, et trouva Maugis avec les Chevaliers, et leur dit : Seigneurs, je vous dirai que Charlemagne vient nous assiéger et amène avec lui une armée nombreuse; mettons-nous bien en défense et tâchons de leur résister. — Frère, dit Allard, ne craignez rien, ils seront bien reçus; car tant que nous vivrons et que nous vous verrons monté sur Bayard, nous ne craindrons ni Charlemagne ni sa puissance.

Charlemagne fit des réflexions et pensa au conseil que le Comte de Nanteuil lui avoit donné. Il dit à ses Barons qu'ils se trouvassent dans le temps de Pâques, et qu'il tiendroit un Conseil général. Quand il fut temps, chacun se prépara de son mieux. Richard de Normandie amena avec lui plusieurs nobles Chevaliers, et se présenta devant Charlemagne; Salomon de Bretagne vint ensuite, et amena grande

compagnie avec lui. Dizier d'Espagne vint ensuite à la tête de dix mille Chevaliers bien armés. Geoffroi, Comte d'Avignon, amena aussi avec lui beaucoup de gens, et des vivres à foison; Bertrand d'Allemagne amena aussi avec lui beaucoup de Chevaliers, tant d'Irlande que d'Afrique; l'Archevêque Turpin y vint aussi, et le Roi avoit beaucoup d'attachement pour lui. Tous ces grands Seigneurs furent bien reçus par le Roi.

Lorsque toute l'armée fut assemblée, les vivres devinrent d'une cherté excessive dans Paris. Le Roi, voyant cela, passa toute son armée en revue. Il trouva qu'elle étoit composée de trente mille Chevaliers, sans compter les anciens. Il appela Roland et lui dit : Je vous recommande la conduite de mon armée. — Je ferai de mon mieux, lui répondit Roland. Le Roi lui fit donner l'Oriflamme. Ils allèrent coucher à Blois la première journée; Charlemagne fit publier que chacun eût soin de faire porter des vivres après l'armée. Ils passèrent la Gironde, puis mirent toute l'armée en bataillons.

Quand toute son armée fut disposée autour de Montauban, Roland dit à Charlemagne : Il me semble que vous devez donner l'assaut à Montauban. Le Roi lui répondit : Je ne veux pas endommager mes gens; il faut savoir si le Château se voudra rendre, car je finirois aussitôt la bataille. Il envoya alors un messager au Château. Les sentinelles qui le gardoient lui ouvrirent aussitôt. Quand il fut entré, il trouva un Sénéchal auquel il dit : Je suis Chevalier de Charlemagne, et je desirerois parler à Regnaut. Le Sénéchal le conduisit auprès de Regnaut. Quand ce Chevalier fut auprès de Regnaut, il le salua humblement et lui dit : L'Empereur Charlemagne vous demande si vous voulez vous rendre à merci, et rendre votre frère Richard pour en faire à sa volonté; autrement il assiègera votre Château, et s'il peut vous prendre, il vous fera mourir dans les tourmens. Regnaut se mit à rire, et lui dit : Dites à Charlemagne que je ne suis point un traître ; si j'en agissois ainsi il me blâmeroit lui-même. Mais s'il lui plaît, nous sommes à son commandement, mes frères et moi, et nous lui rendrons le Château de bon cœur pourvu que nous ayons la vie sauve. Si le Roi nous refuse, nous tâcherons de nous défendre.

Le messager s'en retourna, et raconta à Charlemagne tout ce que Regnaut lui avoit dit. Le Roi se mit à réfléchir, car il sentoit bien que Regnaut avoit raison. Il appela le Duc Naimes et Oger le Danois, auxquels il dit : Seigneurs, Regnaut me mande qu'il ne fera rien de ma volonté ; ainsi je veux que le Château soit assiégé. — Sire, lui dit Naimes, il me semble, comme je l'ai entendu, que Regnaut vous fait une belle offre, et, si vous voulez m'en croire, vous l'accepterez. Vous savez que ce sont des gens dont vous pourriez recevoir de grands services ; et d'ailleurs, si Regnaut étoit à la tête de vos troupes, vous seriez craint et révéré partout : mais si vous voulez, nous n'y pouvons que faire. Mais je ne serois pas d'avis d'assiéger le Château, car il est bien fort, et Regnaut a beaucoup de gens pour le défendre. Si vous les assiégez, ils sortiront par de fausses portes ; autrement il faudra les serrer de si près qu'ils ne puissent en sortir.

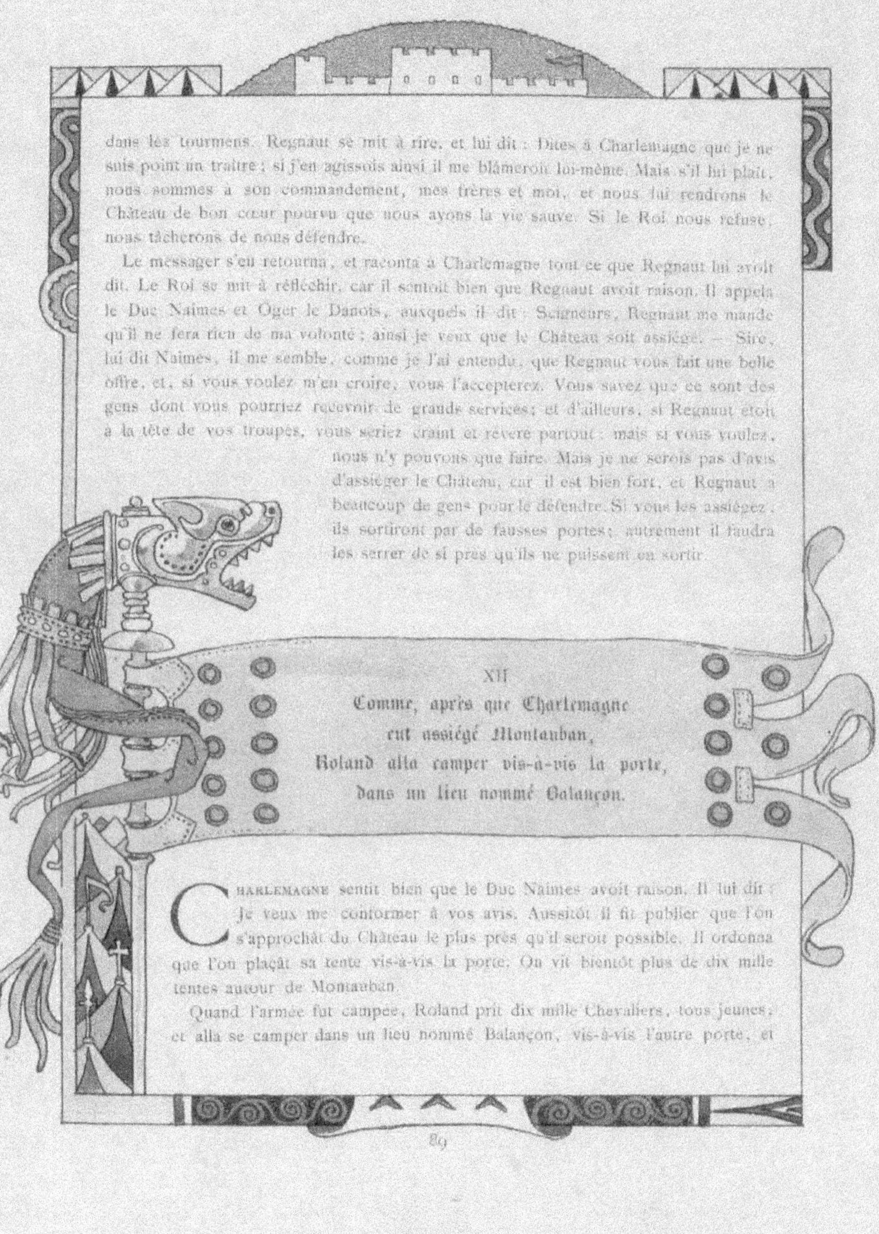

XII

Comme, après que Charlemagne eut assiégé Montauban, Roland alla camper vis-à-vis la porte, dans un lieu nommé Balançon.

Charlemagne sentit bien que le Duc Naimes avoit raison. Il lui dit : Je veux me conformer à vos avis. Aussitôt il fit publier que l'on s'approchât du Château le plus près qu'il seroit possible. Il ordonna que l'on plaçât sa tente vis-à-vis la porte. On vit bientôt plus de dix mille tentes autour de Montauban.

Quand l'armée fut campée, Roland prit dix mille Chevaliers, tous jeunes, et alla se camper dans un lieu nommé Balançon, vis-à-vis l'autre porte, et

au bord d'une très grande et profonde rivière. Il fit mettre sa tente dans cet endroit, avec un dragon au-dessus. Ce lieu étoit tellement situé qu'on pouvoit découvrir tout le pays. Montauban étoit environné de deux rivières, la Dordogne et la Gironde. Roland voyant l'endroit si bien fortifié, en fut surpris, et dit à ses gens : Seigneurs, je ne suis pas surpris si les quatre fils Aymon font la guerre à mon oncle, puisqu'ils ont un Château si bien fortifié. Jamais nous ne viendrons à bout de prendre Montauban. — Vous avez tort, dit Olivier ; nous avons bien pris Losanes, et nous avons abattu la grande Tour et le Donjon de Constantinople, ainsi nous pourrons bien avoir Montauban ; et si Regnaut et ses frères ne viennent se rendre, leur vie est en grand danger. — Je vous promets, dit Roland, qu'ils n'en feront rien ; mais je vous jure que Regnaut nous fera telle peur que le plus hardi voudroit être à Paris. Il est courageux, et ses frères aussi ; ils ont de vaillans Chevaliers, parquoi je suis d'avis que tant qu'ils auront à vivre, ils ne seront jamais pris.

Quand le pavillon de Roland fut tendu, ils aperçurent un grand nombre d'oiseaux entre les deux rivières. Alors il dit à l'Archevêque Turpin et aux autres Barons : Voyez que nous sommes bien logés ; allons chasser avec nos faucons. — Seigneur, dit l'Archevêque Turpin, très volontiers. Roland monta à cheval, et prit avec lui une trentaine de Barons qui emportèrent leurs faucons, montèrent sur des mulets ; ils prirent seulement leurs épées, et partirent à la chasse où ils prirent beaucoup d'oiseaux de rivière. L'Archevêque Turpin et Oger n'y furent point ; mais ils restèrent dans leurs tentes à la tête de l'armée, et interrogeoient un vieux Chevalier sur la manière dont on s'étoit servi pour prendre la grande Ville de Troye.

Il y avoit un espion de Regnaut qui s'étoit glissé dans l'armée du Roi pour savoir tout ce qui s'y passoit. Il partit aussitôt, et alla raconter à Regnaut que Roland et Olivier étoient allés à la chasse avec trente chevaliers bien armés. Regnaut en fut bien aise. Il appela ses freres et Maugis, et leur dit comme Roland et Olivier étoient allés avec trente Chevaliers chasser dans les plaines de Balançon. — Que devons-nous faire? dit Regnaut. — Cousin, dit Maugis, il faut les détruire si nous pouvons. Vous devez vous souvenir que Charlemagne a dit qu'il laisseroit les anciens Chevaliers dans son Royaume, et n'emméneroit avec lui que des jeunes gens à qui il donneroit toute la Gascogne. Roland et Olivier sont si bien prévenus de la puissance de Charlemagne qu'ils pensent que personne ne peut lui résister; mais, si vous voulez m'en croire, je vous dirai un moyen de les embarrasser. Regnaut, ses freres et Maugis s'armerent. Regnaut monta sur Bayard et le fit caracoler. Il dit ensuite : Tâchons de prendre les meilleurs Chevaliers de Charlemagne. Ils sortirent tous bien armés par la fausse porte, au nombre d'environ quatre mille, avec Forestier, qui les conduisoit par l'endroit le plus épais de la forêt. Regnaut lui dit de les conduire droit à Balançon. Quand Regnaut vit les tentes, il dit à ses gens : Seigneurs, voyez la belle capture que nous avons à faire! — Seigneur, lui répondirent-ils, avançons hardiment; tant que vous serez à notre tête, nous irions attaquer l'enfer.

L'Archevêque Turpin, qui étoit à la garde du camp, leva la tête et vit des corbeaux qui menoient un grand bruit au-dessus de Montauban. Il regarda ensuite du côté de la forêt, et aperçut ses ennemis. Alors la terreur s'empara de lui, et il appela Oger le Danois, et dit : Allez promptement vous armer, voici nos ennemis qui s'avancent. Roland et Olivier ont eu grand tort de s'amuser à chasser, et de laisser l'armée en danger. Oger alla aussitôt s'armer, et fit sonner les trompettes afin que toute l'armée fût prête. Oger monta sur son cheval et vit que toute l'armée étoit sur pied. Alors il dit à ses gens : Seigneurs, on vient nous attaquer; pensons à nous défendre.

Regnaut fut bien surpris de voir toute l'armée en mouvement. Il dit à ses gens : Nous sommes découverts; ne laissons cependant pas de les attaquer. Il dit à son cousin Maugis de rester dans

la forêt avec mille Chevaliers : Si vous voyez que nous ayons besoin de secours, vous y viendrez aussitôt. Maugis fit selon ce qui lui étoit prescrit. Regnaut piqua Bayard et passa Balançon. Le premier qu'il rencontra fut Aymeri le comte de Nicol, qu'il renversa mort. Il mit l'épée à la main et poursuivit les Chevaliers avec tant de fureur qu'ils fuyoient tous devant lui, et il se prit à crier : Où sont Roland et Olivier? Ils nous ont menacés et traités de traîtres; je veux leur prouver le contraire

Quand l'Archevèque Turpin entendit Regnaut, il courut contre lui, et ils combattirent longtemps l'un contre l'autre et brisèrent leurs lances, mais ils ne tombèrent pas. Regnaut lui appliqua un grand coup d'épée sur la tête en lui disant : Vous devriez mieux avoir resté dans votre Église. L'Archevèque Turpin, entendant le reproche que lui faisoit Regnaut, courut sur Regnaut, et alors toute l'armée se mit en émotion de part et d'autre. Il y eut un très grand carnage. Oger arriva monté sur Broisart. Il frappa Richard si rudement qu'il renversa son cheval. Richard se voyant démonté, mit aussitôt l'épée à la main, et se prépara à se défendre. Mais Oger passa outre, et commença à crier : *A l'Enseigne Saint-Denis!* [4] Regnaut, voyant que son frère Richard étoit démonté, piqua Bayard et courut contre Oger. Alors ils se donnèrent de grands coups sur leurs écus. Regnaut frappa Oger avec tant de force qu'il ne pût s'empêcher de tomber par terre. Regnaut le voyant par terre, prit Broisart par la crinière, et dit à Oger : Vous avez eu tort de renverser mon frère; vous qui êtes notre parent, ne devriez-vous pas nous défendre? Au contraire, vous êtes notre plus cruel ennemi; ce n'est pas bien agir. Reprenez cependant votre cheval; mais j'espère que vous ne nous ferez aucun mal. — Cousin, dit Oger, vous avez bien raison. Quand il fut

remonté, il mit l'épée à la main, et se mit à frapper si rudement qu'il faisoit trembler tout devant lui.

Maugis, voyant que tous les bataillons étoient en ordre, sortit de son embuscade, et vint à Balançon. Il passa le gué et se mit dans la mêlée. Les François étoient très fatigués; ils se mirent en fuite. Les Gascons les chassèrent environ une lieue, puis retournèrent à l'armée où ils prirent tout ce qu'ils y trouvèrent. Maugis alla à la tente de Roland et prit le Dragon qui étoit au-dessus. Ils repassèrent le gué de Balançon, et s'en retournèrent à Montauban avec grande joie. Maugis fit distribuer le butin à ses gens, après quoi il monta sur la Tour de Montauban, et y mit le Dragon de Roland au-dessus, de manière que toute l'armée de Charlemagne pouvoit l'apercevoir. Le Roi l'ayant aperçu, pensa que Roland avoit pris le Château.

XIII
Comme le roi de Gascogne rendit Regnaut et ses frères à Charlemagne.

Nous parlerons dans ce chapitre de Roland et Olivier qui revenoient de la chasse, fort contens d'avoir pris beaucoup d'oiseaux. Comme ils s'en retournoient, Damp Rambaut [31] s'en alla au-devant, et leur dit : Vous avez pris beaucoup d'oiseaux, mais ils vous coûteront bien cher. Si vous avez pris des oiseaux, Regnaut et ses frères ont pris des hommes et des chevaux, car vous pouvez voir votre Dragon sur la Tour de Montauban; c'est l'ouvrage des quatre fils Aymon : chacun pense que vous avez pris Montauban. Roland l'ayant entendu parler, se mit sur une pierre, et fit quelques réflexions. Il appela ensuite l'Archevêque Turpin, et lui dit : Que me direz-vous? Je n'oserai jamais me trouver devant mon oncle, car je crains les mauvais rapports. — Sire, dit l'Archevêque Turpin, ne craignez rien; vous n'êtes pas le premier à qui cela soit arrivé. Je vous promets qu'avant qu'il soit trois jours vous aurez des gens de Regnaut comme il a des nôtres. — Sire, dit Roland, je m'en rapporte à votre prudence.

Ils remontèrent tous à cheval, et allèrent vers Charlemagne. Après eux alloient à pied plus de deux cens gentilshommes qui avoient perdu leurs chevaux. Ils entrèrent dans la tente du Duc Naimes. Roland y demeura deux jours sans sortir, tant il étoit honteux. Pendant qu'il étoit dans la tente du Duc Naimes, l'Archevêque Turpin alla à la tente de Charlemagne, salua le Roi, et lui dit : Sire, je viens vous annoncer une nouvelle désagréable. Vous saurez que les quatre fils Aymon nous ont battus. Ils ont pris ce qui étoit dans nos tentes, nos chevaux, nos harnois, le Dragon de Roland, et plusieurs de nos gens. L'Empereur Charlemagne fut bien irrité, et jura par Saint Denis qu'il s'en vengeroit. Il manda alors ses Barons.

Ils vinrent alors vers lui, et il leur dit : Seigneurs, je vous ai fait venir pour vous dire tout ce qui est arrivé. Sachez que les quatre fils Aymon ont vaincu les Chevaliers que mon neveu Roland avoit menés à Balançon; ce dont je suis bien fâché, car j'aimerois mieux avoir perdu autre chose et que cela ne fût point arrivé; mais il faut bien souffrir, puisqu'on ne peut faire autrement. Dites-moi, je vous prie, comment je pourrai prendre Montauban? Quand il eut achevé, personne n'osa parler. Le Duc Naimes dit : Sire, vous demandez conseil pour assiéger Montauban. On ne vous le conseillera certainement pas; il y a trop de danger. Mais, si vous me croyez, mandez au Roi Yon qu'il ne retire point vos ennemis dans son pays; qu'il vous les rende; et qu'autrement vous lui retirerez ses terres et ne lui ferez point de grâce. — Naimes, dit le Roi, votre conseil est sage et prudent.

Le Roi fit venir un messager auquel il dit : Allez à Toulouse, et dites au Roi Yon, de ma part, que je suis entré en Gascogne avec les douze Pairs de France et cent mille combattans. Dites-lui que s'il ne me rend pas mes ennemis les quatre fils Aymon, que je l'exilerai de toute sa terre et lui ôterai sa couronne, et on le nommera le Roi détrôné (28). — Sire, dit le messager, vos

ordres seront exécutés avec exactitude. Alors il partit de l'armée, alla à Toulouse, où il trouva le Roi Yon en son palais. Il le salua de la part de l'Empereur, puis lui raconta le sujet de son message. Le Roi Yon, après avoir entendu ce que lui annonçoit le messager, se mit à penser en lui-même; puis il dit au messager : Ami, il faudroit rester ici huit jours, après quoi je vous rendrai réponse. — J'attendrai volontiers, répondit le messager. Le Roi Yon entra dans sa chambre accompagné de huit Comtes, dont il commanda que la porte fût bien fermée. Il leur dit ensuite : Seigneurs, je vous prie de me conseiller raisonnablement ce que je dois faire. Charlemagne est entré dans mon pays avec cent mille combattans; il me mande que je lui rende les quatre fils Aymon; qu'autrement il ne me laissera ni ville ni château sur pied, et que, s'il peut s'emparer de moi, il m'ôtera la couronne que je porte. Mais j'aime mieux mourir que de vivre honteusement.

Quand le Roi Yon eut parlé, un Chevalier nommé Godefroi, qui étoit son neveu, se leva et lui dit : Sire, je suis surpris que vous demandiez conseil pour trahir des Chevaliers tels que les quatre fils Aymon. Regnaut est votre frère et vous lui avez donné votre sœur en mariage. Vous savez quel bien il a fait à votre pays; vous lui avez promis et juré de le servir envers et contre tous : ainsi il faut leur tenir parole ou les laisser aller à l'aventure; ils pourroient au moins offrir leurs armes à quelque grand seigneur qui leur fera plus de bien que vous ne leur en avez fait. Je vous prie de ne rien faire qui puisse vous retourner à déshonneur. Le vieux Comte d'Anjou dit ensuite : Sire, vous nous avez demandé des avis; si vous voulez les suivre nous vous en donnerons. — Parlez, dit le Roi, je suivrai votre conseil. — Sire, dit le Comte, j'ai bien entendu dire (s'il est vrai que le Duc Beuves d'Aigremont tua Lohier, dont Charlemagne fut bien fâché), Regnaut et ses frères étoient bien jeunes alors; et quand ils furent grands, Charlemagne voulut leur en faire porter la folle enchère; mais ils eurent tant de courage qu'ils ne voulurent se rendre. Regnaut, depuis, a tué Berthelot, le neveu du Roi. Sire, je ne vous déguise rien : vous savez que Charlemagne est puissant, que je n'ai jamais réussi contre lui, ainsi je vous conseille de lui rendre Regnaut et ses frères. Vous serez délivré d'un grand danger. Le conseiller dit ensuite : Nous serions tous des traîtres! Vous lui avez donné votre sœur en ma-

riage; il vous a averti qu'il avoit guerre avec Charlemagne; il a gagné bien des batailles et vous a délivré de vos ennemis, et vous ne seriez pas digne de porter la couronne, si, pour sauver votre vie, vous trahissiez des Chevaliers tels que les quatre fils Aymon. Vous n'avez encore rien perdu avec eux, et vous seriez un traître de les livrer à Charlemagne. Le vieux Antoine parla ensuite, et dit : Sire, ne croyez pas ce conseil, vous pourriez être trahi. Je sais mieux que qui que ce soit les intentions de Regnaut. Il est fils d'un seigneur qui n'avoit qu'une ville; il n'a jamais voulu se soumettre au Roi de France; il a tué Berthelot, et Charlemagne le chassa du Royaume de France; il est venu en Gascogne; vous lui avez donné votre sœur en mariage avec beaucoup de bien, et il en est devenu si orgueilleux que personne ne peut vivre avec lui; s'il peut vous ôter la vie, il le fera pour posséder votre Royaume. Par quoi je vous conseille de le rendre avec ses frères et Maugis au Roi Charlemagne, et vous apaiserez sa colère. Le Duc Guichard de Bayonne dit : Sire, je vous dis que le Comte Antoine a tort de parler ainsi. Regnaut est fils du Duc Aymon de Dordonne : Charlemagne fit tuer leur oncle, le Duc Beuves d'Aigremont; Regnaut, il est vrai, a tué Berthelot, mais c'étoit à son corps défendant. Je dis qu'un Roi qui commet une trahison par la crainte qu'il a d'un autre Roi, n'est pas digne de porter la couronne. Le Comte Hector parla ensuite et dit : Sire, vous demandez un conseil à qui n'est pas en état de vous en donner. Sachez que Regnaut est un vaillant Chevalier, et qu'il a fait la guerre contre Charlemagne. Il vint en Gascogne : vous lui avez donné votre sœur en mariage; vous avez eu grand tort, ainsi que de lui permettre de bâtir le Château de Montauban au plus fort endroit de votre Royaume; Charlemagne est venu, qui l'a assiégé. Je vous conseille de rendre Regnaut le plus tôt que vous pourrez : il vaut mieux perdre quatre Chevaliers que votre Royaume. Donnez votre sœur à un autre, car vous ne pouvez avoir un plus grand ennemi que Charlemagne. Vous ne serez point blâmé si vous voulez suivre mes avis. — Ami, dit le Roi Yon, je suis prêt à faire ce que vous me conseillerez; je sens bien que votre avis est le meilleur de tous et le plus utile.

Quand le Roi Yon aperçut que les Barons de son Conseil étoient d'accord pour qu'il rendît Regnaut et ses frères au Roi Charlemagne, il poussa un profond soupir, et dit en lui-même : Hélas! Regnaut, je suis bien changé pour vous et vos frères! Il faudra nous quitter. Vous y perdrez peut-être la vie et moi l'honneur; mais je ne puis faire autrement. Il dit ensuite : Seigneurs, je vois bien qu'il faut je que rende les quatre fils Aymon au Roi Charlemagne, car la plus grande partie de mes amis en est d'accord; mais je serai réputé pour un traître tant que je vivrai.

Les Barons sortirent du Conseil, et retournèrent chacun dans leur Hôtel. Le Roi Yon étant sorti de sa chambre, alla s'asseoir sur un banc, et se mit à penser. Pendant qu'il réfléchissoit, des larmes couloient de ses yeux, tant il regrettoit ces vaillans Chevaliers. Il appela son Chapelain et lui dit : Écrivez une lettre de ma part au Roi Charlemagne. Vous lui marquerez que je lui mande salut et honneur; que s'il veut laisser mon pays en paix, je lui promets qu'avant qu'il soit dix jours, il trouvera les quatre fils Aymon dans les plaines de Vaucouleurs [38], revêtus de manteaux d'écarlate fourrés d'hermine, montés sur des mules, et portant en leurs mains des roses. Je les ferai accompagner par huit des Comtes de mon Royaume. S'ils lui échappent, qu'il ne m'en blâme point.

Le Chapelain monta dans sa chambre et écrivit la lettre telle que le Roi la lui avoit dictée. Quand elle fut écrite et scellée, le Roi appela son Sénéchal et lui dit : Montez à cheval; allez à la tente du Roi, qui est devant Montauban; saluez-le de ma part, et lui remettez cette lettre. Vous lui direz que, s'il veut vivre en paix, j'agirai selon ses intentions, et que, s'il ne veut pas, je me défendrai.

Le Sénéchal s'en retourna à son Hôtel, et monta à cheval. Il passa à Toulouse, et emmena le Héraut du Roi Charlemagne avec lui, et quand ils furent auprès de Montauban, ils trouvèrent le Roi Charlemagne dans sa tente. Le Sénéchal y entra et le salua de la part du Roi Yon.

Il lui présenta la lettre en lui disant : Sire, le Roi Yon vous mande que, si vous voulez laisser son pays en paix, il tiendra toutes les promesses qu'il fait dans cette lettre. Charlemagne fut satisfait quand, après avoir lu la lettre, il vit qu'elle contenoit la trahison qu'il désiroit le plus au monde, et il dit au Sénéchal : Votre Seigneur le Roi Yon parle bien ; s'il fait ce qu'il me mande, il sera mon ami, et je le défendrai contre tous ceux qui viendront l'attaquer. — Sire, faites serment de ce que vous me dites. — Je vous le jure, au nom de la Vierge et Saint Denis. — Cela suffit, répondit le Sénéchal. Alors Charlemagne appela son Chambellan et lui dit : Écrivez une lettre au Roi Yon, et marquez-lui que, s'il veut tenir sa parole, j'augmenterai sa Seigneurie de quatorze bons châteaux. Je lui envoie quatre beaux manteaux d'écarlate pour les Chevaliers quand ils iront dans les plaines de Vaucouleurs : c'est là que je les ferai tous pendre. — Sire, dit le Chambellan, je vais exécuter vos ordres. Alors il écrivit la lettre que le Roi scella et remit au Sénéchal, en lui disant : Vous remettrez cette lettre au Roi Yon, et vous le saluerez de ma part. Ensuite il lui fit donner dix marcs d'or et l'anneau qu'il avoit au doigt.

Quand le Sénéchal fut parti, le Roi fit venir Foulques de Morillon et Oger le Danois, et leur dit : Seigneurs, je vous ai fait venir pour vous dire mon secret ; mais je veux que personne ne le sache que nous trois, jusqu'à ce qu'il soit accompli. — Sire, lui répondirent les Chevaliers, nous vous en ferons notre serment auparavant. — Seigneurs, dit le Roi, je l'accepte. Vous irez dans les plaines de Vaucouleurs avec trois cens Chevaliers bien armés ; vous y trouverez les quatre fils Aymon, vous me les amènerez morts ou vifs. — Sire, dit Oger le Danois, nous ne les avons jamais vus qu'en armes ; comment pourrons-nous les reconnoître ? — Vous pourrez les reconnoître facilement, car chacun d'eux aura un manteau d'écarlate fourré d'hermine, et aura une rose à la main. — Sire, dit Oger, ces marques sont suffisantes, et nous ferons votre commandement.

Ils sortirent secrètement de l'armée, et allèrent aux plaines de Vaucouleurs. Ils se mirent en embuscade dans un bois de sapins, en attendant que les quatre fils Aymon vinssent à Vaucouleurs. Grand Dieu ! que Regnaut et ses frères ne sont-ils instruits de cette trahison ! Au lieu de mulets ils auroient monté de bons chevaux et se seroient armés de tous points.

Quand Oger et Foulques furent em-

busqués, Foulques appela ses gens et leur dit : Seigneurs, je déteste Regnaut, qui a tué mon oncle ; vous saurez que je suis venu avec vous pour m'en venger. Le Roi Yon les a trahis, et il doit les livrer à Charlemagne ; ils viendront ici sans armes que leurs épées : quand vous les verrez, il faudra montrer toute votre valeur et votre zéle à me servir.

Quand le Roi Yon, qui étoit à Toulouse, eut reçu la lettre de Charlemagne, il appela son Secrétaire Gendard, et lui dit : Ouvrez cette lettre et lisez-la. Il l'ouvrit et lut la trahison qu'elle contenoit contre Regnaut et ses freres. Quand le clerc eut lu la lettre, il versa des larmes. Le Roi Yon, le voyant pleurer, lui dit de ne rien cacher du contenu de la lettre. Alors il lui dit que Charlemagne lui mandoit que, s'il vouloit tenir sa parole, il augmenteroit son Fief de quatorze beaux Châteaux : Il vous envoie quatre manteaux d'écarlate fourrés d'hermine que vous donnerez aux quatre fils Aymon, ce qui servira à les faire reconnoître, car Charlemagne ne veut point que l'on fasse de mal qu'à eux ; et il vous mande que ses gens sont en embuscade pour attendre les quatre fils Aymon que vous devez leur livrer. Quand le Roi Yon eut entendu le contenu de la lettre, il manda aussitôt cent Chevaliers bien armés, monta à cheval et partit pour Montauban. Il fit loger ses gens dans le Bourg, et alla au Palais.

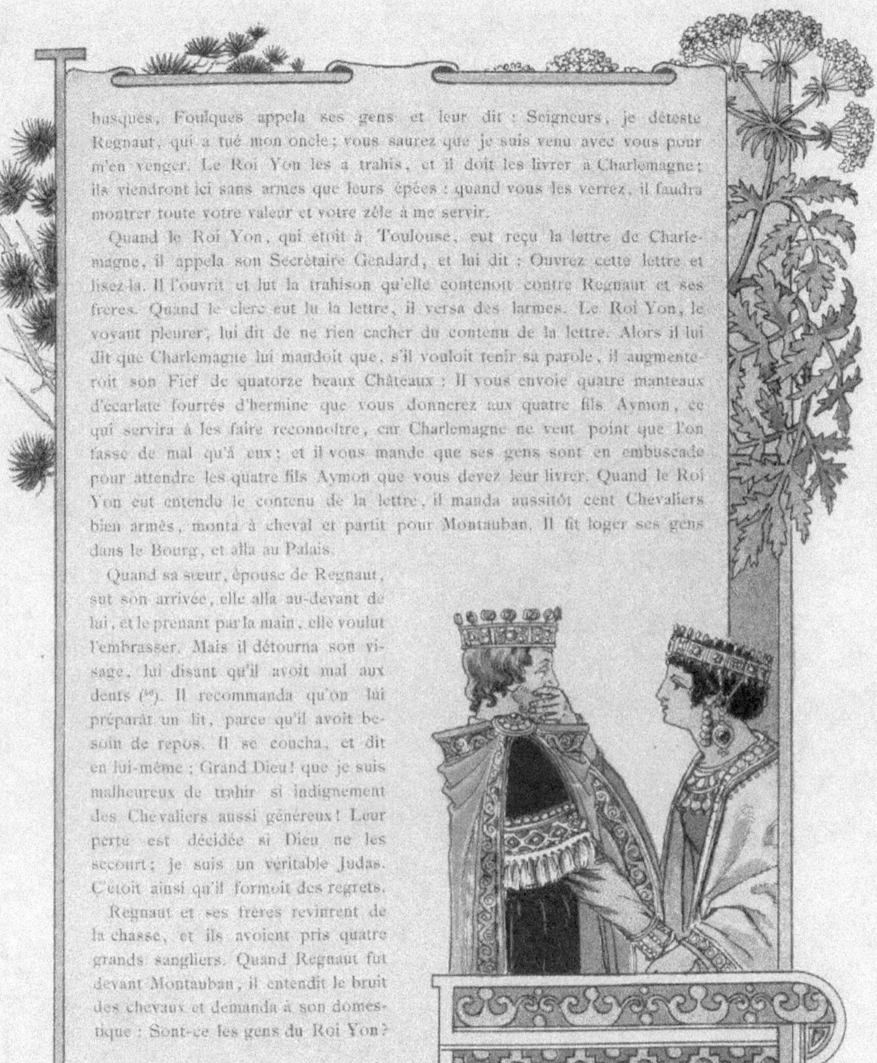

Quand sa sœur, épouse de Regnaut, sut son arrivée, elle alla au-devant de lui, et le prenant par la main, elle voulut l'embrasser. Mais il détourna son visage, lui disant qu'il avoit mal aux dents [36]. Il recommanda qu'on lui préparât un lit, parce qu'il avoit besoin de repos. Il se coucha, et dit en lui-même : Grand Dieu ! que je suis malheureux de trahir si indignement des Chevaliers aussi généreux ! Leur perte est décidée si Dieu ne les secourt ; je suis un véritable Judas. C'étoit ainsi qu'il formoit des regrets.

Regnaut et ses freres revinrent de la chasse, et ils avoient pris quatre grands sangliers. Quand Regnaut fut devant Montauban, il entendit le bruit des chevaux et demanda à son domestique : Sont-ce les gens du Roi Yon ?

Il étoit inutile qu'il vînt, j'aurois bien été le trouver. Il appela son neveu, et lui dit de lui apporter son cor et dit à ses frères : Prenez chacun le vôtre et faisons fête à l'arrivée du Roi Yon. Alors ils se mirent à sonner tous ensemble, et firent retentir le Château de Montauban. Le Roi Yon se leva, et dit en lui-même : Que j'ai donc mal agi contre ces Chevaliers ! Puis il s'en retourna coucher.

Regnaut et ses frères montèrent au Palais. Quand il les vit venir, il leur tendit la main, et dit à Regnaut : Ne soyez pas surpris si je ne vous embrasse pas ; c'est que je suis incommodé. Regnaut lui dit : Sire, on peut bien vous soulager ici, et mes frères et moi vous procurerons tous les secours nécessaires. — Je vous remercie, leur dit le Roi. Il appela son Sénéchal, et lui dit : Apportez-moi les manteaux d'écarlate. Il les apporta aussitôt, et le Roi les leur fit mettre, et les pria de les porter à sa considération. — Sire, dit Allard, nous les porterons. Mais s'ils eussent su la trahison, ils ne les auroient pas mis. Quand chacun d'eux eut mis son manteau, le Roi les regarda et se mit à pleurer. Son Sénéchal étoit là, qui savoit toute la trahison ; mais il n'osoit rien dire à cause du Roi. Regnaut pria le Roi de manger, car il désiroit bien le servir. Après le repas, le Roi prit Regnaut par la main, et lui dit : Beau-frère et ami, j'ai un secret à vous dire. Vous saurez que j'ai été à Monbadel, et que j'ai parlé à Charlemagne, qui m'accusoit de trahison parce que vous êtes dans mon Royaume ; dont j'ai présenté gage devant toute la compagnie, mais personne n'a été assez hardi pour me dédire. Nous avons eu plusieurs paroles ensemble, et à la fin nous avons décidé la paix aux conditions suivantes : savoir que vous irez demain aux plaines de Vaucouleurs ; vous n'aurez pour armes que vos épées, vous monterez sur des mules, vous serez revêtus des manteaux que je vous ai donnés, et porterez chacun une rose à la main ; je vous ferai accompagner par huit de mes Comtes le plus honnêtement qu'il me sera possible. Vous y trouverez le Roi, le Duc de Bavière, Oger et les douze Pairs de France ; vous saluerez Charlemagne, lui baiserez les pieds, et il vous rendra toutes vos Seigneuries. — Sire, répondit Regnaut, je me méfie de Charlemagne, car il nous déteste. — Ne craignez rien, lui répondit le Roi Yon ; il en a fait serment en

présence de toute sa Baronie. — Sire, lui dit Regnaut, nous suivrons votre conseil. — Que dites-vous? reprit Allard; vous savez que Charlemagne a juré notre perte, s'il pouvoit nous prendre; et je suis surpris que vous accordiez à aller, tout désarmé, vous remettre entre ses mains. Pour moi, je n'irai pas sans armes. — A Dieu ne plaise, dit Regnaut, que je ne m'en rapporte pas au Roi Yon! Alors il se tourna vers le Roi et lui dit: Sire, nous irons, quoi qu'il en arrive; j'espère faire notre paix avec Charlemagne.

Alors il prit congé du Roi, et alla dans sa chambre avec ses frères. L'épouse de Regnaut, voyant venir son mari, courut au-devant de lui, et l'embrassa. Regnaut lui dit: Je vous aime beaucoup; votre frère fait tout son possible pour nous procurer la paix avec Charlemagne, ce que n'ont pu faire Roland, Olivier, et les douze Pairs de France. Alors la Dame lui dit: J'en remercie Dieu; mais dites-moi, je vous prie, où sera fait l'accord? — Demain nous partons tous quatre aux plaines de Vaucouleurs, et là on fera la paix; mais il faut que nous y allions sans armes que nos épées, montés sur des mulets, et chacun une rose à la main en signe de paix; et nous devons y trouver le Duc Naimes et les douze Pairs de France pour y recevoir nos sermens. Quand son épouse l'eut entendu, elle lui dit: Mon ami, si vous voulez m'en croire, vous n'irez pas, car les plaines de Vaucouleurs sont trop dangereuses. Tâchez plutôt de parler à Charlemagne près de Montauban. Vous paroîtrez devant lui monté sur Bayard; vous direz à Maugis de prendre avec lui trois mille Chevaliers bien armés, qui seront en embuscade sur le rivage pour vous secourir dans le besoin, car je crains bien la trahison: ainsi je vous prie de prendre bien garde. Cette nuit, j'ai songé que j'étois aux fenêtres du Palais, et j'ai vu sortir du bois mille sangliers qui vous tuoient, et que la Tour de Montauban tomboit par terre; qu'il y vint un traître qui frappa Allard, et lui perça le bras. Je vis ensuite deux Anges qui pendoient notre frère Richard à un pommier. Alors il se mit à crier: A mon secours! mon frère Regnaut... Vous y allâtes incontinent sur votre cheval Bayard, mais il tomba sous vous, dont vous fûtes bien fâché. Ainsi je vous conseille de ne point y aller. — Dame, lui répondit Regnaut, taisez-vous, car je regarde pour fou celui qui croit aux songes. Allard dit qu'il n'iroit point; Richard dit: Il ne faut

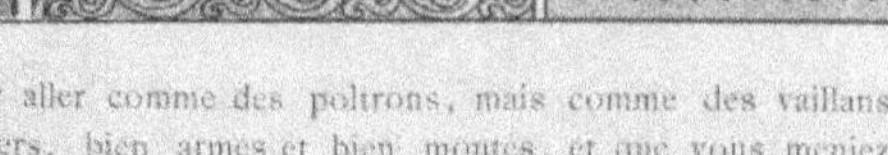

point y aller comme des poltrons, mais comme des vaillans Chevaliers, bien armés et bien montés, et que vous meniez votre cheval, car, dans un besoin, il nous porteroit tous les quatre. — Parbleu, dit Regnaut, dites ce qu'il vous plaira; j'irai, telle chose qui puisse m'en arriver.

Il sortit de sa chambre, et alla trouver le Roi Yon, auquel il dit : Je vous dirai que mes frères ne veulent point venir avec moi parce que nous ne menons point de chevaux. Si vous voulez nous donner la permission de conduire chacun le nôtre? — Non pas, dit le Roi, Charlemagne vous redoute trop; d'ailleurs j'ai fait serment que vous n'y porteriez point d'armes, et que vous ne seriez pas montés sur des chevaux. Si vous allez autrement, il croira que je veux le trahir; il pourroit nous en coûter cher, et je vous conseille d'agir comme je vous l'ai dit. Il prit congé du Roi et retourna en sa chambre, où il trouva sa femme et ses frères qui lui demandèrent s'il monteroit sur Bayard? Il leur répondit qu'il n'avoit pu en avoir la permission. Mais dit-il, ne craignez rien : le Roi Yon ne vous trahira pas; il nous fera même conduire par huit des plus grands Comtes de son pays; je n'ai jamais reconnu en lui de méchanceté. — Sire, dirent ses frères, puisque cela vous fait plaisir, nous irons avec vous.

Le lendemain Regnaut se leva et dit à ses frères : Préparons-nous à partir, car Charlemagne ne sera pas content s'il est plus tôt aux plaines de Vaucouleurs que nous. Quand ils furent prêts, ils allèrent entendre la Messe, et à l'Offertoire Regnaut et ses frères firent leurs offrandes. Après la Messe, ils montèrent sur les mulets, et partirent avec les huit Comtes qui savoient toute la trahison. On pouvoit facilement reconnoître les quatre fils Aymon d'avec les autres, car ils étoient vêtus de manteaux d'écarlate fourrés d'hermine, et portoient à la main des roses en signe de paix. Le Roi les vit partir avec douleur, car, malgré sa trahison, il en avoit pitié; mais il n'avoit agi que par mauvais conseil. Comme ils étoient en chemin pour aller à Vaucouleurs, Allard se mit à chanter une chanson. Ils chantèrent ensuite tous ensemble. Ces pauvres Chevaliers chantoient et ne savoient pas qu'ils alloient à la mort. Regnaut alloit derrière eux

la tête baissée, et il les écoutoit chanter. Il éleva tristement les mains au ciel, et dit : Grand Dieu, qui avez preservé Daniel dans la fosse aux lions, et délivré Jonas du ventre de la baleine, préservez-moi, s'il vous plaît, de mort et d'emprisonnement ainsi que mes frères, car je ne sais pas où nous allons ; il me semble que nous courons un grand danger. Quand il eut fini sa prière, il se mit à répandre des larmes tant il craignoit de causer le malheur de ses frères. Allard, voyant pleurer son frere, lui dit : Qu'avez-vous ? je ne vous ai jamais vu si triste. Regnaut lui répondit : C'est aujourd'hui que nous devons faire la paix avec Charlemagne. — C'est à cause de cela qu'il faut être gai ; marchez et chantez avec nous. — Très volontiers, répondit Regnaut. Lors Regnaut commença à chanter si bien que c'étoit un plaisir de l'entendre. Ses freres alloient au petit pas en parlant de ce qu'ils deviendroient dans les plaines de Vauconleurs.

La situation de la plaine où ils devoient s'arrêter étoit telle qu'elle étoit environnée de quatre forêts très épaisses, dont la moindre étoit d'une journée de chemin ; et de quatre rivières très profondes nommées Gironde, Dordonne, Noire, et l'autre Balançon, où il n'y avoit point d'habitation à plus de dix lieues : pourquoi la trahison avoit été ordonnée dans ces lieux. Il y avoit quatre chemins, dont l'un alloit en France, l'autre en Espagne, l'autre en Galice, et le quatrième en Gascogne. Il y avoit cinq cens hommes dans chaque pour prendre Regnaut.

Quand les quatre frères et les huit Comtes furent arrivés dans la plaine, Oger les aperçut le premier, et dit à ses gens : Seigneurs, vous savez que Regnaut est mon cousin ; je vous prie de ne lui faire aucun mal ainsi qu'à ses freres. Regnaut et ses freres descendirent dans la vallée, et furent surpris de n'y trouver personne. Allard appela son frère Richard et lui dit : Frère, nous sommes trahis ! Je crains bien que ce ne soit Regnaut. — Je n'ai jamais eu si peur, dit Richard. Il dit ensuite à Regnaut : Qu'attendons-nous ? puisque nous n'avons trouvé personne. S'il y avoit ici vingt Chevaliers armés, ils nous emmeneroient comme des bêtes : vous ne voulûtes pas croire ce que nous dîmes à

Montauban; je crains bien que nous n'ayons sujet de nous en repentir. Si mon cousin Maugis étoit avec nous, et que nous eussions votre cheval Bayard, nous ne craindrions pas la puissance de Charlemagne. Partons! Ce seroit une folie de rester ici : je vois bien que le Roi Yon nous a trahis.

Comme ils se disposoient à partir, Regnaut aperçut mille Chevaliers qui venoient à leur encontre; à leur tête étoit Foulques de Morillon, l'écu au col et la lance baissée. Regnaut le reconnut et dit : Ah Dieu! que deviendrons-nous? il faudra périr en ce lieu. Allard lui demanda ce qu'il avoit. Regnaut lui répondit : Ne voyez-vous pas Foulques de Morillon qui vient pour nous tuer? Allard l'ayant aperçu, dit à ses frères Guichard et Richard : C'est aujourd'hui notre dernier jour. Je vois que Regnaut nous a trahis : je n'aurois jamais pensé qu'il eût été capable d'une action aussi noire. Vous, Regnaut, notre frère, nous avoir trahis! — Richard, dit Allard, tirez votre épée du fourreau; il faut que le traître périsse avec nous. Alors ils mirent l'épée à la main, et coururent sur Regnaut pour le tuer; mais il se mit à rire au lieu de se défendre. — A quoi pensois-je donc? dit alors Richard; non, je ne tuerois pas mon frère pour tout l'or du monde!

Allard et Guichard dirent alors à Regnaut : Nous sommes tous frères, ainsi vous nous direz d'où vient cette trahison. — Frères, leur répondit Regnaut, je vous plains plus que moi; je vous ai amenés ici malgré vous, car si vous ne m'eussiez cru, ce malheur ne seroit point. Mais j'espère que Dieu nous fera la grâce de nous en retourner. Recommandons-nous à lui, et pensons à nous bien défendre. — Frère, dit Richard, nous aiderez-vous? — N'en doutez pas, répondit

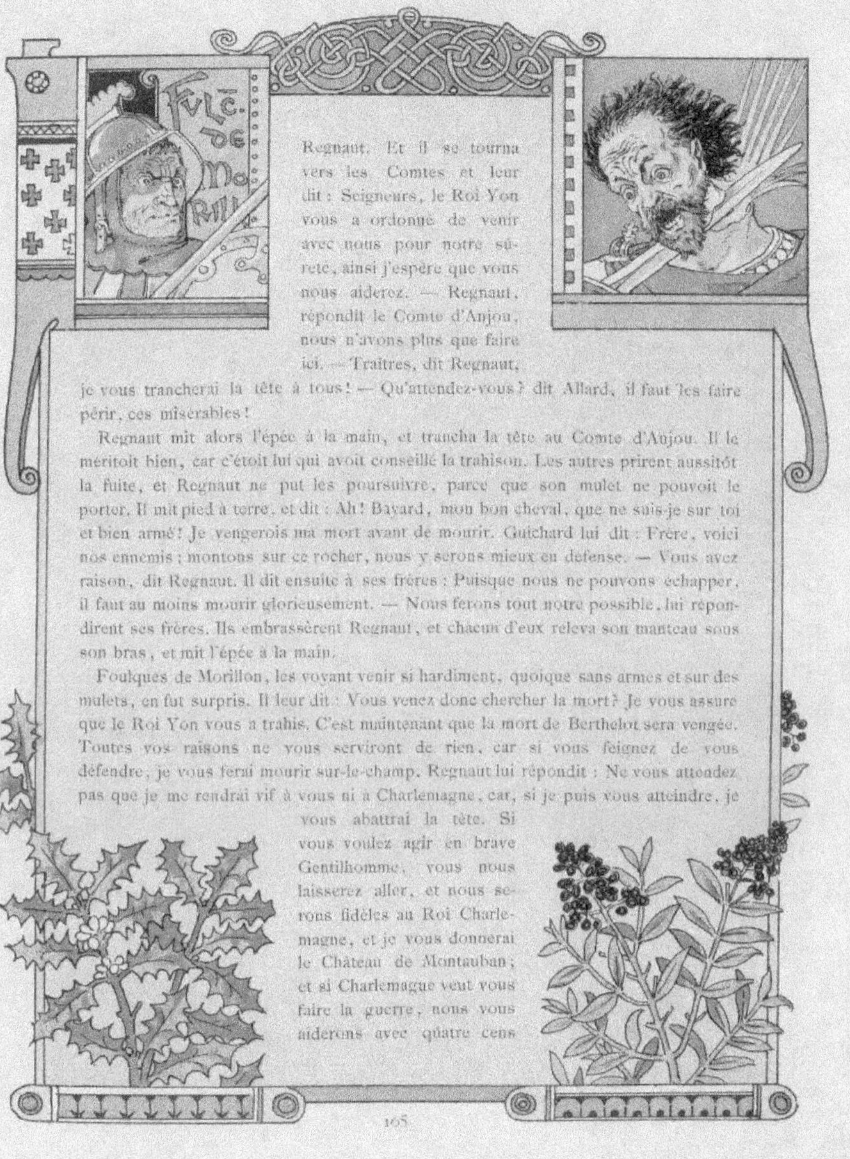

Regnaut. Et il se tourna vers les Comtes et leur dit : Seigneurs, le Roi Yon vous a ordonné de venir avec nous pour notre sûreté, ainsi j'espère que vous nous aiderez. — Regnaut, répondit le Comte d'Anjou, nous n'avons plus que faire ici. — Traîtres, dit Regnaut, je vous trancherai la tête à tous ! — Qu'attendez-vous ? dit Allard, il faut les faire périr, ces misérables !

Regnaut mit alors l'épée à la main, et trancha la tête au Comte d'Anjou. Il le méritoit bien, car c'étoit lui qui avoit conseillé la trahison. Les autres prirent aussitôt la fuite, et Regnaut ne put les poursuivre, parce que son mulet ne pouvoit le porter. Il mit pied à terre, et dit : Ah ! Bayard, mon bon cheval, que ne suis-je sur toi et bien armé ! Je vengerois ma mort avant de mourir. Guichard lui dit : Frère, voici nos ennemis ; montons sur ce rocher, nous y serons mieux en défense. — Vous avez raison, dit Regnaut. Il dit ensuite à ses frères : Puisque nous ne pouvons échapper, il faut au moins mourir glorieusement. — Nous ferons tout notre possible, lui répondirent ses frères. Ils embrassèrent Regnaut, et chacun d'eux releva son manteau sous son bras, et mit l'épée à la main.

Foulques de Morillon, les voyant venir si hardiment, quoique sans armes et sur des mulets, en fut surpris. Il leur dit : Vous venez donc chercher la mort ? Je vous assure que le Roi Yon vous a trahis. C'est maintenant que la mort de Berthelot sera vengée. Toutes vos raisons ne vous serviront de rien, car si vous feignez de vous défendre, je vous ferai mourir sur-le-champ. Regnaut lui répondit : Ne vous attendez pas que je me rendrai vif à vous ni à Charlemagne, car, si je puis vous atteindre, je vous abattrai la tête. Si vous voulez agir en brave Gentilhomme, vous nous laisserez aller, et nous serons fidèles au Roi Charlemagne, et je vous donnerai le Château de Montauban ; et si Charlemagne veut vous faire la guerre, nous vous aiderons avec quatre cens

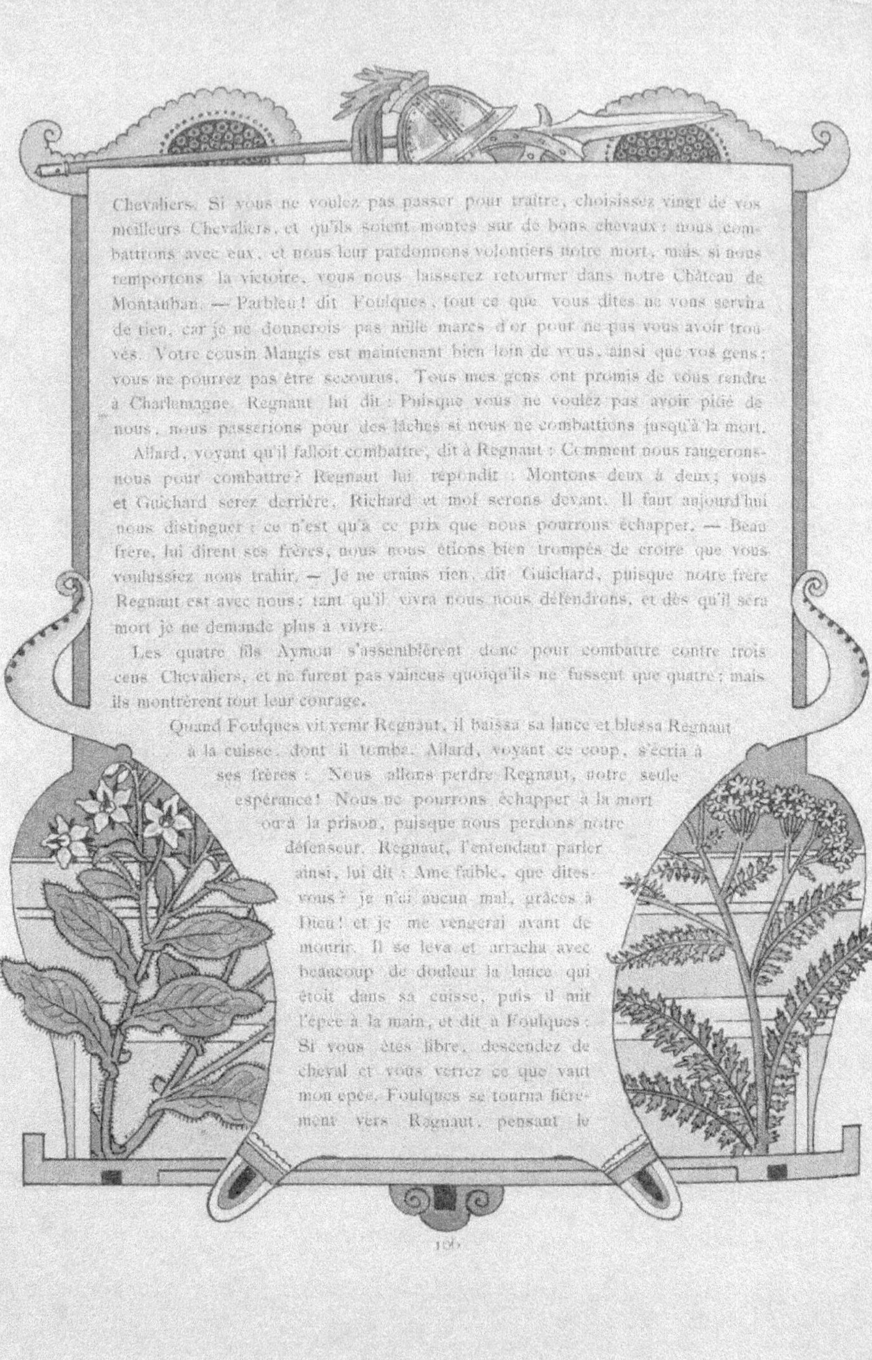

Chevaliers. Si vous ne voulez pas passer pour traître, choisissez vingt de vos meilleurs Chevaliers, et qu'ils soient montés sur de bons chevaux ; nous combattrons avec eux, et nous leur pardonnons volontiers notre mort, mais si nous remportons la victoire, vous nous laisserez retourner dans notre Château de Montauban. — Parbleu ! dit Foulques, tout ce que vous dites ne vous servira de rien, car je ne donnerois pas mille marcs d'or pour ne pas vous avoir trouvés. Votre cousin Maugis est maintenant bien loin de vous, ainsi que vos gens ; vous ne pourrez pas être secourus. Tous mes gens ont promis de vous rendre à Charlemagne. Regnaut lui dit : Puisque vous ne voulez pas avoir pitié de nous, nous passerions pour des lâches si nous ne combattions jusqu'à la mort.

Allard, voyant qu'il falloit combattre, dit à Regnaut : Comment nous rangerons-nous pour combattre ? Regnaut lui répondit : Montons deux à deux ; vous et Guichard serez derrière, Richard et moi serons devant. Il faut aujourd'hui nous distinguer : ce n'est qu'à ce prix que nous pourrons échapper. — Beau frère, lui dirent ses frères, nous nous étions bien trompés de croire que vous voulussiez nous trahir. — Je ne crains rien, dit Guichard, puisque notre frère Regnaut est avec nous ; tant qu'il vivra nous nous défendrons, et dès qu'il sera mort je ne demande plus à vivre.

Les quatre fils Aymon s'assemblèrent donc pour combattre contre trois cens Chevaliers, et ne furent pas vaincus quoiqu'ils ne fussent que quatre ; mais ils montrèrent tout leur courage.

Quand Foulques vit venir Regnaut, il baissa sa lance et blessa Regnaut à la cuisse, dont il tomba. Allard, voyant ce coup, s'écria à ses frères : Nous allons perdre Regnaut, notre seule espérance ! Nous ne pourrons échapper à la mort ou à la prison, puisque nous perdons notre défenseur. Regnaut, l'entendant parler ainsi, lui dit : Ame faible, que dites-vous ? je n'ai aucun mal, grâces à Dieu ! et je me vengerai avant de mourir. Il se leva et arracha avec beaucoup de douleur la lance qui étoit dans sa cuisse, puis il mit l'épée à la main, et dit à Foulques : Si vous êtes libre, descendez de cheval et vous verrez ce que vaut mon épée. Foulques se tourna fièrement vers Regnaut, pensant le frapper sur la tête, mais il évita le coup, et courut sur Foulques, à qui il donna un si grand coup qu'il l'étendit mort à ses pieds. — Ah! traître, lui dit Regnaut, puisse ton âme périr avec ton corps! Regnaut prit le cheval de Foulques, monta dessus, prit sa lance et dit à ses frères : Soyez certains que tant que je serai en vie vous n'aurez aucun mal. Les François peuvent dire qu'ils ont en moi un bon voisin. Quand Regnaut fut à cheval, il baissa sa lance et courut sur Augmenon, qu'il fit périr. Il tua un Chevalier, quatre Comtes, trois Ducs et onze Chevaliers. Il cria ensuite, *Montauban!* Puis, regardant autour de lui, il ne vit point ses frères, dont il fut bien surpris. Hélas! dit-il, où sont mes frères? Nous ne pourrons jamais nous rallier.

Alors il aperçut Allard qui avoit gagné un cheval, un écu et une lance, car il avoit tué un Chevalier. Il étoit blessé, et amenoit son frère avec lui. Quand ils furent rassemblés, ils coururent si fort sur les François qu'aucun n'osoit les attendre, car ils détruisoient tout. Les François, voyant cela, dirent : Ceci est surnaturel ; ce ne sont pas des Chevaliers, mais des diables ; nous les attaquons devant et derrière, et s'ils résistent encore longtemps, ils nous feront un grand dommage. Alors ils coururent sur les quatre fils Aymon, qu'ils détroupèrent [11] ; mais Regnaut sortit de la foule avec Allard ; Richard se sauva sur le rocher ; pour Guichard, il demeura seul, car les François avoient tué son mulet sous lui, et fut contraint de se rendre prisonnier. Ils lui lièrent les mains et le mirent sur un cheval, et il perdit beaucoup de sang par les blessures qu'il avoit reçues.

Quand Regnaut vit qu'on emmenoit son frère, il dit à Allard : Que ferons-nous? on emmène notre frère : si nous le laissons emmener, nous serons méprisés. — Ils sont en grand nombre, répondit Allard. — Grand Dieu! dit Regnaut, si le Roi fait pendre mon frère au pied de Montfaucon, je n'oserai le secourir. Allard lui dit : Allez devant, et je vous suivrai. Regnaut partit aussitôt comme un lion, et se fit livrer passage à travers les rangs, et quand il fut passé auprès de ceux qui emmenoient son frère, il

dit : Malheureux ! laissez ce Chevalier : vous n'êtes pas dignes de le toucher. Quand ceux qui l'environnoient virent Regnaut, ils en eurent si peur qu'ils prirent la fuite, et laissèrent Guichard. Regnaut dit aussitôt à Allard : Allez délier notre frère Guichard, et le faites monter sur un cheval ; donnez-lui une lance, et suivez-moi. — Frère, dit Allard, j'irai où vous voudrez ; mais si nous partons une fois, nous ne pourrons jamais nous rallier. Alors ils s'en vinrent vers Guichard, le délièrent et partirent pour combattre. Guichard étoit le plus vaillant après Regnaut ; mais on avoit tué son mulet, et il étoit si blessé qu'il ne pouvoit se défendre. Il avoit tué cinq Comtes et quatorze Chevaliers, et il étoit si excédé qu'il fut obligé de se coucher contre le rocher.

Alors vint Gérard de Vauver, cousin de Foulques de Morillon, qui avoit promis de venger la mort de son cousin. Il vint vers le rocher, et y trouvant Richard, il piqua son cheval et baissa sa lance dont il frappa Richard, et lui fit une blessure si large que les boyaux lui sortoient du corps. Il se mit à crier : Les quatre fils Aymon sont partis, car j'ai tué Richard qui étoit le plus hardi Chevalier ! Si Dieu me secourt, je prendrai les autres, et le Roi les fera mettre à Montfaucon dès qu'il les tiendra. Richard, malgré ce coup, se leva et vint contre Gérard et lui dit : Traître, vous me payerez le mal que vous m'avez fait. Il ne sera pas reproché à Regnaut que l'on ait tué son frère sans que sa mort ait été vengée. Il frappa alors Gérard et l'étendit à ses pieds. Il lui dit ensuite : Vantez-vous à présent que vous avez tué un des quatre fils Aymon ! Comme il étoit épuisé de faiblesse, il tomba par terre et commença à regretter ses frères en disant : Mes frères, je ne vous verrai plus ! Et vous, Roi Yon, vous nous avez trahis et vendus à Charlemagne ! Il s'écria ensuite : Grand Dieu ! secourez mes frères ; je ne sais où ils sont et ne puis les secourir, car je suis prêt d'expirer.

Les autres frères combattoient fort contre leurs ennemis, mais leur défense eût été de bien peu de valeur s'ils n'eussent été au détroit du rocher, où l'on ne pouvoit les attaquer que par devant. Quand ils furent là, Regnaut dit à Allard : Qu'est devenu mon frère Richard ? Il y a bien longtemps que je ne l'ai vu : je desirerois en avoir des nouvelles. — Frère, dit Allard, si vous voulez m'en croire, vous n'irez pas ; s'il est mort, que Dieu lui fasse pardon, nous ne pouvons l'aider ; je crois même que nous périrons avant ce soir. — Ah ! dit Regnaut, faut-il donc abandonner notre frère Richard ? Je veux en savoir des nouvelles, quand je devrois y aller seul. — Frère, dit Allard, si nous quittons ce poste, jamais nous ne nous reverrons : néanmoins je le trouverai mort ou vif. Alors il alla de l'autre côté du rocher.

Quand ceux qui avoient chassé Richard virent venir Regnaut et ses deux frères, ils prirent la fuite. Alors Regnaut trouva son frère Richard qui tenoit ses boyaux dans ses mains, avec beaucoup de Chevaliers qu'il avoit tués. Regnaut, le voyant ainsi blessé, l'embrassa tendrement et lui dit : Quel malheur de mourir à votre âge ! Si vous eussiez vécu, jamais Roland ni Olivier ne vous eussent valu en Chevalerie. Helas ! de quatre frères que nous étions, nous ne restons que trois beaucoup moins courageux, car nous sommes blessés et fatigués. A Dieu plaise, puisque vous êtes prêt à expirer, que je puisse venger votre mort ! C'est mon envie ; je le ferai si je puis.

Comme il regrettoit son frère Richard, il vit venir ses deux autres frères qui lui dirent : Frère, que faites-vous ici ? Voyez ce rocher ; si nous pouvions monter dessus, je crois que nous ne craindrions pas nos ennemis, car il n'est pas que notre cousin Maugis ne sache notre affaire. — Frère, dit Regnaut, plût à Dieu que nous fussions auprès de lui ! Mais, dites-moi, pensez-vous en guérir ? — Oui, dit-il, si vous échappez, mais autrement non, car je pourrois mourir de chagrin. Quand Regnaut l'entendit, il fut content, et dit à Allard : Prenez notre frère sur votre écu, et le portez sur le rocher : Guichard et moi, nous ferons jour. Quand ils furent parvenus au rocher, Regnaut montra beaucoup d'intrépidité, car il tua trente Chevaliers, et il combattoit en désespéré. Allard mit Richard à terre, puis il se mit en défense. Tandis qu'ils se défendoient, Oger arriva avec Morgon d'Afrique, Cusmar et trois mille Chevaliers qui crièrent à Regnaut : Vassal, vous périrez ! Vous avez juré notre mort, c'est aujourd'hui que vous mourrez. Vous fûtes bien simples de croire au Roi

Yon, car il vous a tous vendus à Charlemagne.

Quand Allard vit tant de gens, il fut étonné, et dit à Guichard : Combien voici de gens pour combattre quatre Chevaliers ! Si nous étions cinq cens Chevaliers, il n'en échapperoit pas un, car ils sont en grande quantité. — Si Dieu ne nous aide, dit Guichard, nous sommes morts. Richard dit : C'est un grand dommage si mon frère Regnaut venoit à périr. Allard et Guichard allèrent ensuite vers Regnaut et l'embrassèrent en disant : Mon frère, faites-nous le plaisir d'aller à Montauban prendre Bayard, et amenez notre cousin Maugis, et vous pourrez nous secourir. — Frère, dit-il, j'aimerois mieux périr qu'il fût dit que je vous abandonne ! — Que Dieu nous préserve de ce danger !

Comme Regnaut parloit à ses frères, le Comte Cusmar commença à crier : Regnaut, voulez-vous vous défendre ou vous rendre ? — Vraiment, dit-il, vous avez tort ; je ne me rendrai jamais, car j'aime mieux mourir comme un brave Chevalier que d'être pendu comme un larron. — Seigneurs, dit Cusmar, attaquons-les ; ils ne pourront longtemps nous résister. — Seigneur, dit Oger, vous pouvez les combattre, mais je ne les ferai pas mourir ; ce sont mes cousins, et tâchez de les détruire sans que j'y paroisse. Les François dirent : Nous les assiégerons. Oger se retira derrière, et il gémit sur Regnaut et ses frères. Il disoit en lui-même : Mes chers cousins, ce seroit dommage que vous périssiez ! Il faut que je vous voie périr sans pouvoir vous défendre, car j'en ai fait serment.

Il y avoit, devant le rocher, quatre Comtes qui devoient attaquer les quatre fils Aymon ; mais Regnaut se défendoit de tous côtés, car Allard étoit blessé d'un dard qui lui avoit percé la cuisse. Il avoit perdu tant de sang qu'il tomba par terre ; alors il s'écria : Rendons-nous, car Richard et moi ne pouvons plus nous aider. — Frère, dit Regnaut, vous montrez bien que vous êtes foible : vous savez que si nous étions entre les mains de Charlemagne, il nous feroit pendre : ainsi il est nécessaire de nous aider les uns les autres; autrement on diroit que nous sommes bâtards. — Vous avez raison, dit Allard, mais vous ne sauriez croire comme je suis foible! — Je vous defendrai de tout mon pouvoir, lui dit Regnaut. Richard entendant la dispute de ceux qui etoient contre le rocher, dit : Frère, coupez de ma chemise, et ceignez-moi afin que mes boyaux ne sortent pas de mon corps, et je me mettrai en défense avec vous. Regnaut dit alors : Voilà un brave Chevalier. Allard fut satisfait de cette réponse et dit à Oger : Cousin, que faites-vous à votre famille? Ne devriez-vous pas nous secourir? Oger lui répondit qu'il lui feroit tout le bien imaginable.

Oger s'approcha du rocher, et dit à ceux qui l'assiégeoient : Retirez-vous en arrière jusqu'à ce que j'aie vu s'ils veulent se rendre, car il vaut mieux les avoir vifs que morts. Alors les François se retirèrent et Oger le Danois approcha du rocher et dit aux quatre fils Aymon : Cousins, reposez-vous un peu et amassez des pierres pour vous défendre, car le Roi vous fera pendre s'il peut vous tenir : si Maugis le sait, il viendra vous secourir, et vous pourrez échapper. — Cousin, dit Allard, vous devriez nous défendre vous-même. Oger leur dit : Je n'en suis pas cause, car je l'ai promis à Charlemagne. Après avoir bandé leurs plaies, ils se reposèrent. Alors Regnaut alla vers le rocher ramasser des pierres; il en fit un amas où étoient ses frères.

Quand les François virent qu'Oger demeuroit si longtemps, ils lui crièrent : Dites-nous donc s'ils veulent se rendre? — Non, dit Oger, ils veulent se défendre jusqu'à la mort. — Attaquons-les, dirent les François. — Je vous promets, dit Oger, que je les secourrai de toute ma puissance. Le Comte dit : Nous vous recommanderons, de par le Roi, de venir en bataille contre eux, comme vous l'avez promis. — Seigneurs, dit Oger, vous savez bien qu'ils sont mes cousins ; retirons-nous et laissons-les en paix ; j'aime mieux qu'il m'en coûte. — Nous n'en ferons rien, dirent les François, car nous les rendrons prisonniers au Roi Charlemagne, qui en disposera à sa volonté; nous lui dirons ce que vous avez fait, et il vous en saura mauvais gré. Oger leur répondit : S'il y a quelqu'un de vous assez hardi pour prendre les quatre fils Aymon, je fais serment que je lui trancherai la tête. Mais ils répondirent que, quand

ils les auroient pris, ils verroient qui leur ôteroit. Ils attaquèrent le rocher. Regnaut, les voyant venir, s'écria : Ah ! cousin Maugis que ne savez-vous notre embarras ! vous viendriez nous secourir. Que j'ai donc eu tort de ne pas vous parler avant de partir. Hélas ! si j'étois monté sur toi, Bayard, je ne serois point sur ce rocher. Les François attaquèrent le rocher, et, sans Regnaut, ils eussent été pris. Oger, voyant ses cousins si maltraités, se mit à pleurer, car il ne pouvoit les secourir. Nous parlerons de Gendard, le Secrétaire du Roi Yon, qui avoit lu les lettres où étoit contenue la trahison.

XIV
Comme, après que Gendard, Secrétaire du Roi Yon, eut déclaré la trahison à Maugis, faite par le Roi Yon, Maugis mena tant de secours à Regnaut et ses frères, qu'il les retira du danger.

Quand Gendard, qui étoit Secrétaire du Roi Yon, vit que Regnaut et ses frères alloient à leur mort, il en eut pitié et en étoit fâché pour deux causes : la première, parce que son maître avoit fait une trahison ; l'autre, par rapport à la perte de ces vaillans Chevaliers. Maugis vint et le trouva qui pleuroit. Gendard lui dit : Votre affaire va mal, car si Dieu ne secourt Regnaut et ses frères, vous pourrez les perdre, car le Roi Yon les a trahis. Quand Maugis entendit ces paroles, il dit : Je pense que Regnaut et ses frères sont morts. — Vous avez raison, dit Gendard, car la lettre dit qu'Oger et Foulques se sont embusqués dans la vallée de Vaucouleurs avec dix mille Chevaliers. Regnaut et ses frères y sont allés tous désarmés, par le conseil du Roi Yon : par quoi ils ne pourront s'empêcher d'être pris. Quand Maugis l'entendit, il voulut se tuer. Gendard l'en empêcha en disant : Ne faites pas une action si indigne ; pensez à votre âme ; montez à cheval et menez avec vous tous vos gens dans la vallée de Vaucouleurs, et vous tâcherez de les secourir.

Maugis s'écria : Ah ! Regnaut, noble Chevalier, quel dommage de vous perdre ! Alors, sans rien dire au Roi Yon, ni à la femme de Regnaut, il fit avertir que tous ceux qui pourroient porter les armes songeassent à se préparer pour le suivre. Il monta sur Bayard et avoit très bonne mine, car c'étoit un des plus vaillans Chevaliers de son temps. Ils sortirent de Montauban au nombre de cinq mille, et deux mille sept cens Archers, tous déterminés à bien combattre.

Regnaut se défendoit sur le rocher. Il vit venir son cousin Maugis, monté sur Bayard qui couroit comme un cerf. Il tressaillit de joie et dit à ses frères : Ne craignons rien ; voici notre cousin Maugis qui vient nous secourir. — Frère, dit Allard, est-il vrai qu'on vient nous secourir ? — Oui, lui répondit Regnaut. — Je ne me plains plus, dit Allard. Richard, qui étoit à terre, entendant le bruit des chevaux, fit tous ses efforts pour se mettre sur son séant. Il dit ensuite à Regnaut : Il me semble que j'ai entendu nommer Maugis qui nous amène l'armée de Montauban ; montrez-moi-le. Regnaut le prit et le leva. Alors il dit qu'il se sentoit un peu guéri. Regnaut dit ensuite : Que ferons-nous ? Si les François aperçoivent l'arrivée de Maugis, ils s'enfuiront, et je ne voudrois pas qu'ils s'en allassent sans m'en être vengé. Descendons au pied du rocher et commençons le combat ; Maugis arrivera pendant ce temps, et ils ne pourront nous échapper. Richard resta sur le rocher, car il étoit extrêmement blessé.

Quand les François les virent, ils se dirent les uns aux autres : Voici les quatre fils Aymon qui viennent se rendre prisonniers ; ne les tuons point, mais prenons-les, et nous les conduirons à Charlemagne. Ils dirent ensuite à Regnaut : Si vous vous rendez de bon cœur, nous prierons Charlemagne de vous pardonner. Quand Oger les entendit ainsi parler, il alla contre le rocher et dit à Regnaut et à ses frères : Vous avez eu tort de quitter le rocher qui étoit l'endroit le plus sûr pour votre vie. — Nous ne sommes pas si fols que vous pen-

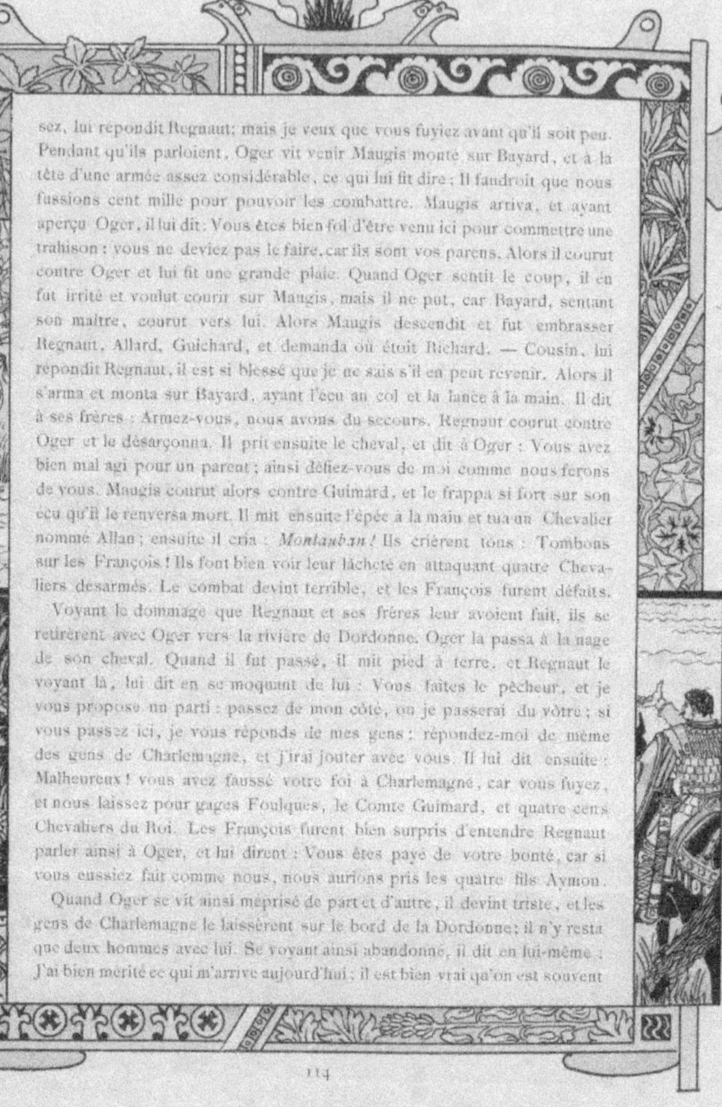

sez, lui répondit Regnaut; mais je veux que vous fuyiez avant qu'il soit peu. Pendant qu'ils parloient, Oger vit venir Maugis monté sur Bayard, et à la tête d'une armée assez considérable, ce qui lui fit dire : Il faudroit que nous fussions cent mille pour pouvoir les combattre. Maugis arriva, et ayant aperçu Oger, il lui dit : Vous êtes bien fol d'être venu ici pour commettre une trahison : vous ne deviez pas le faire, car ils sont vos parens. Alors il courut contre Oger et lui fit une grande plaie. Quand Oger sentit le coup, il en fut irrité et voulut courir sur Maugis, mais il ne put, car Bayard, sentant son maître, courut vers lui. Alors Maugis descendit et fut embrasser Regnaut, Allard, Guichard, et demanda où étoit Richard. — Cousin, lui répondit Regnaut, il est si blessé que je ne sais s'il en peut revenir. Alors il s'arma et monta sur Bayard, ayant l'écu au col et la lance à la main. Il dit à ses frères : Armez-vous, nous avons du secours. Regnaut courut contre Oger et le désarçonna. Il prit ensuite le cheval, et dit à Oger : Vous avez bien mal agi pour un parent ; ainsi défiez-vous de moi comme nous ferons de vous. Maugis courut alors contre Guimard, et le frappa si fort sur son écu qu'il le renversa mort. Il mit ensuite l'épée à la main et tua un Chevalier nommé Allan ; ensuite il cria : *Montauban !* Ils crièrent tous : Tombons sur les François ! Ils font bien voir leur lâcheté en attaquant quatre Chevaliers désarmés. Le combat devint terrible, et les François furent défaits.

Voyant le dommage que Regnaut et ses frères leur avoient fait, ils se retirèrent avec Oger vers la rivière de Dordonne. Oger la passa à la nage de son cheval. Quand il fut passé, il mit pied à terre, et Regnaut le voyant là, lui dit en se moquant de lui : Vous faites le pêcheur, et je vous propose un parti : passez de mon côté, ou je passerai du vôtre ; si vous passez ici, je vous réponds de mes gens ; répondez-moi de même des gens de Charlemagne, et j'irai jouter avec vous. Il lui dit ensuite : Malheureux ! vous avez faussé votre foi à Charlemagne, car vous fuyez, et nous laissez pour gages Foulques, le Comte Guimard, et quatre cens Chevaliers du Roi. Les François furent bien surpris d'entendre Regnaut parler ainsi à Oger, et lui dirent : Vous êtes payé de votre bonté, car si vous eussiez fait comme nous, nous aurions pris les quatre fils Aymon.

Quand Oger se vit ainsi méprisé de part et d'autre, il devint triste, et les gens de Charlemagne le laissèrent sur le bord de la Dordonne; il n'y resta que deux hommes avec lui. Se voyant ainsi abandonné, il dit en lui-même : J'ai bien mérité ce qui m'arrive aujourd'hui ; il est bien vrai qu'on est souvent

blâme de bien agir. Il dit ensuite à Regnaut : Méchant homme, vous me blâmez à tort, car sans moi vous étiez perdus ; vous m'appelez traître, et vous m'avez trahi. Si je n'en craignois point d'autre que vous, je serois bientôt sur votre bord. Regnaut lui répondit : Vous parlez comme il vous plaît, mais vous ne ferez rien de tout ce que vous dites. — Je le ferai, dit Oger. Alors il piqua Broisart, et passa la rivière ; tout mouillé qu'il étoit, il se préparoit à combattre. Regnaut en eut pitié, et lui dit : Je ne veux point jouter ; retournez. — Vous vous moquez de moi, lui dit Oger ; vous m'avez appelé traître devant plusieurs Chevaliers, et si je m'en retournois ainsi, on pourroit dire au Roi que je l'ai trahi. Ma lance est encore entière, il seroit honteux pour moi de ne pas la briser sur l'un de vous. Regnaut lui dit en colère : Je vous défie, prenez garde à moi !

Ils coururent l'un contre l'autre si rudement qu'ils brisèrent leurs lances et tombèrent tous deux blessés. Ils se levèrent et mirent l'épée à la main. Les chevaux, voyant leurs maîtres qui se battoient, coururent l'un contre l'autre, et commencèrent à se mordre et à ruer. Oger, qui savoit que Bayard étoit le plus fort, courut pour secourir le sien ; mais Regnaut lui dit : Qu'allez-vous faire ? ce n'est point avec mon cheval que vous devez combattre. Et aussitôt il lui donna un si grand coup qu'il le blessa à la cuisse, et le renversa par terre. Il en seroit mort si l'écu de Regnaut ne lui avoit pas tourné dans la main. Il lui dit, après l'avoir frappé : Oger, laissez aller Bayard ; vous en avez assez de me répondre. Oger revint sur Regnaut, l'épée à la main, et lui dit(*) : Quand j'allai en Allemagne, Roland et Olivier essayèrent leurs épées au perron, et je frappai après pour vous essayer, dont en tranchâtes un demi-pied et vous brisai, dont je fus bien fâché ; mais pour votre courage je vous fis redoubler, et pour cela l'on vous nomme *Courtain*.

Oger lui donna un coup sur le casque, et le fit chanceler. Il lui dit : Je vous ai rendu ce que vous m'avez donné, ainsi nous sommes égaux ; voulez-vous recommencer ? — C'est ce que je désire, lui répondit Regnaut. Ils combattirent de nouveau,

mais Allard, Guichard et Maugis arrivèrent avec leurs gens. Oger, les voyant venir, passa la rivière, et quand il fut descendu, il se trouva sans selle. Regnaut, voyant Broisart sans selle, dit à Oger : Cousin, venez rechercher votre selle; il seroit bien honteux de vous en retourner ainsi. Remerciez Dieu de ce que vous n'avez pas fait pis, car, si vous fussiez resté, je vous eusse mis en un lieu de sûreté. — Regnaut, dit-il, vous menacez de loin : je sais que sans vos gens qui vous ont secouru je vous aurois mené prisonnier à Charlemagne. Regnaut lui dit : Vous avez fait voir votre valeur en passant la rivière pour venir combattre; si vous voulez m'attendre, je passerai, et nous recommencerons. — Oui, dit Oger; et si vous le faites, je vous estimerai pour le plus vaillant Chevalier du monde.

Regnaut voulut traverser la riviere pour aller combattre; mais Allard et Maugis l'en empêchèrent en lui disant : Frère, que voulez-vous ? Vous outragez trop ceux qui vous ont fait du bien : vous savez que sans Oger nous serions morts, et que le secours de Maugis seroit devenu inutile. Laissez Oger en paix, car c'est un excellent Chevalier. Allard dit à Oger : Cousin, allez-vous-en. Il dit ensuite à Regnaut : Cher frère, je suis d'avis que nous retournions vers le rocher pour savoir ce que fait notre frère Richard. — Regnaut, dit Oger, vous nous avez vaincus, mais nous reviendrons sur vous avec un si grand nombre de gens que nous vous prendrons. — Nous avons, répondit Regnaut, un Château où nous vous attendrons : jusqu'ici la perte est de votre côté, et vous ne porterez pas de bonnes nouvelles au Roi.

Oger s'en retourna vers ses gens qui l'avoient quitté, et vint vers la tente du Roi. Quand Roland et Olivier virent Oger ainsi blessé, ils pensèrent que Regnaut et ses frères étoient pris; alors ils appelèrent le Duc Naimes, Salomon, Richard de Normandie, et le Comte Guidelon. Quand ils furent tous assemblés, ils dirent entre eux : Que ferons-nous? Si le Roi fait pendre les quatre fils Aymon, nos cousins, nous serons tous déshonorés.

Quand Charlemagne vit Oger, il lui demanda : Où sont les quatre fils Aymon ? Les avez-vous pris ou tués ? — Sire, dit Oger, je crois qu'il est impossible de les prendre, car ce sont les meilleurs Chevaliers du monde. Nous les avons trouvés tous les quatre aux plaines de Vaucouleurs; ils étoient revêtus de manteaux d'écarlate fourrés d'hermine, montés sur des mulets, et portoient des roses à la main : le Roi Yon nous a bien tenu sa promesse. Ils ont trouvé des

lances et des écus, et quand Regnaut eut gagné un cheval, il tua Foulques, après quoi il se retrancha vers un rocher où il se défendit longtemps avec ses frères. Ils auroient tous été tués, si Maugis, leur cousin, ne les eût secourus, en venant à la tête de cinq mille Chevaliers qui nous ont tous vaincus, et ont tué le Comte Guimard. — Ils sont donc échappés? dit Charlemagne. — Oui, dit Oger. Le Roi en fut bien fâché et dit : Je ne pourrai donc jamais me venger de ces quatre misérables Chevaliers! Oger lui dit ensuite : Regnaut m'a donné un coup si terrible que le bout de mon casque en est tombé; de trois mille Chevaliers que nous étions il n'en est resté que trois cens.

Quand Roland l'entendit, il fut irrité, et lui dit : Oger, vous avez bien mal fait, et il n'y a aucun Chevalier qui n'eût mieux fait que vous. Vous les avez voulu épargner parce qu'ils sont vos cousins : il faut que le Roi soit bien bon pour ne pas vous en punir. Oger, se voyant ainsi repris, répondit à Roland : Vous mentez, et je ne suis pas tel que vous le dites, car je ne voudrois pas commettre une trahison pour tout l'or du monde; je suis prêt à vous prouver, corps pour corps, que jamais ma parenté ni moi n'ont rien fait contre le Roi. Sachez que je suis de très noble famille : Gérard de Roussillon étoit mon oncle et m'a élevé dès mon enfance; Doon de Nanteuil et le Duc Beuves d'Aigremont étoient mes oncles, et Geoffroy de Dannemarch étoit mon père; l'Archevêque Turpin étoit mon parent, et je suis de la famille de Richard de Normandie et des quatre fils Aymon. Vous, Roland, dites-nous maintenant quelle est votre famille? Je vous ferai voir ensuite, l'épée à la main, si je suis honnête ou non. Roland, irrité de ce que lui avoit dit Oger, s'avança pour le frapper; mais il mit l'épée à la main, et dit à Roland : Ne soyez pas si hardi de mettre la main sur moi, car je vous jure que je vous trancherai la tête si vous y venez.

Le Roi, voyant les Barons si émus, en fut irrité. Le Duc Naimes et le Comte Emery dirent à Roland : Que pensez-vous faire? Cela n'est pas comme vous le dites. Oger est un noble Chevalier : nous sommes surpris comme le Roi souffre tant d'orgueil de votre part, mais nous ne le souffrirons pas. Le Roi fut fâché de cette querelle et dit : Roland, demeurez tranquille; je saurai demain comme Oger se sera comporté. — Sire, dit Oger, je le veux bien. Il n'y a personne assez hardi en France pour m'accuser de trahison, et je suis prêt à combattre contre lui. Je me souviendrai des paroles que Roland a avancées contre moi, et je lui promets qu'en tel endroit que je le trouve, je saurai lui en rendre la récompense. Roland s'est trop pressé de me menacer qu'il me frapperoit, sans que je lui en eusse donné sujet : mais qu'il apprenne que s'il voyoit Regnaut monté sur Bayard, il ne le traiteroit pas de lâche, et n'oseroit l'attendre. Roland lui dit : Certainement vous lui donnez assez d'éloges. Plaise à Dieu que je puisse le rencontrer monté sur Bayard, et tout armé, pour savoir s'il est aussi vaillant que vous le dites !

XV

Comme, après la défaite des François par Maugis, le Roi Yon fut pris, étant en habit de Moine, par Roland.

Après que Regnaut et ses frères eurent détruit les François, ils retournèrent vers le rocher de Montbron, où ils avoient laissé leur frère Richard. Le voyant ainsi blessé, ils dirent : Hélas! nous avons perdu notre frère Richard, le plus vaillant d'entre nous. Ils formoient des regrets sur la perte d'un si bon frère. Maugis arriva et leur dit : Si vous voulez me promettre, devant tous vos Barons, de venir avec moi à la tente de Charlemagne, et m'aider à venger la mort de mon père, je vous promets de guérir Richard. Regnaut lui dit : Cousin, rendez-moi, je vous prie, mon frère sain et sauf, et, s'il y a quelque chose que je puisse faire, je le ferai de bon cœur : je ferois tout pour vous.— Richard sera bientôt guéri, dit Maugis. Alors il descendit de cheval et prit une bouteille de vin blanc : il lava la plaie de Richard et ôta le sang qui étoit autour, puis prit ses boyaux, les remit, et cousit la plaie sans lui faire

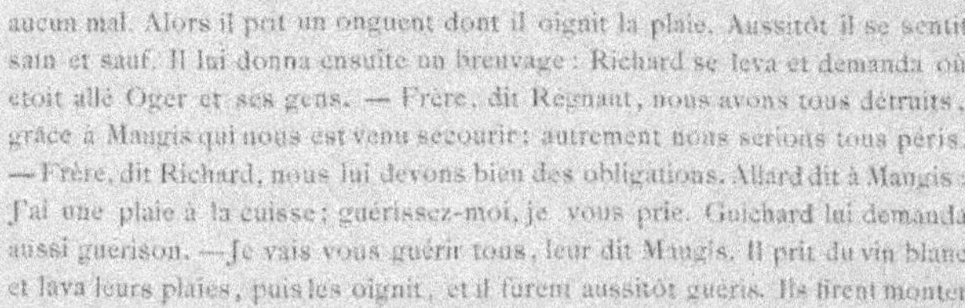

aucun mal. Alors il prit un onguent dont il oignit la plaie. Aussitôt il se sentit sain et sauf. Il lui donna ensuite un breuvage : Richard se leva et demanda où étoit allé Oger et ses gens. — Frère, dit Regnaut, nous avons tous détruits, grâce à Maugis qui nous est venu secourir ; autrement nous serions tous péris. — Frère, dit Richard, nous lui devons bien des obligations. Allard dit à Maugis : J'ai une plaie à la cuisse ; guérissez-moi, je vous prie. Guichard lui demanda aussi guérison. — Je vais vous guérir tous, leur dit Maugis. Il prit du vin blanc et lava leurs plaies, puis les oignit, et il furent aussitôt guéris. Ils firent monter Richard à cheval, et se mirent en chemin pour retourner à Montauban.

Ils envoyèrent un espion de Regnaut vers le Roi Yon, qui lui dit : Sire, sachez que Regnaut et ses frères sont échappés des plaines de Vaucouleurs, où vous les aviez envoyés ; ils ont vaincu Oger le Danois et tous les gens de l'Empereur ; ils ont tué Foulques et le Comte Guimard, et grand nombre d'autres Chevaliers. Quand le Roi l'entendit, il fut bien surpris, et dit : Quelles mauvaises nouvelles ! Ils n'ont donc pas trouvé l'embuscade du Roi ? — Ils l'ont trouvée, répondit le messager, et ils auroient été pris si Maugis ne les eût secourus. Il a vaincu Oger et tous ses gens. — Hélas ! malheureux que je suis ! Que ferai-je ? Si j'attends Regnaut, je suis mort, et personne ne me défendra contre lui. Judas ne fut pas plus traître que moi ! Partons de ces lieux, et si nous pouvons gagner la forêt, nous logerons à l'abbaye de Saint-Ladre, où je prendrai l'habit de moine, et je pense qu'il ne me fera point de mal.

Il y avoit un espion nommé Pignaut, qui avoit sept pieds de hauteur, et qui marchoit plus vite qu'un cheval. Ce Pignaut avoit entendu ce que le Roi Yon disoit. Il partit aussitôt vers le bois de la Serpente ; en peu de temps il fut auprès de Regnaut, qui retournoit avec ses frères et Maugis à Montauban, et emmenoit beaucoup de prisonniers. Ce fut là que Pignaut remarqua tout, et alla ensuite à la tente de Roland, auquel il dit : Sire, je vous apporte de bonnes nouvelles. — Ami, lui dit Roland, quelles bonnes nouvelles ? — Sire, sachez que le Roi Yon s'enfuit tout désarmé avec ses gens ; ils n'emmènent que leurs chevaux, et ils vont au bois de la Serpente, dans un couvent appelé Saint-Ladre ; et il va se rendre Moine. — Par ma foi ! dit Roland, je les irai attaquer avec quatre mille combattans, et je me vengerai de Regnaut, et les ferai tous pendre. — Sire, dit Pignaut, j'ai trouvé les quatre fils Aymon au gué de Balançon, qui emmenoient plusieurs de nos gens prisonniers. — Ami, lui dit Roland, vous méritez récompense pour ces bonnes nouvelles. Olivier lui dit : Montons présentement à cheval, et menons avec nous Guidelon et Richard de

Normandie; et vous, Oger, viendrez aussi avec nous, et verrez la valeur de Regnaut. Nous ne mènerons que quatre mille Chevaliers; Regnaut en a autant de son côté, ainsi nous pourrons combattre sans aucun risque. — J'irai avec vous, dit Oger, pour voir si vous le prendrez; et quand vous l'aurez, je vous prêterai une corde si vous en avez besoin. Quand ils furent prêts, le grand Pignant les conduisit au gué de Balançon; ils arrivèrent au monastère de Saint-Ladre.

Cependant Roland et ses gens arrivèrent à l'Abbaye. L'Abbé alla au-devant d'eux en chantant le *Te Deum*, puis il dit à Roland : Sire, soyez le bien venu. Vous plaît-il de souper avec nous? — Seigneur, nous vous remercions de bon cœur : sachez que nous cherchons le plus traître du monde, c'est le Roi Yon qui est ici. Je le veux pendre comme un larron. L'Abbé lui répondit : Vous ne le ferez pas, s'il vous plaît, car il a pris notre habit; Roland se saisit de l'Abbé, et Olivier du Prieur, et les jetèrent si rudement contre un pilier qu'ils leur brisèrent la tête. Alors Roland dit à l'Abbé : Rendez-moi ce Roi qui est frère de Judas, car jamais il ne commettra de trahison. L'Abbé et les Moines, entendant cela, s'enfuirent. Alors Roland, les voyant fuir, mit l'épée à la main, et entra au Cloître, où il trouva le Roi Yon à genoux devant une image de Notre-Dame. Il lui dit : Il faut venir

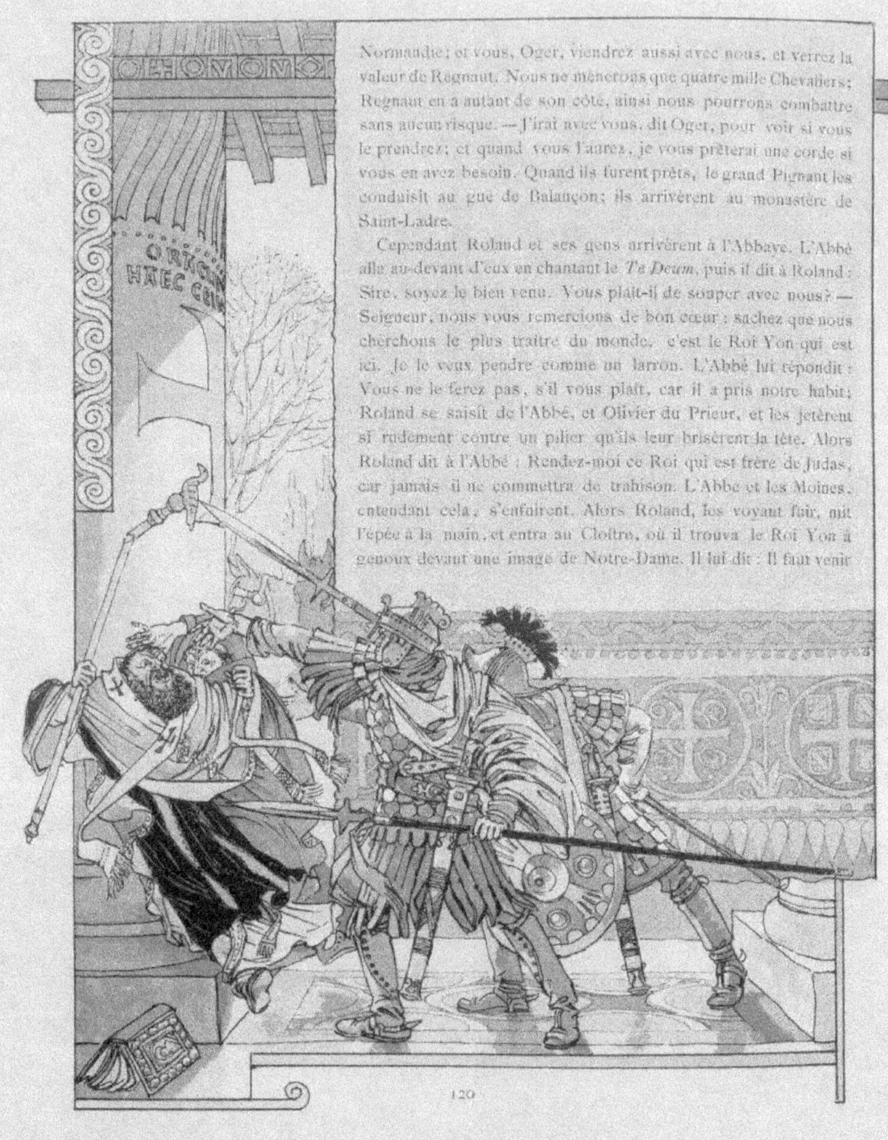

avec moi auprès de Charlemagne. Où sont les quatre fils Aymon que vous deviez rendre? Vous serez payé de la trahison que vous avez commise, et je vengerai Regnaut et ses frères. Il le fit mettre à reculons sur un cheval, et lui fit bander les yeux. Le Roi Yon appela un de ses Barons, et lui dit : Allez à Montauban, et dites à Regnaut de venir me secourir, et veuille bien oublier ma méchanceté. — Sire, dit le Chevalier, je voudrois bien que vous m'exemptiez de ce message, car il ne le fera pas à cause de la trahison que vous leur avez faite. — Il le fera, dit le Roi. Alors le Chevalier partit pour aller vers Regnaut.

XVI
Comme Regnaut et ses frères retournèrent à Montauban, et donnèrent secours au Roi Yon ; et du combat entre Regnaut et Roland.

Regnaut et ses frères étant guéris de leurs plaies, retournèrent à Montauban. Dame Claire [1] s'en alla au-devant d'eux, menant avec elle ses deux enfans Aymonnet et Yonnet. La Dame vit son mari : elle tressaillit de joie, et les deux petits enfans coururent pour embrasser leur père et leurs oncles; mais Regnaut les repoussa rudement. Son épouse vint pour l'embrasser; mais il lui dit : Retirez-vous. Je ne vous aime plus : retournez vers votre frère; il n'a pas tenu à lui que nous soyons morts. Heureusement que Dieu et Maugis nous ont donné secours! Je ne veux plus rien de vous. Claire, tout éplorée, lui dit : Je vous jure, au nom de tous les Saints, que je ne me suis pas mêlée de cette trahison : au contraire, je vous engageois à ne pas y aller ; vous voyez bien que je ne suis pas coupable. Elle tomba en foiblesse aux pieds de Regnaut. Richard la prit par la main, et la releva en lui disant : Ne soyez pas fâchée, et laissez dire Regnaut ; vous êtes toujours notre sœur. Mes frères, continua-t-il, allons prier notre frère Regnaut de pardonner à notre sœur. Elle n'est nullement coupable, car si nous l'eussions crue, nous n'y serions point allés. Ils allèrent vers Regnaut et lui dirent : Frère, ne soyez pas si irrité. Vous savez que votre femme ignoroit la trahison que son frère vous a faite : si vous l'eussiez voulu croire, nous n'au-

rions point hasardé d'y aller : nous vous prions de lui pardonner. — Je lui pardonne bien volontiers à votre faveur. Aussitôt ils allèrent chercher la Dame, et la conduisirent vers Regnaut, qui l'embrassa tendrement.

Alors la joie commença dans Montauban. Puis ils lavèrent leurs mains et se mirent à table. Comme ils commençoient à manger, le messager du Roi Yon arriva et dit à Regnaut : Le Roi vous mande de le venir secourir, ou autrement il est mort ; Roland et Olivier le mènent pendre à Montfaucon. Pardonnez-lui comme Dieu a pardonné à la Madeleine : il sait bien qu'il a mérité la mort. — Nous n'irons pas, dit Allard ; et que maudit soit Roland, s'il ne le fait pas pendre comme un traître ! Regnaut baissa la tête, laissa échapper quelques larmes en regardant ses frères, car un bon cœur ne peut se démentir. Il oublia la trahison du Roi, et dit à ses frères : Seigneurs, vous savez que c'est à tort que Charlemagne m'a déshérité ; et, non content de cela, fit jurer à mon père que je n'aurois jamais rien de lui. Vous savez qu'après tous les maux que nous avons endurés, nous sommes venus ici, et que le Roi Yon me témoigna beaucoup d'amitié en me donnant un Duché, et sa sœur en mariage. Mes enfans sont devenus ses neveux, et je n'ai jamais reconnu de mal en lui ; c'est la crainte qu'il avoit de Charlemagne qui l'aura engagé à nous trahir, et il ne l'a fait que par le mauvais conseil de ses Barons. Il faut aller le secourir ; il seroit honteux pour mes enfans qu'il fût dit que leur oncle eût été pendu ; malgré sa trahison, il ne faut pas oublier ses bienfaits. Allard dit qu'il ne se soucioit point de secourir un traître. Richard lui dit : Il faut obéir à Regnaut, il est notre Seigneur. Les citoyens dirent tous, d'une voix unanime : Bénie soit l'heure à laquelle Regnaut est né ; nous n'avons jamais vu un Chevalier plus hardi. Ils lui dirent : Sire, nous vous reconnoîtrons pour notre Roi. Nous vous prions de secourir Yon ; il seroit honteux pour la Gascogne que l'on pendît son Roi.

Regnaut prit une trompette et en fit retentir le Château de Montauban. Aussitôt chacun alla s'armer. Regnaut prit sa lance et monta sur Bayard. Ils partirent au nombre de six mille hommes à cheval et bien mille hommes à pied ; et quand ils furent hors de Montauban, Regnaut leur dit : Seigneurs, pensons que le Roi Yon est en grand danger, ainsi je vous prie de faire pour le mieux. Vous savez que Roland me déteste, ainsi je vous prie de penser à moi, et l'on verra qui sera le meilleur Chevalier. Allard lui dit : Nous ne vous abandonnerons jamais.

Ils aperçurent les gens de Roland. Allard s'arrêta et attendit Regnaut. Quand Roland

aperçut les gens de Regnaut, il dit aux siens : Seigneurs, je vois venir bien des gens armés, ne seroit-ce point Regnaut et ses frères? — Sire, dit l'Archevêque Turpin, ce sont eux : ils se font bien connoitre; mais nous ne pourrons échapper avec eux. Oger, voyant Regnaut, fut bien content de ce qu'il avoit rencontré Roland; puis il lui dit : Vous avez ce que vous désirez : on verra si vous pouvez l'emmener prisonnier à Charlemagne; vous aurez ensuite Bayard, et la guerre sera finie. Roland lui répondit : On verra qui de nous deux est le meilleur Chevalier. Il arrangea toutes ses troupes en ordre.

Regnaut dit à ses frères : Seigneurs, voici les François : voyez Roland, le Duc Naimes et Oger; restez ici pour faire l'arrière-garde; si nous avions besoin d'aide, vous nous secourrez. — Sire, dit Maugis, attaquons vivement nos ennemis. — Pensons à bien faire, dit Regnaut; je vais des premiers pour abattre l'orgueil de Roland, et que chacun se prépare à me suivre. Quand ses frères entendirent qu'il vouloit se battre contre Roland, ils dirent : Hélas! voulez-vous donc nous faire tous périr? Vous avez tort, car on ne peut le blesser(**). Nous vous prions de le laisser et de combattre contre d'autres. — Je sais bien que Roland est courageux et qu'il n'y a au monde de plus vaillant Chevalier; mais, j'ai le droit et il a tort, je ne risque rien de combattre contre lui. S'il veut avoir la paix, il l'aura, car j'aime mieux mourir avec gloire que de languir honteusement; je vous prie de ne m'en plus parler; pensez à bien attaquer nos ennemis; nous avons affaire à de bons Chevaliers. — Attaquez-les, dit Maugis, et nous allons vous secourir.

Roland, voyant venir Regnaut et ses gens en si bon ordre, dit à Oger : Que vous semble de ces gens? — Grand Dieu! dit Olivier, ils sont bien rangés, et paroissent en plus grand nombre que nous; il faut bien prendre garde à nous, car ils sont bons Chevaliers. — Olivier, dit Roland, vous avez raison; mais sachez que les Gascons ne sont pas courageux. — Cela est vrai, dit l'Archevêque Turpin; mais ils ont le meilleur guide que l'on puisse avoir.

Roland ne fut pas content des éloges que l'on donnoit à Regnaut. Alors il piqua son cheval et vint contre Regnaut, qui, le voyant venir, dit à Allard : Prenez garde de ne point sortir d'ici que je ne revienne de vers Roland, car je le vois tout seul. Regnaut partit comme un éclair et vint contre Roland; et quand il fut auprès de lui, il mit pied à terre et attacha Bayard : il ôta ensuite son épée, et vint devant Roland auquel il dit : Vous savez que je suis votre parent, et, si vous

voulez, mes hommes et moi serons vos gens : je vous donnerai mon cheval Bayard, et vous remettrai le Château de Montauban, moyennant que vous fassiez ma paix avec Charlemagne. Si vous y consentez, je vous promets que nous sortirons de France pour faire la guerre aux Sarrasins. Roland en eut pitié, et laissa échapper quelques larmes, puis il lui dit : Regnaut, je ne puis le lui proposer si vous ne lui rendez Maugis. Regnaut lui répondit : Non, je ne le ferai jamais, car Maugis n'est pas un homme à rendre pour avoir paix. Alors il se releva, et prit son épée et son écu, s'en vint vers Bayard, le monta, prit sa lance, et, quand il fut appareillé, il retourna vers Roland, et lui dit : Roland, je ne crierai merci par appréhension de vous ; mais vous êtes si orgueilleux que vous ne voulez pas m'écouter. Je vous fais un bon parti, afin que vous ne puissiez dire aux Barons de France que la crainte m'ait engagé à vous demander grâce ; si vous voulez, nous combattrons tous deux ; si je suis vainqueur, vous viendrez avec moi à Montauban. — Ferez-vous comme vous le promettez ? — Je vous le jure, lui répondit Regnaut, je vous le jure. Roland lui dit alors : Je veux auparavant prendre congé d'Olivier, mon compagnon, car je lui ai promis de lui faire savoir toutes mes entreprises. — Allez, dit Regnaut.

Roland alla vers ses gens. Hector, Olivier et Oger le Danois lui dirent : Que pensez-vous de Regnaut ? lui avez-vous parlé ? — Oui, dit Roland : Regnaut est un bon Chevalier, car il m'a proposé de combattre corps pour corps, à condition que nos gens n'agiront point de part et d'autre. Olivier dit à Roland : Vous ferez comme il vous plaira, mais je ne vous conseille pas d'y aller. L'Archevêque Turpin et les autres Barons lui dirent : Que ferez-vous contre Regnaut ? Il est votre parent ; ainsi il vaut mieux faire combattre vos gens contre les siens, que de vous exposer à périr l'un ou l'autre. — Je suivrai vos avis, leur répondit Roland. Il dit à ses gens : Pensez tous à bien combattre. Ils se préparèrent, et Roland cria : *Montjoie Saint-Denis !* Quand Regnaut vit que tout étoit préparé pour se défendre, il se jeta dans la mêlée des François, et commença par renverser mort un Chevalier, d'un coup qu'il lui donna dans la poitrine. Il mit ensuite l'épée à la main, et commença à crier *Montauban !* Il rompit le premier bataillon des François. Richard voyant que le premier bataillon étoit rompu, cria : *Dordonne !* Il fit ensuite des merveilles. Regnaut s'étoit arrêté pour le regarder, et Richard lui dit : Où sont donc vos grands coups ? Frappez et ils seront bientôt vaincus. Quand Regnaut entendit parler Richard, il se remit au combat avec plus de fureur qu'auparavant.

Les François, voyant que la perte étoit de leur côté, crièrent à Roland de venir les secourir. Roland, animé, se mit dans la mêlée, et cria : Regnaut! où êtes-vous? Je suis prêt à accepter votre proposition en combattant corps à corps. Regnaut, s'entendant nommer, remit son épée dans son fourreau et prit une grosse lance courte. Il vint contre Roland, et lui dit : Où êtes-vous? et pourquoi avez-vous tant tardé? Alors ils piquèrent leurs chevaux l'un contre l'autre. Salomon de Bretagne et Hector, voyant qu'ils joûtoient ensemble, dirent au Duc Naimes, à l'Archevêque Turpin et à Olivier : Seigneurs, souffrirez-vous que le meilleur des Chevaliers périsse sous vos yeux? — Il est vrai, répondit le Duc Naimes, qu'il seroit douloureux pour nous de le perdre. Ils recommandèrent alors à Oger d'aller dire à Roland de ne point combattre à l'épée contre Regnaut, mais de prendre une lance et de la briser sur Regnaut. — Seigneurs, leur répondit Oger, il faut les laisser faire : vous ne connoissez pas Regnaut; il n'est pas homme à s'épouvanter, car Roland sera las avant qu'il soit retourné, et aura aussi bonne volonté de quitter la bataille que Regnaut. — Oger, dit Hector, vous parlez par envie : si vous étiez pour combattre contre Roland, vous parleriez autrement; faites en sorte qu'ils ne combattent pas davantage.

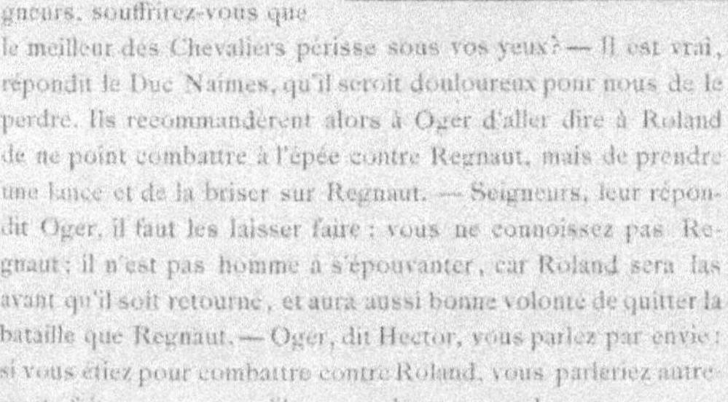

Oger vint vers Roland et lui dit ce que les Barons lui avoient recommandé. — Que Dieu les punisse! car ils auront aujourd'hui le défi de mon oncle Charlemagne. Alors il se retourna vers Regnaut, et lui dit : Sire, vous avez essayé de mon épée et non pas de ma lance. Regnaut lui dit : Si vous quittez votre épée, je ne vous en saurai pas bon gré. Je ne vous crains cependant point; achevons notre combat. Roland ne vouloit plus, et il fit ce que les Barons lui avoient recommandé : il prit une lance et courut contre Regnaut, qui vint aussi contre lui, et ils se frappèrent si rudement qu'ils brisèrent leurs lances et firent reculer leurs chevaux. Roland tomba avec son cheval et Regnaut cria : *Montauban!*

XVII
Comme Roland fut abattu d'un coup de lance que lui donna Regnaut, et du combat qui se fit entre eux deux.

Roland, se voyant renversé, en fut bien mécontent. Il se releva et mit l'épée à la main, et vint contre son cheval Mellenaie pour lui couper la tête, et dit : Mauvais roussin, peu s'en faut que je ne te tue d'être tombé sous les coups d'un Gascon ; jamais je n'aurai confiance en toi. Regnaut dit à Roland : Vous avez tort, car il y a beaucoup de temps que votre cheval n'a mangé, ainsi il ne peut travailler ; mais Bayard a bien mangé cette nuit, et conséquemment il est plus fort que le vôtre. Il descendit parce que Roland étoit à pied. Quand Bayard vit que son maître étoit à terre, il courut sur le cheval de Roland et le frappa des pieds de derrière si rudement que peu s'en fallut qu'il ne lui cassât la cuisse. Roland courut contre Bayard pour lui couper la tête, mais Regnaut lui dit : Que voulez-vous faire ? c'est contre moi qu'il faut combattre ; je suis prêt à vous rendre raison. Roland dit à Regnaut : Ne menacez pas tant, car dans peu vous verrez quelque chose qui ne vous plaira pas beaucoup. Regnaut, irrité de ces menaces, courut contre Roland, et lui donna un si grand coup sur le casque qu'il le brisa. Regnaut dit alors à Roland en badinant : Que dites-vous de mon épée ? Coupe-t-elle bien ? Prenez garde à vous, et ne me traitez pas davantage de Gascon. Roland se retira en arrière de peur que Regnaut ne lui donnât un second coup. Il tira Durandal, sa bonne épée, et d'un coup il partagea l'écu de Regnaut. Il lui dit alors : Je viens de vous rendre ce que vous m'aviez prêté ; nous sommes égaux. — Je ne reculerai pas, dit Regnaut, mais je combattrai de tout mon pouvoir.

Comme ils alloient recommencer, Maugis arriva et dit à Regnaut : Cessez ; il seroit dommage que l'un de vous fût tué. Oger et Olivier firent monter Roland à cheval. Oger étoit charmé de ce que Roland avoit été renversé. Roland se mit à crier : Regnaut, où êtes-vous ? Achevons notre combat, car on ne peut juger lequel de nous deux est le meilleur chevalier. — Vous avez du courage, lui répondit Regnaut, mais si nous combattons ici, nos gens ne le voudront pas souffrir ; il vaudroit mieux faire ce que je vous dirai ; vous êtes bien monté et moi aussi ; passons la rivière, allons au bois de la Serpente, et là nous pourrons combattre sans empêchement — Je le veux bien, lui répondit Roland. Alors ils piquèrent leurs chevaux pour aller au bois, mais Olivier s'en aperçut et arrêta Roland malgré lui. Regnaut se préparoit à passer la rivière. Il aperçut quatre-vingts Chevaliers qui emmenoient le Roi Yon. Alors il mit l'épée à la main, piqua Bayard, et cria de toute sa force : Misérables! Laissez ce Roi. Il en abattit un d'un coup d'épée, et le laissa pour mort. Les autres prirent la fuite, disant entre eux : D'où sort donc cet homme? périsse celui qui l'attendra ! Ils laissèrent le Roi Yon, et gagnèrent par le plus épais de la forêt. Regnaut s'approcha du Roi Yon, lui débanda les yeux, le délia, et lui dit : Ah ! mauvais Roi, comment avez-vous osé nous trahir ainsi? mes frères et moi nous ne vous avions fait aucun mal; il n'a pas tenu à vous que nous ne fussions tous pendus ; vous méritez que je vous tranche la tête. Quand le Roi Yon vit que Regnaut l'avoit délivré, il se jeta à ses pieds et lui dit : Noble Chevalier, je sais que j'ai mérité la mort, car j'ai commis une cruelle trahison : mais puisqu'il faut que je meure, tranchez-moi la tête, j'aime mieux que ce soit vous que tout autre. Le comte d'Anjou et le comte Antoine m'avoient conseillé cette noire action : faites-moi périr : un traître tel que moi ne doit pas vivre davantage. — Montez à cheval, lui dit Regnaut ; ensuite nous verrons ce que nous aurons à faire.

XVIII

Comme Roland et ses gens furent défaits dans une rencontre, et Richard fut fait prisonnier par Roland.

Après que Roland fut parti pour aller combattre contre Regnaut au bois de la Serpente, Roland, Oger et Olivier combattirent contre Allard, Guichard et Richard, Maugis et leurs gens. Le combat fut opiniâtre, et il y eut beaucoup de perte de part et d'autre : mais la perte tourna du côté de Roland, et les frères de Regnaut, aidés par Maugis, demeurèrent les vainqueurs. Comme Roland s'en retournoit, Oger lui dit : Seigneur, qui vous a ainsi atourné votre écu et blessé votre cheval à la cuisse ? Aussi vous vois-je blessé, car il apparoit bien à votre côté. Je crois que vous avez trouvé Regnaut, le fils Aymon ; l'emmenez-vous prisonnier? Roland irrité mit l'épée à la main et courut sur Oger pour le frapper. Mais Olivier et Idelon les séparèrent. Richard vint alors, et se mit à crier : Roland, venez jouter avec moi. — Volontiers, lui répondit-il. Ils piquèrent leurs chevaux et se rencontrèrent si rudement que Richard tomba par terre. Il se releva aussitôt, remonta, mit l'épée à la main, et se défendit. Quand Ro-

land vit que c'étoit un des quatre fils Aymon, il en fut joyeux, et commença à crier : A moi ! mes amis ; s'il échappe, je le dirai à Charlemagne. Les François se jetèrent tous sur Richard, tuèrent son cheval sous lui. Il blessa d'un coup d'épée le Comte Antoine, et en tua un autre. On lui dit de se rendre s'il ne vouloit pas être tué. — Seigneur, dit Richard à Roland, j'aime mieux me rendre à vous qu'à tout autre. Alors il lui remit son épée ; puis ils le firent monter sur un mulet, et ils l'emmenèrent. Son valet, voyant emmener son maître, courut aussitôt le dire à Regnaut, qui lui demanda s'ils étoient déjà bien loin. — Oui, lui répondit-il ; vous ne pourrez les rejoindre. Regnaut fut plus fâché qu'auparavant. Il vit venir Allard, Guichard et ses gens, qui pensoient que Richard étoit arrivé. Allard, voyant que Regnaut étoit triste, lui demanda ce qu'il avoit. — Allard, dit Regnaut, je vous avois laissé notre frère Richard ; vous l'avez laissé prendre prisonnier, car Roland l'emmène, et ils sont déjà fort loin. Allard et Guichard l'entendirent, et furent bien fâchés. — Hélas ! dit Regnaut, que c'est grand dommage ! Si vous eussiez vécu, vous auriez passé tous vos frères en courage. Allard dit : C'est votre faute, car vous nous avez fait venir ici malgré nous pour secourir le Roi Yon. Maintenant nous avons perdu notre frère Richard, sans espérance de le revoir. Alors il dit à Guichard : Frère, tirez votre épée, nous couperons la tête au Roi Yon. — Je vous prie, dit Regnaut, de ne lui faire aucun mal, car il s'est rendu à moi. Conduisez-le à Montauban, et qu'il soit gardé. Pour moi, je veux aller à la tente de Charlemagne : où je trouverai mon frère Richard, ou je périrai avec lui. Il vouloit partir, mais Allard retint son cheval par la bride, et Guichard dit à Regnaut : Vous n'irez certainement pas. Dans ces entrefaites, Maugis arriva, et voyant ses cousins affligés, il leur demanda ce qu'ils avoient. — Cousin, dit Allard, sachez que les François emmènent notre frère Richard prisonnier, et Regnaut veut aller à la tente de Charlemagne : s'il y va, nous ne le reverrons jamais. Maugis dit à Regnaut : Vous auriez tort d'y aller ; retournez à Montauban : si Richard n'est pas mort, je l'amènerai, fût-il enfermé dans les prisons, malgré Charlemagne. — Cousin, dit Regnaut, je deviendrai votre homme (*) si vous le faites.

— Cousin, dit Maugis, je le ferai. Ils se mirent tous trois en chemin pour aller à Montauban. Quand la femme de Regnaut apprit l'arrivée de son mari, elle en fut joyeuse, et mena ses deux enfans avec elle. Aymonnet et Yonnet commencèrent à crier à leur oncle : Vassal, si vous n'étiez prisonnier, vous mourriez. Ils lui dirent : Ah! mauvais Roi, pourquoi avez-vous trahi notre père et nos oncles? Certainement vous méritez la mort. Quand Allard entendit ses nevenx, il ne put retenir ses larmes; il embrassa Aymonnet, et dit : Comme nous sommes abaissés! Quand la Dame vit Allard pleurer, elle pensa bien que ce n'étoit pas sans sujet, et dit à Allard : Beau-frère, dites-moi le sujet de votre tristesse. — Dame, dit Allard, sachez que nous avons perdu notre frère Richard, car Roland l'emmène prisonnier vers Charlemagne.

Quand Maugis fut retourné à Montauban, il se désarma et se dépouilla tout nu, prit une herbe qu'il mangea, et devint enflé comme un crapaud. Il prit ensuite d'une autre herbe, s'en frotta et devint noir comme un charbon, et avoit l'air d'un moribond. Quand il fut ainsi contrefait, il mit un grand chaperon, des souliers, et, un bâton à la main, il sortit de Montauban, et arriva à la tente de Charlemagne avant Roland. Il s'approcha du Roi, et dit : Que Dieu vous conserve! — Vassal, dit Charlemagne, je me défie de vous depuis que Maugis m'a trompé. Maugis ne répondit rien. Quelque temps après, il dit : Sire, si Maugis est un fripon, les autres ne sont pas de même. Je viens de Jérusalem adorer le Saint-Sépulcre. Je passai hier à Balançon et vins à Gironde; je passai au-dessus de Montauban, où je trouvai des brigands qui tuèrent dix hommes que je conduisois, et m'ôtèrent ce que j'avois, et j'eus bien de la peine à m'en retirer. Quand je fus sauvé de leurs mains, je demandai quels étoient ces brigands? On me répondit que c'étoient les quatre fils Aymon et un grand larron nommé

Maugis. Je demandai pourquoi ils agissoient ainsi, vu qu'ils étoient Gentilshommes? C'est, me répondit-on, parce qu'ils étoient réduits à une extrême pauvreté dans Montauban. Je ne crois pas que l'on puisse voir un homme plus cruel que Maugis, car il m'a mis dans l'état où vous me voyez. Sire, je vous prie de me venger de ces gens. Charlemagne lui demanda comment il se nommoit? — Je m'appelle Guidon, et suis né de Bretagne. Je suis riche dans mon pays. — Pèlerin, lui dit Charlemagne, je ne puis en avoir raison pour moi-même, car si je les tenois, je les ferois mourir. — Sire, dit Maugis, que Dieu m'en fasse raison, puisque vous ne pouvez! Les Barons dirent au Roi: Ce Pèlerin nous semble un homme honnête; assistez-le, nous vous en prions. Le Roi lui fit donner trente livres de monnoie. Maugis les reçut et dit tout bas: Je vous rendrai votre argent avant de sortir d'ici. Quand il eut l'argent, il demanda à manger. Le Roi lui fit apporter à manger, et Maugis le remercia honnêtement.

Comme le Roi parloit à Maugis, Roland et ses gens amenèrent Richard prisonnier. Oger, Hector et Naimes voyant Roland aller au pavillon de Charlemagne avec Richard, lui dirent: Pourquoi voulez-vous livrer Richard au Roi? — Que voulez-vous que j'en fasse? leur répondit Roland. — Que vous le délivriez. Un valet, qui avoit tout entendu, s'en alla vers Charlemagne, et lui dit: Nous avons été vaincus au gué de Balançon par Regnaut, mais Richard, l'un des plus vaillans après Regnaut, est pris. A ces nouvelles, Charlemagne ne put contenir sa joie, surtout quand il aperçut Richard que Roland amenoit prisonnier. — Je vois bien que vous y avez été, dit Charlemagne, sans cela vous n'eussiez pas pris Richard. Il lui dit alors: Vous serez pendu, misérable. — Sire, dit Richard, vous me tenez prisonnier, mais tant que mon frère Regnaut pourra monter sur Bayard, je ne serai pas pendu. Le Roi prit un bâton et en donna un coup terrible sur la tête de Richard, qui, le prenant par la moitié du corps, le fit tomber à terre avec lui. Roland voulut courir sur Richard, mais Oger et Salomon l'en empêchèrent, et dirent au Roi qu'il ne devoit pas frapper un prisonnier. Richard aperçut Maugis qui étoit appuyé sur son bâton, et qui ne disoit rien. Sa présence le rassura, et il dit au Roi: Sire, où serai-je pendu? — Ce sera à Montfaucon(*), lui répondit le Roi. Maugis, ayant tout entendu, retourna à Montauban, où Regnaut et ses frères l'attendoient. Regnaut, le voyant venir de loin, dit à ses frères: C'est votre faute si Richard est pendu; nous le perdons pour toujours, car je vois revenir seul notre cousin Maugis. Il arriva, et il leur raconta que Richard n'étoit pas pendu, mais qu'il falloit l'aller secourir

promptement, parce que le Roi avoit juré de le faire pendre à Montfaucon. Maugis alors ôta son chaperon, prit une herbe qu'il mangea, et fut bientôt désenflé. Il s'arma aussitôt, et se présenta à Regnaut. Les frères de Regnaut et leurs gens s'armèrent aussi, et marcherent vers Montfaucon. Quand ils en furent à un trait d'arc, Regnaut dit à ses gens : Il faut sauver notre frère ou périr avec lui. — Frere, dit Allard, mettons-nous en embuscade dans ce bois de sapins. Ils y entrèrent et s'y endormirent.

Charlemagne appela le Duc Naimes et Richard de Normandie, et leur dit : Seigneurs, je vous prie de me donner votre avis sur ce que je dois faire de Richard ; je crains que Regnaut ne vienne le secourir quand je le ferai pendre ; il me faudroit un homme qui ne craignît ni lui, ni ses frères, ni Maugis. Il appela Beranger de Valois, et lui dit : Vous tenez tout de moi ; ainsi je pense que vous me servirez si Regnaut vient pour secourir Richard. — Je ne le puis, répondit Béranger, car ce seroit me déshonorer. Le Roi, voyant que Béranger ne vouloit pas y consentir, appela le Comte Idelon, et lui dit : Vous tenez de moi la Bavière, vous devez me servir avec deux mille hommes : si vous voulez pendre Richard, je vous donnerai Melun. Idelon lui répondit qu'il feroit tout son possible pour que Richard n'eût aucun mal. — Retirez-vous, lui dit le Roi. Il appela Oger, et lui dit : On m'a rapporté que vous m'aviez trahi aux plaines de Vaucouleurs ; je verrai si cela est vrai : je vous donnerai le Duché de Laon, et vous quitterai de tout si vous voulez pendre Richard. — Je ne le puis : Richard est mon cousin ; je défie le premier qui osera mettre la main sur lui. Il dit à l'Archevêque Turpin : Je vous ferai Pape si vous voulez pendre Richard. — Je ne le puis, parce que je suis Prêtre, et qu'il est mon cousin. Il appela Salomon et lui promit le Duché d'Anjou ; mais il répondit qu'il ne le feroit point. Il se tourna ensuite vers Roland, et lui dit : Neveu, je vous donnerai Cologne si vous voulez pendre Richard. — Sire, je serois un traître ; au contraire, je prie les douze Pairs de ne lui faire aucun mal, car je serois déshonoré. — Que Dieu vous maudisse ! lui dit Charlemagne. Il dit ensuite à Hector : Je vous donnerai le Comté de Clermont et de Montferrant si vous voulez pendre Richard. Hector lui répondit que s'il vouloit lui rendre tout le pays que son père possédoit, il se soumettroit volontiers à ses ordres. Il faut y aller nécessairement ; vous ne voudriez pas y venir pour la moitié de votre Royaume. Le Roi irrité prit un bâton dont il frappa Hector.

Les douze Pairs, indignés de cette action, sortirent tous de la tente du Roi, dont il fut bien fâché; et dit au Duc Naimes: Où sont-ils donc allés? — Sire, ils sont sortis avec raison, car il ne vous convient point de frapper des Barons, et vous en serez blâmé.

Charlemagne dit à Richard de Normandie: Voulez-vous pendre Richard? — Volontiers, lui répondit-il; venez avec moi à la tête de mille Chevaliers bien armés, et je le pendrai où vous voudrez. — Retirez-vous de moi, lui dit le Roi; et il appela le Duc Naimes, et lui dit: Quel conseil me donnez-vous? — Sire, vous savez que Regnaut, ses frères et Maugis sont les meilleurs Chevaliers du monde; d'ailleurs il y a assez longtemps que la guerre dure: ainsi, si vous m'en croyez, vous rendrez Richard à ses frères, et Regnaut et ses frères deviendront vos hommes. — Naimes, dit Charlemagne, ils m'ont trop méprisé: je veux faire pendre Richard. — Vous ne le ferez pas, lui dit Naimes; il est de notre famille. Oger arriva et dit au Duc Naimes: Laissez-le faire, parce que plus vous le prierez, pis il fera.

Oger sortit de la tente avec plusieurs Barons; et ils firent assembler leurs gens. Oger cria alors: On verra qui osera mener pendre Richard. Quand Richard entendit Oger parler ainsi, il lui dit: Je vois bien que si vous pouviez me sauver, vous le feriez. Les douze Pairs de France vinrent vers Charlemagne, et lui dirent: Nous sommes vos gens; nous avons fait tout notre possible pour vous accorder avec notre cousin Richard; mais puisque vous ne le voulez pas, nous ne vous en parlerons plus.

XIX
Comme Charlemagne envoya pendre Richard, et comme Regnaut vint à son secours et le délivra; après cela, il pendit Ripus.

Charlemagne appela Ripus, et lui dit: Si vous voulez pendre Richard, je vous ferai mon Chambellan. — Je le veux bien, lui répondit-il, car Regnaut a tué mon oncle [1] au gué de Balançon. Promettez-moi qu'aucun des douze Pairs de France ne m'en saura mauvais gré. Le Roi le fit promettre à tous ses Barons. Ripus alla s'armer, et revint vers le Roi, qui lui dit de conduire avec lui mille Chevaliers, pour se défendre en cas que Regnaut voulût délivrer Richard. On lui livra Richard, et il lui passa une corde au col, comme à un larron. Il le fit passer devant la tente de Charlemagne, qui fut bien satisfait. Ripus étant arrivé à Montfaucon, dit à Richard : C'est ici le lieu où je vengerai la mort de Foulques de Morillon. Richard dit à Ripus, pour l'amuser un peu : Si vous voulez me délivrer, je vous donnerai deux cens marcs d'or. — Je n'en ferai rien, répondit Ripus. — Ayez donc pitié de mon âme, et faites venir un Prêtre pour me confesser. Le Prêtre vint et Richard fut très long à se confesser pour attendre si l'on viendroit le secourir. Voyant que l'on ne venoit point, il demanda l'absolution au Prêtre, qui la lui donna en pleurant. Ripus, voyant qu'il étoit confessé, se preparoit à le faire mourir : mais Richard lui dit : Je vous prie de me laisser dire une prière que j'ai apprise dans mon enfance. Ripus lui accorda, et il commença ainsi :

Dieu tout-puissant, qui par votre bonté divine créâtes le Soleil et la Lune, la Terre et les quatre élémens, formâtes l'homme à votre image, le mîtes dans votre Paradis, où vous le fîtes jouir de tous les fruits, excepté du fruit défendu, mais, parce qu'il fut désobéissant, il fut chassé et souffrit bien des maux; Seigneur, qui par votre bonté divine, avez eu pitié de l'humaine nature, et délivré Noé du déluge; qui avez retiré Jonas du ventre de la Baleine; qui prîtes chair humaine, et souffrîtes la Mort et Passion pour nous racheter ; daignez, en ce jour, me délivrer du danger auquel je me vois exposé.

Ensuite, accablé de douleur, il dit à Ripus de disposer de lui à sa volonté.

XX

Comme Bayard éveilla Regnaut qui dormoit, en frappant si fort du pied sur son écu, qu'il le fit tressaillir.

QUAND le courageux cheval Bayard, qui avoit été bien dressé par Maugis, et qui entendoit ce que l'on disoit presque aussi bien qu'un homme, eut entendu tout le débat et le bruit des armes que faisoient les Chevaliers de Charlemagne, que le méchant Ripus avoit amenés avec lui à Montfaucon pour le défendre en cas que Regnaut vînt avec des gens armés dans le dessein de délivrer son frère Richard ; Bayard, voyant donc que Regnaut dormoit, frappa si fort sur son écu qu'il le réveilla en sursaut. Regnaut, tout effrayé, se leva promptement, et, jetant ses regards de tous côtés, il vit que vers Montfaucon, son frère étoit déjà sur l'échelle. Il ne fit aucun retard, mais il monta sur Bayard qui couroit comme le vent. Allard,

Guichard et Maugis s'éveillèrent au bruit qu'avoit causé le vigilant Bayard. Ils se levèrent aussitôt, et coururent après Regnaut pour donner du secours.

Lorsque Ripus, qui se préparoit à étrangler Richard, vit venir ses frères et Maugis, il en fut tellement étonné qu'il ne savoit que faire. Il dit alors à Richard. Je m'aperçois bien que vous serez délivré d'entre mes mains, et que voici Regnaut et vos frères qui viennent vous secourir, ainsi je vous prie d'avoir pitié de moi, car ce que j'en ai fait, en vous amenant ici, c'étoit pour faire cesser toutes contestations du Roi avec les douze Pairs de France. Je savois bien que vous seriez secouru de vos frères et de Maugis. — Ne me narguez pas tant, lui repondit Richard. — Ma foi! dit Ripus, je vous dis la vérité : ils ne sont pas bien loin d'ici; descendez de cette échelle, et ayez pitié de moi, je vous prie.

Richard, voyant venir Regnaut qui couroit comme la foudre, dit à Ripus : Je ne réclamerai jamais mon frère Regnaut s'il ne te pend de ses propres mains au même gibet où tu voulois me pendre toi-même. Pendant que Richard parloit à Ripus, Regnaut arriva, et entendit ce qu'il lui disoit. Il commença à crier : Ripus! vous périrez de ma main, car vous êtes un malheureux! Et pour punir votre méchanceté, je vous pendrai moi-même à ce gibet, au lieu de mon frère; toute la puissance de Charlemagne ne peut vous en garantir. Cependant Maugis vint tout effrayé, et dit à Ripus : Traître! vous êtes toujours prêt à mal agir contre nous. Il leva sa lance pour le frapper, mais Regnaut ne voulut pas, et lui dit : Cousin, ne le frappez pas. Je ne veux pas, pour toutes choses, qu'un autre que moi le pende : s'il plaît à Dieu, je vengerai mon frère. Il prit alors sa lance, et en frappa Ripus si rudement, qu'il le renversa mort au pied de l'échelle. Il dit à ses frères : Il faut le pendre mort ou vif et ne le pas laisser échapper. Regnaut prit Richard et se mit à lui délier les pieds et les mains, et, l'embrassant, il lui dit : Frère, vous êtes peut-être en mal-aise? — Point du tout, dit Richard; mais faites-moi armer avec les armes de Ripus. Il fut bientôt armé et monta sur son cheval, et portoit l'étendard de Ripus. Regnaut prit la corde que Richard avoit au col, et la mit à celui de Ripus, qu'il attacha ensuite au gibet. Il pendit aussi quinze des principaux de la compagnie de Ripus, et dit à Richard : Ceux-ci monteront la garde à votre place.

Maugis vint vers Regnaut, et lui demanda qui l'avoit éveillé? — C'est Bayard, lui dit Regnaut. — L'excellent cheval! dit Maugis. — Seigneurs, dit Regnaut, puisque nous avons secouru Richard, retournons à Montauban, et nous consolerons mon épouse et mes enfans. Richard dit à ses gens : Nous devons bien aimer Oger, Roland, Hector, Richard de Normandie, Salomon et Olivier, car ils ont tous pris mes intérêts contre Charlemagne; car ils pensoient vraiment pue Ripus me pendroit, et que je me trouverois sans secours. Si vous le voulez, j'irai me montrer à Oger ainsi qu'à tous nos parens. — Oger, dit Regnaut, a agi comme un bon parent : on doit aider aux siens. Il dit ensuite à Richard : Frère, le soleil baisse, je crains pour vous; si vous voulez y aller, menez avec vous quatre cens Chevaliers embusqués auprès de vous. Je serai ici avec mes gens, et vous porterez mon cor, et s'il arrive que vous ayez besoin d'aide, vous le sonnerez, et je vous irai incontinent secourir. Alors il donna son cor à son frère Richard, qui s'en alla à l'armée de Charlemagne portant l'étendard de Ripus.

Richard arriva enfin dans l'armée du Roi Charlemagne, qui étoit armé devant sa tente, et regardoit sur le chemin. Oger, voyant venir Richard, et le prenant pour Ripus, pensa qu'il venoit de pendre Richard. Sa douleur fut si forte qu'il tomba par terre et dit : Hélas ! nous avons perdu Richard, sans espérance de le revoir ; Regnaut et Maugis l'ont bien trahi ! Alors il voulut courir sur Richard, pensant que c'étoit Ripus. Charlemagne, croyant qu'Oger poursuivoit Ripus, dit à ses gens : Allez après, mes Barons ! On verra qui seront mes amis. Je vois venir Ripus, qui m'a bien servi, car il m'a délivré de Richard, et maintenant Oger veut le tuer ; mais si je puis le tenir, j'en ferai telle justice qu'il en sera longtemps parlé.

Les François, accompagnés du Roi, poursuivirent longtemps Oger. Mais il étoit déjà bien loin, et crioit : Ripus, vous périrez, et je me vengerai de ce que vous avez fait à mon cousin Richard. Richard lui dit : Cousin, je suis Richard et non pas Ripus : nous l'avons pendu en ma place ; c'est pour cela que je me suis venu montrer à vous et à mes autres parens. — Vous mentez, traitre Ripus ; vous ne m'échapperez pas ! Richard lui dit : Cousin, ne me connoissez-vous pas ? — Non, dit Oger, car vous portez les armes et l'étendard de Ripus. — Je l'ai fait, dit Richard, pour n'être pas connu. Oger dit : Je veux vous voir à découvert, autrement je ne le croirai pas. Richard leva son casque et découvrit son visage. Oger fut joyeux de le voir, et lui demanda ce qu'ils avoient fait de Ripus. – Ma foi ! cousin, mon frère l'a fait évêque des champs [46], et n'a pas voulu que personne y ait mis la main que lui. Oger lui dit : Prenez garde à vous, car je vois Charlemagne.

Oger s'en retourna, et le Roi lui dit : Pourquoi allez-vous vers Ripus avant moi ? — Sire, si vous n'etiez pas si pres de moi, je lui aurois tranché la tête ; mais je n'ose pour l'amour de vous : allez vers lui, car je vous assure qu'il n'aura aucun mal. Charlemagne lui dit : je le défendrai envers et contre tous gens.

Alors il piqua son cheval, et courut vers Richard, pensant que ce fût Ripus. Il lui dit : Venez, mon ami Ripus, et ne craignez rien, car je vous défendrai contre tous. Alors Richard lui répondit : je ne suis pas le traitre Ripus, mais je suis Richard, le fils d'Aymon ; vous me frappâtes ce matin sur la tête, et me fîtes un grand mal ;

c'est pourquoi mon frère Regnaut a pendu Ripus au lieu où il me vouloit pendre, avec quinze de ses compagnons : or je vous défie, prenez garde à moi! Charlemagne, l'entendant ainsi parler, piqua son cheval contre Richard. Ils se donnèrent de si grands coups sur leurs écus qu'ils firent voler leurs lances en pièces; ils mirent leur épée à la main, et se frappèrent si rudement qu'ils furent contraints d'abandonner les étriers. Richard se releva promptement, mit l'épée à la main, et en frappa un si grand coup sur le casque de Charlemagne qu'il l'étourdit; l'épée glissa et vint tomber sur l'échine du cheval, tellement qu'elle le fendit en deux, et le Roi tomba par terre. Mais il se releva promptement et frappa Richard sur son casque avec tant de force qu'il le fit chanceler. Alors on commença un combat terrible, et le Roi commença à crier: *Montjoie Saint-Denis!* Richard prit son cor et en sonna si fort que ses frères l'entendirent. Ils piquèrent leurs chevaux, et s'en vinrent secourir Richard. Quand ils furent arrivés, Regnaut se mit à crier : *Montauban!* Allard: *Paraveine!* Guichard : *Balançon!* Richard: *Dordonne!* Alors Maugis courut contre Mongeon, seigneur de Pierrefite. Il l'attaqua si rudement qu'il l'étendit mort à ses pieds. Regnaut en frappa aussi un autre de telle manière qu'il lui passa sa lance au travers du corps, et qu'il tomba par terre. Guichard en frappa un autre de son épée avec tant de force qu'il lui fendit la tête jusqu'aux dents. Allard frappa le troisième sur son casque si rudement qu'il ne l'épargnoit pas. Ils combattoient avec un grand courage.

Quand Regnaut vit que le soleil commençoit à baisser et que la nuit s'approchoit, il craignit pour ses frères, et s'écria: Grand Dieu! préservez aujourd'hui mes frères et moi de mort et de prison! Comme il disoit ces paroles, Charlemagne arriva et courut contre lui. Ils se combattirent avec tant de furie qu'ils firent voler leurs lances en éclats, et ils tombèrent tous deux par terre. Ils se relevèrent promptement, et chacun d'eux mit l'épée à la main. Le Roi se mit à crier : *Montjoie Saint-Denis!* Il dit ensuite : Si je suis vaincu par un Chevalier, je ne mérite pas d'être Roi ni de porter la Couronne. Quand Regnaut connut que c'étoit Charlemagne, il se retira et dit : Hélas! qu'ai-je fait? c'est le Roi contre qui j'ai jouté; il y a au moins quinze ans que je ne lui ai parlé, mais je le ferai maintenant, quand je devrois périr! Il avança alors vers Charlemagne, et se mit à genoux devant lui, disant : Sire, donnez-moi trève jusqu'à ce que je vous aie parlé. — Volontiers, lui dit le Roi, mais je ne sais qui vous êtes; toutefois vous joûtez vaillamment. — Sire, je suis Regnaut, fils d'Aymon, je vous demande grâce; ayez donc pitié de mes frères et de moi : vous savez très bien que je suis votre vassal, mais vous m'avez chassé de votre terre et de la mienne il y a environ quinze ans, dont plusieurs gens sont morts. Vous savez ce que c'est que la guerre, perdre aujourd'hui et demain gagner; ainsi j'espère qu'au nom de Notre Seigneur, vous aurez pitié de nous : ce n'est point la crainte de la mort qui me fait parler ainsi, mais c'est pour avoir votre amitié. Sire, accordez-nous la paix, et nous serons à votre service pour toujours. Je vous donnerai Montauban avec mon cheval Bayard, qui m'est bien nécessaire, et que j'aime le mieux après mes frères et mon cher cousin Maugis, et il n'y a pas au monde un pareil cheval au mien ; et si vous ne le voulez pas faire, je ferai encore plus : pardonnez à mes frères, et je sortirai de France sans y revenir jamais ; j'irai nus pieds au Saint Sépulcre par amitié pour vous, et je vous promets que mes frères et moi ne reviendrons jamais en France. Charlemagne lui répondit alors : Vous parlez inutilement. Je ne veux pas vous accorder la paix ; vous ne l'aurez jamais de moi si vous ne faites ce que je vous dirai. — Sire, dit Regnaut, que voulez-vous ? dites-le-moi. — C'est de me rendre Maugis pour en faire à ma volonté, car je le hais plus que personne au monde. — Mais, Sire, si je vous le rends, qu'en ferez-vous? — Je le ferois traîner à la queue d'un cheval dans Paris ; puis je lui ferois couper tous les membres, et les ferois brûler, puis jeter les cendres au vent. — Sire, lui dit Regnaut, voulez-vous accepter des Villes ou des Châteaux, or ou argent pour sa rançon? — Non, dit le Roi. — Sire, si vous aviez mes frères prisonniers et que vous voulussiez les faire pendre, je serois fâché de vous livrer Maugis pour leur rançon. — Taisez-vous ; jamais nous ne ferons d'accord. — Sire, puisqu'il en est ainsi, je me défendrai le mieux que je pourrai.

Alors le Roi courut sur lui ; mais Regnaut lui dit : Sire, souffrez que je mette la main sur vous, car si je me laissois tuer par vous, je mériterois d'être blâmé. Charlemagne lui répondit : Tout cela ne vaut rien ; il faut vous défendre. Alors il mit l'épée à la main, et frappa sur son casque. Le coup tomba sur l'écu, tellement qu'il en coupa une grande pièce. Regnaut, sentant ce grand coup, s'empara du Roi, et le prit par le milieu du corps, et il le mit sur le col de Bayard pour l'emmener avec lui, mais sans vouloir lui faire aucun mal. Le Roi recommença à crier : *Montjoie Saint-Denis!* et dit : Roland, mon cher neveu, où êtes-vous? Olivier, et vous Duc Naimes, vous Archevêque Turpin, si vous me laissez emmener vous n'en retirerez pas d'honneur! Regnaut cria son enseigne [58] le plus fort qu'il lui fut possible. Alors Roland, Olivier,

les autres Barons vinrent au secours du Roi. Les frères de Regnaut et Maugis vinrent d'autre part avec quatre cens Chevaliers. Quand ils furent assemblés d'un côté et d'autre, il y eut un combat terrible, et ils se tuoient les uns les autres comme des bêtes. Roland étant arrivé dans la mêlée, courut sur Regnaut, et lui donna un si grand coup sur son casque qu'il l'étourdit entièrement et lui dit : Vassal, vous avez tort de penser emmener le Roi de cette manière : vous le lâcherez avant que de m'échapper. Regnaut, se voyant ainsi attaqué, mit avec fureur l'épée à la main, et, quoique Charlemagne fût présent sur son cheval, il courut avec précipitation sur Roland, en lui disant : Avancez donc ! Vous savez comme mon épée est tranchante ! Quand Roland l'entendit parler, il courut sur lui, et Regnaut le voyant venir, quitta le Roi et tomba sur Roland. Il y eut un combat terrible entre eux deux. Alors arrivèrent les frères de Regnaut, qui donnèrent tant de peine à Roland qu'il fut obligé de prendre la fuite. Quand Regnaut s'aperçut que Roland et le Roi étoient sauvés, il en fut bien fâché, et dit à ses frères : Mes amis, vous avez mal travaillé ; si vous eussiez été avec moi, nous aurions mieux opéré, car j'avois pris le Roi que nous aurions emmené à Montauban. — Sire, dirent ses frères, nous en sommes bien fâchés, mais nous avons eu tant d'affaires autre part que nous avons eu peine d'échapper. Faites sonner la trompette pour rallier nos gens à cause de la nuit; allons à Montauban. Quand Charlemagne vit venir Roland et ses gens, il fut joyeux, et dit à ses Barons : Je crains qu'il ne vous arrive beaucoup de mal, car Regnaut nous a mis en fuite. — Sire, dit Roland, vous avez eu tort d'aller joûter contre lui; vous vous exposiez à être fait prisonnier.

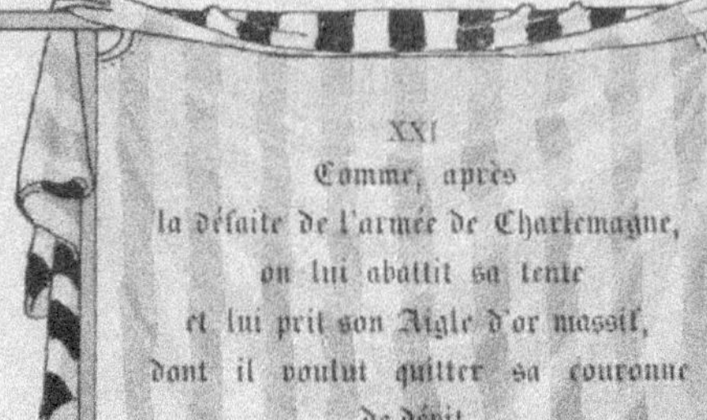

XXI
Comme, après la défaite de l'armée de Charlemagne, on lui abattit sa tente et lui prit son Aigle d'or massif, dont il voulut quitter sa couronne de dépit.

Regnaut, voyant que Charlemagne s'en retournoit, rallia ses gens pour s'en retourner à Montauban. Lui, ses frères et Maugis restèrent derrière par crainte que les François ne les suivissent. Quand la plus grande partie eut passé Balançon, Regnaut prit trois mille hommes, et dit aux autres : Allez à Montauban, car je veux attaquer le Roi. Alors ils passèrent Balançon, et allèrent à l'armée du Roi. Regnaut s'approcha de la tente, et dit à ses gens : Mes chers amis, je vous prie que vous vous gouverniez sagement. — Sire, dit Richard, qui veut acquérir de la gloire ne doit pas manquer de cœur. Quand Richard eut ainsi parlé, il mit l'épée à la main, et courut à la tente du Roi. Il coupa les cordes, et fit tomber la tente par terre. Il y avoit au-dessus un Aigle d'or massif qui étoit d'un très grand prix. Richard s'écria : *Montauban!* Les gens du Roi, effrayés, coururent aux armes ; mais ils furent bien surpris de voir les tentes renversées par terre. Richard dit alors à Maugis : Cousin, avancez. Aidez-moi à emmener le butin que j'ai fait. Ils descendirent de cheval et prirent l'Aigle d'or. Il dit ensuite à ses gens : Seigneurs, frappez donc sans différer. On vit aussitôt les gens du Roi s'armer et sortir de leurs tentes pour combattre contre les quatre fils Aymon. Le combat devint terrible, et le champ de bataille fut couvert de morts et de mourans. Maugis ayant mis l'Aigle d'or en sûreté, s'en retourna vers la tente du Roi, et lui dit : Sire, vous nous persécutez depuis longtemps ; mais vous vous souviendrez de votre venue en Gascogne : je vengerai la mort de mon père ([30]), et vous donnerai un si grand coup que vous ne ferez jamais de guerre à personne. Alors il jeta sa lance contre la poitrine du Roi : mais il évita le coup en se retournant un peu vite, et la lance entra de deux pieds dans le lit du Roi. Quand Charlemagne vit cela, il fut fort surpris et commença à crier : *Montjoie Saint-Denis!* et dit : Mon cher neveu Roland, où

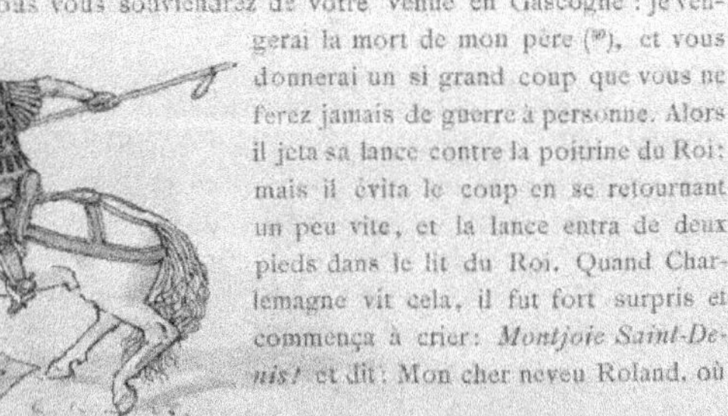

êtes-vous? Quand Maugis ouït le Roi, il regarda autour de lui, et ne vit point Regnaut ni ses frères, car ils étoient retournés. Maugis resta trop longtemps à l'armée de Charlemagne, car Regnaut étoit déjà passé Balançon, et Roland et Olivier, fort effrayés, accouroient aux cris du Roi. Quand Maugis les vit venir, il ne resta pas longtemps, mais il partit pour rejoindre Regnaut. Quand il fut au delà de Balançon, il fit rencontre d'une grande compagnie de Chevaliers du Roi Charlemagne, qui venoit à lui. Il en frappa un si rudement dans son écu, qu'il renversa l'homme et le cheval par terre. Il brisa l'écu de Milon, et l'étendit mort à ses pieds. Aussitôt il cria : *Montauban!* et dit : Regnaut, où êtes-vous? Secourez-moi, car si vous me perdez, vous en souffrirez! Il vit bien que Regnaut étoit parti.

Cependant Olivier arriva à travers la mêlée, et le frappa si rudement qu'il lui fit une blessure à la poitrine et le renversa par terre. Il se releva bien vitement, et mit l'épée à la main. La nuit étoit si obscure que l'un des deux ne pouvoit apercevoir l'autre. Olivier, voyant que Maugis se défendoit bien, lui dit : Je ne sais qui vous êtes, mais si vous ne vous rendez à moi, je vous tranche la tête. — Comment vous nommez-vous? dit Maugis. Si vous êtes un brave Chevalier, je me rendrai à vous. — Je me nomme Olivier de Vienne. Maugis l'ayant entendu, lui dit : Généreux Chevalier, je me rends à vous sur votre parole d'honneur, mais à condition que vous ne me rendrez pas à Charlemagne; autrement il me feroit périr comme un malheureux par le dernier supplice. Olivier lui répondit : Il me seroit impossible de vous cacher à lui; rendez-vous, je vous promets de vous aider de tout mon pouvoir; je ferai adroitement votre paix avec lui. — Sire, répondit Maugis, je me rends volontiers à vous. Il lui donna son épée, et Olivier le fit monter à cheval et l'emmena à la tente de Charlemagne. Mais ils ne le trouvèrent pas, car il en étoit sorti comme on l'a vu. Olivier, voyant qu'il ne trouvoit pas le Roi, craignit que Maugis ne lui échappât par le moyen de son enchantement. Il lui dit : Maugis, vous savez que je vous ai pris par armes, et que vous êtes mon prisonnier. Je veux que vous juriez de ne pas sortir d'ici sans ma permission.— Sire, dit Maugis, très volontiers. Alors il jura tout ce que voulut Olivier. Il se fit désarmer, banda sa plaie, et se fit mettre dans un lit. Pendant que Maugis étoit pris, Regnaut et ses frères firent diligence pour emporter le butin. — Frère, dit Allard, où est allé Maugis? — Ne vous inquiétez point de lui, lui dit Regnaut; il est allé devant Montauban.

Charlemagne fut donc si irrité de ce qu'on lui avoit ainsi enlevé son butin, qu'il appela le Duc Naimes, l'Archevêque Turpin, Estou, Salomon, Richard de Normandie, Oger, et tous les Barons de France. Quand ils furent tous assemblés, le Roi commença à se plaindre en ces termes : Seigneurs, vous êtes maintenant mes vassaux soumis; depuis cinquante ans personne ne vous a rien ôté du vôtre, et il n'y a aucun de vos voisins qui ose rien vous demander. Maintenant je suis vieux, ainsi je ne veux plus être votre Roi. Que ferai-je quand vous me manquerez? Vous m'avez abandonné par amitié pour Regnaut, dont je suis bien fâché, car il m'a pris à pied levé, et m'a chassé hors du camp. Mais puisqu'il en est ainsi, je ne désire plus ni vivre, ni être Roi : je vous rends la Couronne : donnez-la à Regnaut, et qu'il soit Roi de France à ma place. Quand les douze Pairs de France et les Barons l'entendirent parler ainsi, ils en furent si étonnés qu'il n'y eut pas un qui osât dire un mot. Ils commencèrent à se regarder les uns les autres avec grande honte. Le Duc Naimes, qui avoit fait attention aux paroles du Roi, lui dit : Sire, à Dieu ne plaise que nous ayons du mépris pour vous par égard pour Regnaut! Mais vous devez penser que ce que nous en avons fait n'est point en mal, mais de bonne part : nous pensions faire cesser par ce moyen une guerre qui a duré si longtemps, et dans laquelle il est péri bien du monde : mais nous voyons que vous ne voulez pas faire la paix avec les quatre fils Aymon. Reprenez votre Couronne, et calmez-vous; nous vous promettons de vous servir fidèlement, et nous prendrons Montauban avant qu'il soit un mois passé : nous péririons plutôt, et ferions périr ceux qui voudroient les épargner. Le Roi lui répondit alors : Laissez tout ceci en paix. Je vous dis que certainement je ne serai jamais votre Roi si vous ne me rendez Regnaut ou Maugis le méchant, qui m'a tant de fois trompé. Olivier arriva alors, et fut si étonné de ce que le Roi étoit dans la tristesse, qu'il lui dit : Sire, de quoi êtes-vous si irrité? Le Duc Naimes lui répondit : Le Roi nous a tous diffamés, car il a quitté sa Couronne et son Royaume. — Sire, dit Olivier, ne le faites pas, s'il vous plaît, mais reprenez votre Royaume, et celui qui ne vous obéira pas sera puni. — Olivier, dit le Roi, je n'en ferai rien si je n'ai Regnaut ou bien Maugis. — Sire, dit Olivier, pardonnez-nous donc, et je vous rendrai Maugis

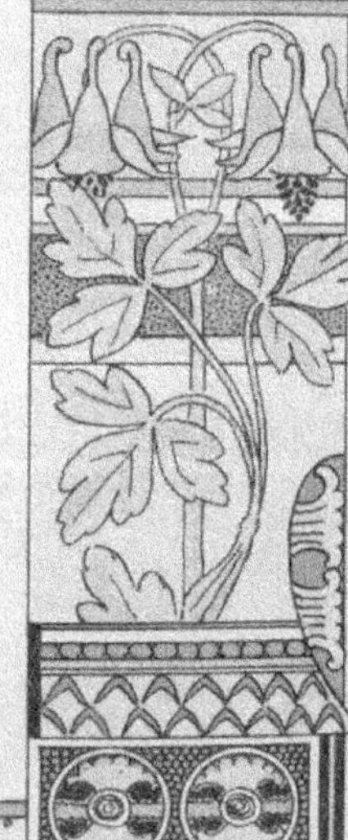

dans l'instant. Charlemagne lui répondit : Je ne suis homme que l'on puisse tromper ; je sais que Maugis ne vous redoute point. — Sire, voulez-vous reprendre votre Couronne ; je vous l'amènerai tout à l'heure. — S'il en est ainsi, je ferai tout ce que vous voudrez, car je le hais plus que personne : si Maugis étoit mort, les quatre fils Aymon ne pourroient me résister. — Sire, dit Olivier, je vais bientôt vous l'amener.

Il alla avec Roland dans sa tente. Plusieurs autres Chevaliers y entrèrent aussi pour voir Maugis. Olivier lui dit : Voulez-vous venir vers le Roi? Maugis lui répondit : Vous m'avez trahi ; mais je sais bien que le Roi sera plus honnête que vous, car il ne me fera nul mal. Quand ils furent arrivés à la tente du Roi, Olivier lui dit : Sire, vous m'avez promis que si je vous rendois Maugis, vous reprendriez votre Couronne, et que vous vous maintiendriez comme au temps passé. — Il est bien vrai, lui dit le Roi, si vous tenez ce que vous m'avez promis. — Sire, regardez : voici Maugis que je vous présente ; je l'ai pris par la force des armes. Charlemagne fut satisfait plus que personne ne pourroit l'être, et dit ensuite à Maugis : Je te ferai chèrement payer ton orgueil quand tu emportas l'Aigle d'or, et tous les larcins que tu as commis ; tu m'as irrité plusieurs fois, et j'aurai le plaisir de te punir. — Sire, dit Maugis, vous ferez de moi ce qu'il vous plaira, car je suis en vos mains. Vous ne gagnerez rien à ma mort : j'ai des cousins qui sauront bien venger ma mort par les armes. — Ah! larron, tu as peur maintenant. — Sire, dit Maugis, je ne suis pas un larron ; je ne puis plus me défendre, puisque vous me tenez en vos mains. Quand vous m'aurez mis à mort, vous ne pourrez plus rien faire, et vous serez courroucé contre moi avant qu'il soit vingt-quatre heures. — Malheureux, dit le Roi, ne parle pas si hardiment, car je te ferai périr avant qu'il soit nuit ; et tes quatre mauvais cousins ne pourroient t'en garantir, et toi-même ne pourras te sauver par tes enchantemens.

Regnaut et ses frères étant partis de l'armée de Charlemagne, s'en retournèrent à Montauban. La Dame vint au-devant et lui dit : Sire, soyez le bien-venu : avez-vous délivré Richard? — Oui, Dieu merci! Alors elle embrassa Richard. Ils firent des réjouissances. Regnaut demanda son cousin Maugis. La Dame lui répondit : Je n'en sais pas de nouvelles. Regnaut fâché retourna vers ses frères, et leur dit : Je vous prie instamment de vous informer si notre cousin Maugis est arrivé, et de l'aller chercher dans tout le logis ; peut-être

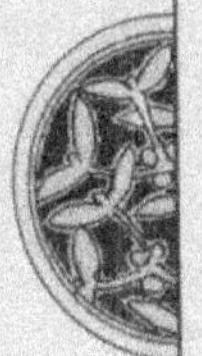

il est allé se désarmer. Alors ils demandèrent à deux de ses gens, qui dirent ne l'avoir pas vu depuis qu'il étoit avec eux. Ils s'en retournèrent vers leur frère Regnaut, et lui dirent qu'ils n'en avoient eu aucunes nouvelles. Il en fut si chagrin et si inquiet qu'il faisoit pitié à voir. Il dit alors : Mon cher Maugis, vous êtes bien abandonné ! Que pourrons-nous faire désormais, puisque nous vous perdons ? Il dit alors à ses gens : Seigneurs, je vous invite à cesser vos regrets ; ce n'est pas le remède qu'il faut y apporter. Il faut aller au bois de la Serpente pour parler à l'Abbé de Saint-Ladre. Il en saura peut-être quelques nouvelles ; je pense qu'avant vingt-quatre heures j'en saurai quelque chose ; adieu, mes frères. — Vous avez bien raison, lui répondit Allard ; mais nous irons avec vous. — Vous n'y viendrez pas, lui répondit Regnaut. Alors il se fit amener Bayard. Il sortit de Montauban, arriva à Balançon ; il passa l'eau et trouva un page qui venoit d'abreuver les chevaux du Roi. Quand le page vit Regnaut qui étoit armé, tout seul, il lui demanda qui il étoit et pourquoi il étoit seul? — Je suis des gens de Ripus, qui suis échappé quand les quatre fils Aymon l'ont pendu. Regnaut lui demanda ensuite : Que fait le Roi? — Sire, dit le page, il est bien content, et il a déjà oublié la perte de Ripus, car on lui a livré Maugis qu'il détestoit à la mort. Il le pria ensuite de lui dire si Maugis étoit mort. — Sire, lui dit-il, il est encore vivant. Regnaut fut content, et le page s'en alla et le laissa tout seul pensant à son affaire. Regnaut dit en lui-même : Grand Dieu ! je ne sais ce que je dois faire ni penser ; car, si je vais attaquer Charlemagne, la nuit est déjà fort obscure, il croira que j'ai beaucoup de gens avec moi et aura bien peur de perdre mon cousin, ainsi il pourroit le tuer ; mais, puisque c'est ainsi, j'attendrai jusqu'à demain matin, et s'il le conduit à la mort, je tâcherai de le défendre.

XXII
Comme Maugis, condamné à la mort, se sauva avec la couronne, l'épée et le trésor du Roi, prit aussi les épées des douze Pairs de France, et emporta tout ce butin au Château de Montauban.

Charlemagne, se voyant maître de Maugis, appela tous ses Barons, et leur dit : Seigneurs, je vous prie instamment de faire élever une potence, car je suis décidé à faire pendre Maugis avant que de souper, car je ne le veux pas garder jusqu'au jour. — Sire, dit le Duc Naimes, puisque vous voulez qu'il meure, faites autrement si vous voulez me croire. — Comment? lui dit-il. — Sire, je conseille que vous ne le fassiez pas pendre de nuit, car nous en aurions des reproches. Regnaut et ses frères diroient que, par appréhension, vous n'avez osé le faire de jour : ainsi attendez qu'il soit jour pour le faire pendre, et, quand on l'y conduira, envoyez-y des gens, afin que si Regnaut et ses frères viennent pour le secourir, on puisse les pendre tous ensemble. — Naimes, dit le Roi, vous vous moquez de moi; si ce larron m'échappe, je suis diffamé. — Si vous avez peur que je m'en aille, dit alors Maugis, je vous donnerai des otages par preuve de ce que je ne m'en irai pas sans vous dire adieu. — Qui voudra en répondre? — J'en trouverai, répondit Maugis. Alors il regarda autour de lui et vit les douze Pairs. Il appela Olivier, auquel il dit : Vous m'avez promis de me rendre service auprès du Roi, quand je me suis rendu à vous : je vous demande pour otage. — Volontiers, je le ferai sur ma vie. Il pria ensuite Richard, le Duc Naimes, Oger, l'Archevêque Turpin et Estou d'être ses otages pour la nuit. — Maugis, dit le Duc Naimes, nous promettez-vous de ne point vous en aller d'ici sans notre permission? — Oui, dit Maugis, je vous le jure. Alors les douze Pairs allèrent vers le Roi, et lui dirent : Sire, nous répondons de Maugis sur notre vie, et sur ce que nous tenons de vous; et il ne s'en ira pas sans notre permission, ni sans dire adieu à la compagnie. Charlemagne leur répondit alors : Seigneurs, prenez garde que ce traître ne vous enchante, car c'est le plus grand fourbe qui soit au

monde. Puisque vous en répondez, je vous le remets en garde, aux conditions que, si je ne l'ai pas demain au matin, vous perdrez tous vos terres, et ne pourrez jamais rentrer en France. — Sire, dit Olivier, nous le voulons bien ainsi que vous l'avez dit. Ensuite ils vinrent vers Maugis, qui leur dit : Seigneurs, je vous supplie de me faire donner à manger, car je meurs de faim. Quand le Roi entendit Maugis parler ainsi, il le regarda et lui dit en riant : Mangeras tu bien ? dis, méchant larron. — Oui, répondit-il, quand j'aurai de quoi. — Qu'on lui donne donc à manger. Le Roi se mit à table, et fit asseoir Maugis auprès de lui, et le servit à table. Pendant le souper, le Roi n'osoit boire ni manger, tant il craignoit les enchantemens de Maugis; mais celui-ci mangea bien, car il en avoit besoin. Quand Olivier vit cela, il commença à rire, et poussa Roland en lui disant : Avez-vous vu comme le Roi n'osoit manger par crainte que Maugis ne l'enchantât? — Sûrement, dit Roland, il est bien vrai. Après souper, Charlemagne appela son Sénéchal, et lui dit : Je vous prie de faire apporter cent torches, et qu'elles soient ardentes toute la nuit. — Vous serez obéi. Le Roi s'en retourna auprès de Roland, et lui dit : Neveu, je vous prie que vous, Olivier, et tous les douze Pairs de France, veilliez avec moi pour garder ce larron de Maugis. Vous ferez armer cent bons Chevaliers qui veilleront avec nous; et faites jouer aux Tables [a], aux Échets, et à d'autres jeux, afin que l'on ne s'endorme point. Vous ferez monter la garde par mille Chevaliers, afin que, s'il nous échappoit, ils le retiennent. Quand il eut parlé il se mit sur son lit, et fit asseoir Maugis près de lui, et de l'autre côté Roland et Olivier, et tous les douze Pairs de France. — Sire, dit Maugis, où dois-je reposer? — Comment, dit le Roi, voulez-vous dormir? — Oui, Sire, dit Maugis, s'il vous plaît. — Par ma foi! dit le Roi, vous aurez mauvais repos; vous ne dormirez de votre vie, car vous serez pendu demain au point du jour. — Sire, dit Maugis, vous avez tort : je vous ai donné des otages; n'est-ce pas pour si peu que j'ai à vivre je fasse mes volontés ? laissez-moi donc reposer, ou acquittez mes otages. — Larron, dit le Roi, cela ne te sert de rien, car je veux que tes otages soient libres. Charlemagne fit apporter de gros fers, et les lui fit mettre aux pieds, avec une longue chaîne autour des reins, attachée à un pilier; puis il lui fit mettre un collier de fer au

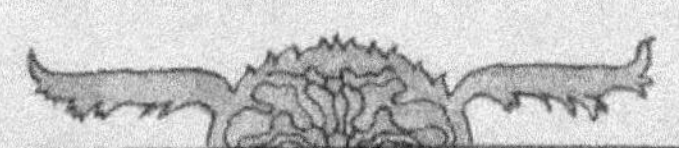

col, dont il garda la clef. Quand il fut ainsi attaché, il lui dit : Maugis, vous n'échapperez pas maintenant. — Sire, vous vous moquez de moi. Je vous dis devant les Pairs de France que je verrai Montauban avant qu'il soit demain matin. Quand le Roi entendit ce que Maugis lui avoit dit, il devint furieux, se redressa, mit l'épée à la main, et vint contre Maugis pour lui trancher la tête. Quand Roland vit cela, il s'avança, et dit au Roi : Sire, arrêtez, je vous prie ; car si vous le tuiez nous en serions diffamés pour toujours ; mais vous ne devez prendre garde à ce qu'il dit, car, s'il parle, c'est en homme désespéré ; et comment pourroit-il arriver qu'il vous échappât? ainsi comme vous le tenez, il est bien pris. — Neveu, je ne sais comment ; mais c'est qu'il s'est tant moqué de moi que je m'en méfie.

Maugis, sentant qu'il avoit envie de dormir, commença à faire son charme, et il les endormit profondément. Le Roi lui-même s'endormit si fort qu'il tomba à l'envers sur son lit. Quand Maugis vit que le Roi et tous les Pairs de France étoient bien endormis, il fit un autre charme qui étoit d'une si grande vertu que les fers qu'il avoit aux pieds, le collier et la chaîne de fer, tout tomba par terre. Puis il se leva et vit Charlemagne qui dormoit la tête de travers. Il prit un oreiller et lui redressa la tête ; il lui déceignit ensuite Joyeuse, sa bonne épée ; il la mit à sa ceinture, puis alla vers Roland, auquel il ôta Durandal, sa bonne épée ; ensuite à Olivier, Haute-Claire ; après à Oger ; puis s'en vint au coffre où la Couronne et le trésor étoient, et il prit tout. Quand il eut fait tout cela, il prit une herbe et en frotta le nez et la barbe du Roi, et le décharma[44] ; puis il le poussa du doigt, et lui dit : Sire, je vous ai dit hier que je ne m'en irois pas sans vous parler. Quand il eut dit cela, il sortit de la tente du Roi, et se mit en chemin pour aller à Montauban.

Quand le Roi entendit ce que Maugis lui avoit dit, il se leva dans une grande fureur, s'en vint vers les Pairs, et il ne put les éveiller. Quand il vit cela, il alla chercher une herbe qu'il avoit apportée d'outre-mer ; il en prit et en frotta le nez, la bouche et les yeux de Roland et de tous les

autres Pairs de France, et incontinent ils se levèrent tous fort étonnés, et quand ils furent tous éveillés, ils se regardèrent l'un l'autre. Le premier qui commença à parler fut le duc Naimes, qui dit au Roi : Où est Maugis? — Par ma foi ! dit-il, vous me le rendrez, car c'est vous qui lui avez facilité son évasion : si vous me l'eussiez laissé pendre hier, je serois délivré de lui. — Roland, dit Oger, le vîtes-vous en aller? — Non, par saint Denis ! dit Roland. — Je l'ai vu en aller, dit le Roi. — Sire, dit Roland, vous deviez donc le dire, car il ne s'en seroit pas allé. Il regarda aussitôt à son côté, et ne vit point Durandal, son épée, dont il fut bien fâché. Le Roi lui dit ensuite : Neveu, où est votre épée? — Dieu! je vois bien que Maugis nous a enchantés, aucun n'a son épée. Les douze Pairs, voyant qu'ils avoient perdu leurs épées, furent plus fâchés qu'on ne pourroit l'exprimer. Roland dit ensuite : Certainement Maugis a fait un très grand butin d'avoir pris nos épées, car elles valent plus que Paris. Charlemagne, voyant ses coffres ouverts, commença à dire : Ah! larron Maugis, je n'ai guère gagné à ta prise!

Cependant Maugis s'en alloit à Montauban. Il passa le gué où étoit Regnaut. Bayard le sentit et commença à hennir bien fort, et alla vers Maugis malgré Regnaut. Quand Maugis aperçut Regnaut, il lui dit : Vassal, qui êtes-vous qui venez ici? — Cousin, dit Regnaut, ne me connoissez vous pas? Que loué soit Dieu qui vous a délivré des mains de Charlemagne! — Vous m'avez oublié, dit Maugis. — Cousin, ce n'est pas ma faute ; je vous assure que j'étois décidé à vous secourir ou à périr. Il lui demanda ensuite ce qu'il portoit. — Cousin, dit Maugis, c'est la couronne de Roi et les épées des Pairs. Ils allèrent devers Montauban et rencontrèrent Allard, Guichard et Richard qui paroissoient plongés dans la tristesse. Regnaut les vit venir de loin et leur demanda ce qu'ils avoient? — Nous allions vous chercher. Ils approchèrent de Maugis, et lui dirent : Cousin, où fûtes-vous hier quand nous vous perdîmes? — Alors, dit Maugis, quand Richard fut arrivé à la tente du Roi et eut pris l'Aigle d'or, je restai dans la tente pour pouvoir tuer le Roi, et bien peu s'en est fallu! Lorsque je pensois m'en retourner après vous, j'ai trouvé une compagnie de Chevaliers qui m'ont arrêté. Je me suis défendu de toute ma force; mais Olivier vint, qui m'abattit par terre : je me rendis à lui, et il m'a livré au Roi qui vouloit me faire pendre, mais j'en suis échappé. Ils allèrent à Montauban, où ils furent bien traités. Le lendemain ils allèrent à la Messe, et Maugis leur dit : Seigneurs, montrez-nous le butin

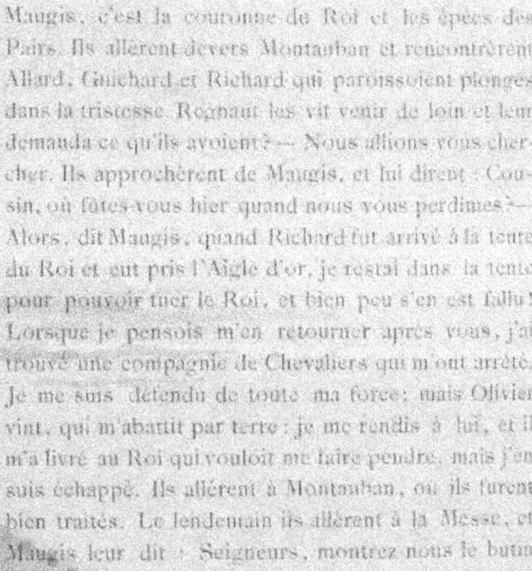

que vous gagnâtes hier Richard prit alors l'Aigle d'or et dit à Maugis : Cousin, que ferons-nous de cette aigle ? Maugis lui dit : Il me semble qu'on doit la mettre sur le pommeau de la Tour, afin que Charlemagne et toute son armée la voyent. Regnaut la fit mettre sur la plus haute Tour de Montauban ; lorsque les rayons du soleil tomboient dessus, elle jetoit une clarté éblouissante que l'on pouvoit voir de cinq lieues.

Charlemagne irrité appela les Pairs de France et leur dit : Seigneurs, nous n'avons eu que malheur depuis notre venue, car les quatre fils Aymon nous ont bien nargués avec l'aide de leur cousin Maugis ; ainsi, Seigneurs, je me plains à vous, et vous prie tous de m'aider à m'en venger. Les Pairs lui répondirent : Sire, nous sommes prêts à faire ce que vous nous commanderez. — Je voudrois bien, dit Charlemagne, que vous Oger et le duc Naimes, l'Archevêque Turpin et Eston, qui êtes de la famille de Regnaut, vous alliez lui dire, et à ses frères, qu'ils me rendent ma Couronne, mon épée et mon Aigle d'or, avec toutes vos épées ; je leur donnerai trêve pour deux ans, et ferai retourner mon armée en France.

Quand ils entendirent ce commandement, ils montèrent à cheval, et allèrent vers le Portier, qui montoit la garde. Il leur demanda : Seigneurs, qui êtes-vous ? — Mon ami, dit Oger, nous sommes des gens de Charlemagne : allez dire à Regnaut que le Duc Naimes, l'Archevêque Turpin, Estou et Oger veulent lui parler. Regnaut dit à ses gens : Je vois venir les vaillans Chevaliers. Ils allèrent à la porte, et Richard sortit le premier, qui leur fit de grands honneurs et leur dit : Messeigneurs, soyez les bienvenus. Regnaut s'avança ensuite et les salua honorablement, et il prit Oger par la main, et les conduisit au Donjon où ils furent tous bien reçus par la Dame Claire. Regnaut leur dit : Seigneurs, je vous prie de me dire pourquoi vous êtes venus ici ? Ce doit être par quelque raison particulière. — Vous savez bien, lui dit Oger, que tous ceux qui sont ici vous aiment. Je vous assure que, s'il n'eût dépendu que de nous, vous auriez la paix avec Charlemagne. Vous n'ignorez pas que Maugis, votre cousin, nous a tous déshonorés ; car nous avions prêté serment au Roi que nous le lui rendrions à sa volonté, mais il s'est sauvé, et, ce qu'il y a de pis, c'est qu'il a emporté la Couronne du roi, son épée, et celles de nous autres

Pairs. Ainsi le Roi vous mande que vous lui rendiez sa Couronne, l'Aigle d'or, et toutes nos épées ; il vous donnera trève pour deux ans et fera retourner son armée en France. Alors Maugis leur dit : Seigneurs, je suis charmé de vous voir ; mais ne parlez plus, je vous prie sur cette matière. Vous demeurerez pour cette nuit avec nous ; demain nous vous rendrons des réponses. Olivier lui dit : Nous resterons volontiers, puisque cela vous fait plaisir. Maugis dit alors au Sénéchal qu'il falloit fêter les messagers : il lui ordonna tout ce qu'il falloit préparer. — Seigneur, répondit le Sénéchal, ne vous inquiétez de rien : vous serez bien servis. Quand le repas fut prêt, Regnaut et ses frères emmenèrent les Chevaliers dans une salle à manger. Ils se lavèrent les mains : Maugis fit asseoir le Duc Naimes auprès de la Dame Claire, épouse de Regnaut : il fit ensuite placer l'Archevêque Turpin et Regnaut, puis Oger et Allard, ensuite Guichard, Estou et le petit Richard. Tout le repas étoit bien dirigé par bon ordre.

Quand ils eurent pris leur réfection, le Duc Naimes dit à Regnaut : Cousin, je vous prie de nous donner des réponses. — Seigneur, dit Regnaut, je ferai tant que le Roi sera content de nous, car je ferai ce qui lui plaira pour avoir la paix avec lui. Alors Regnaut fit apporter l'épée du Roi, sa Couronne, l'Aigle d'or et les épées des douze Pairs de France. Quand Oger vit cela, il se mit à rire, et dit : Par ma foi ! Regnaut, vous aviez un bon butin si vous l'eussiez gardé ! Richard, voyant que Regnaut vouloit rendre l'Aigle d'Or, lui dit :

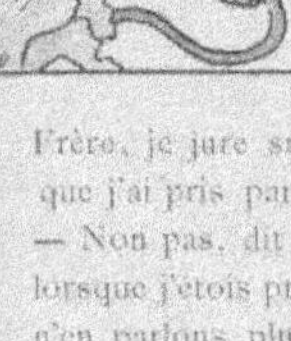

Frère, je jure sur ma foi que je dois à Dieu, qu'on ne rendra pas ce que j'ai pris par force d'armes. — Frère, dit Regnaut, laissez-moi faire. — Non pas, dit Richard, car le Roi m'a trop maltraité avec un bâton lorsque j'étois prisonnier en sa tente. — Seigneurs, dit le Duc Naimes, n'en parlons plus; prenons en gré tout ce que Regnaut nous donne, car il nous en fait assez. — Ma foi! dit l'Archevêque Turpin, c'est bien. Ils reprirent la Couronne du Roi et toutes leurs épées. Quand ils les eurent, Oger dit à Regnaut : Cousin, je vous conseille de venir avec nous : Maugis restera ici pour garder votre Château. — Seigneurs, dit Regnaut, je crains que le Roi ne me fasse mourir indignement. — Venez en toute sûreté, dit le Duc Naimes, car nous vous conduirons. — Seigneurs, dit Regnaut, sur votre assurance, j'obéirai à vos ordres. Regnaut étant donc convenu d'aller avec les messagers de Charlemagne, ils montèrent tous à cheval, et Regnaut se fit armer de pied en cap; aussi fit Allard. Quand Dame Claire vit que Regnaut vouloit s'en aller avec les messagers, elle vint au-devant d'eux, et s'agenouillant, elle leur dit : Seigneurs, je vous remercie de l'honneur que vous avez fait à Maugis; je vous supplie de rechef d'avoir mon mari en recommandation et de ne pas l'abandonner. Dame, dit Oger, ne craignez rien : Regnaut n'aura aucun mal. Ils passèrent la rivière au lieu de Balançon, et Oger commença à dire : Seigneurs, vous savez comme le Roi est vindicatif; je crains beaucoup pour ce pauvre Regnaut que nous avons amené. Il faut savoir la volonté de Charlemagne avant qu'il voie Regnaut. — Oger, lui dit le Duc Naimes, vous avez raison : nous irons avec vous, je parlerai au Roi et Regnaut nous attendra ici jusqu'à ce que nous soyons de retour. Regnaut leur dit : Je suivrai votre avis; mais je vous prie de ne pas manquer à ce que vous m'avez promis. — Ne craignez rien, lui dit le Duc Naimes. Oger et le Duc Naimes allèrent à l'armée de Charlemagne. Pour Regnaut, il demeura avec l'Archevêque Turpin et Estou.

Pinabelle (*), neveu de Charlemagne, étoit au gué de Balançon avec grande compagnie lorsque les susdits parlèrent ensemble. Quand il entendit toute la convention, il se déroba de la compagnie et s'en alla vers le Roi, auquel il dit : Sire, j'ai laissé Regnaut et Allard vers le gué de Balançon, avec l'Archevêque Turpin et Estou; mais le Duc Naimes et Oger viennent vers vous pour vous demander s'ils l'amèneront en assurance. — Ce que vous me dites est-il vrai? — Oui, Sire. Charlemagne, dans l'instant, aperçut Olivier, auquel il dit : Allez au gué de Balançon; vous y trouverez Regnaut

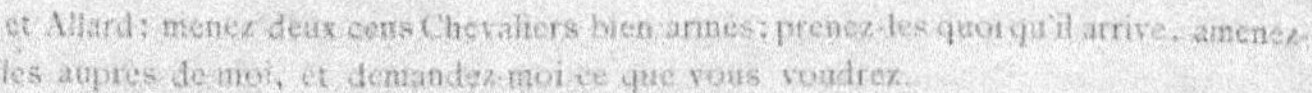

et Allard; menez deux cens Chevaliers bien armés; prenez-les quoi qu'il arrive, amenez-les auprès de moi, et demandez-moi ce que vous voudrez.

Pendant qu'Olivier étoit allé auprès de Balançon, le Duc Naimes et Oger arrivèrent devant la tente de Charlemagne, et ils y entrèrent aussitôt. Oger salua humblement le Roi, mais il ne lui répondit pas un seul mot. Quand Oger vit cela, il lui dit : Je suis surpris que vous nous montriez un si mauvais accueil, puisque nous venons d'obéir à vos ordres. — Oger, dit le Roi, où est Regnaut? Je suis certain que vous l'avez amené avec vous. — Sire, répondit Oger, il est vrai, nous l'avons amené sur notre foi pour prendre otages des trèves que vous lui avez données. — Par saint Denis! dit le Roi Charlemagne, je n'en ferai rien, car, si je puis le tenir, il périra. — Sire, dit le Duc Naimes, un Roi comme vous êtes ne devroit pas avoir dit telles paroles pour la moitié de son royaume. — Sire, dit Oger, au nom de Dieu, ne vous attirez point de blâme: si vous faites ce que vous venez de dire, je vous certifie que l'Archevêque Turpin, Estou et moi, vous en saurons mauvais gré, et sauverons Regnaut de toute notre puissance, puisque nous l'avons amené sur notre foi. — On verra, dit Charlemagne, comment vous l'aiderez! — Sire, dit Oger, si vous nous faites outrage ou déshonneur, nous vous rendrons la foi que nous vous devons et nous combattrons contre vous. Quand Olivier fut arrivé sur Balançon, il vit Regnaut qui étoit à pied, n'ayant pu monter sur Bayard. Quand Regnaut vit cela, il retourna vers l'Archevêque Turpin et vers Estou, et leur dit : Vassaux, je crois que vous m'avez trahi; je ne l'eusse jamais pensé, c'est mal agir. — Sire, dit l'Archevêque Turpin, je vous jure sur ma foi que nous ne savons rien de cela; je vous promets que nous vous défen-

drons de toute notre force. Regnaut dit ensuite à Olivier : C'est maintenant que vous pouvez me rendre la courtoisie que je vous ai faite, lorsque mon cousin Maugis vous abattit aux plaines de Vaucouleurs : car, quand vous fûtes à terre, je vous rendis votre cheval et vous aidai à monter. — Sire, dit Olivier, il est vrai : je vous promets que je suis bien fâché de vous avoir trouvé ici, et que je vous défendrai contre tous.

Cependant arriva Roland, qui étoit venu après Olivier pour lui aider à prendre Regnaut et son frère. Il commença à crier : Regnaut, vous êtes pris! Oger, qui l'avoit suivi à grande course, lui dit : Certainement, Roland, sur ma foi vous ne ferez aucun mal à Regnaut, car le Duc Naimes et moi l'avons amené sur notre foi et serment pour prendre les otages et trêves que nous lui avons donnés, de par le Roi, comme vous savez qu'il nous en avoit chargés. Je vous dis que si vous lui faites outrage, vous serez traître : par ma foi! si vous l'attaquez, nous l'aiderons. Lors Olivier dit à Roland : Je vous prie que vous laissiez Regnaut, car il m'a fait une courtoisie ; maintenant je la lui veux rendre. Si vous voulez me croire, nous le mènerons vers le Roi, et nous nous forcerons tous de faire son appointement. — Seigneur, lui dit le duc Naimes, Olivier parle honnêtement, car s'il nous fait passer pour traîtres, ce seroit une grande honte à lui et à nous ; s'il fait un outrage à Regnaut, nous ne le souffrirons pas.

Alors Roland et Olivier menèrent Regnaut au pavillon de Charlemagne. Mais le Duc Naimes, l'Archevêque Turpin et Eston n'abandonnèrent point Regnaut, et, quand Olivier voulut le présenter à Charlemagne, Oger s'avança et dit : Sire, vous savez que vous nous mandâtes, quatre qui sommes ici devant vous, à Montauban pour dire à Regnaut ce dont vous nous avez chargés ; et il a fait tout ce que nous lui avons dit de votre part, et qu'il n'auroit nul mal ; et vous l'avez fait prendre. Nous n'aurions pas pensé jamais à cela, vu que votre Couronne, nos épées, ainsi que votre Aigle d'or, vous l'aurez quand il vous plaira. Vous lui avez promis que vous ne lui feriez point de mal que vous ne nous en fassiez. Si vous ne tenez votre promesse, vous serez blâmé ; mais si vous voulez travailler honnêtement comme Seigneur, prenez garde que nous ne soyons blâmés. Envoyez Regnaut à Montauban avec ce qu'il nous a donné ; alors faites-lui tout ce que vous pourrez. — Oger, dit Charlemagne, vous parlez en vain et vos associés aussi : car je n'en ferai rien qu'à ma volonté, et, l'eussiez-vous juré, je n'en ferai pas de Regnaut comme de Maugis.

Quand il eut dit cela, il se tourna vers Regnaut et lui dit : Je vous tiens ; vous ne

m'enchanterez pas comme a fait Maugis, car je vous ferai brûler. — Sire, dit Oger, ne le faites pas. — Oger, dit le Roi, voulez-vous défendre mon ennemi contre moi? — Sire, que voulez-vous que je fasse? Vous m'avez appelé traître : sachez que je ne le suis pas, ni personne de ma famille, et je ne connois personne du monde qui, s'il disoit que je suis traître, je combattrois contre lui. — Par ma foi! dit Charlemagne, je vous le vais prouver par les armes. — Sire, dit Regnaut, parlez maintenant comme Roi : je vous donne mon gage et trouverai mon otage. Alors il dit à Oger, au duc Naimes, à l'Archevêque Turpin et Estou de vouloir bien le cautionner. — Regnaut, dit le Duc Naimes, nous vous cautionnerons bien volontiers. Regnaut dit alors : Sire, voici mes cautions, les acceptez-vous? — Oui, dit le Roi, je n'en demande plus. Regnaut dit ensuite : Qui voudra combattre contre moi? — Ce sera moi, lui répondit le Roi. — Mon oncle, dit Roland, non pas vous, s'il vous plaît; je le ferai. — Sire, dit Regnaut, mettez qui vous voudrez.

Bayard fut rendu à Regnaut qui s'en alla à Montauban, et avec lui Oger, le Duc Naimes, Estou et Allard. Toute la nuit, Regnaut et sa compagnie firent bonne chère à Montauban, et furent honorablement reçus par la Dame Claire. Lendemain ils entendirent la Messe et Regnaut se fit armer, dit adieu à Dame Claire, son épouse, et dit à ses frères : Je vous laisse le Château en garde et vous recommande ma femme et mes enfans, car je m'en vais combattre le meilleur Chevalier du monde. Je ne sais ce qu'il en arrivera : si je meurs, vous aurez besoin de ce Château; voici mes cautions qui viendront avec moi. — Par ma foi! dit Allard, nous irons avec vous, et nous verrons le combat, et comme votre bon droit sera gardé; car si vous avez besoin de secours, nous vous en donnerons. Regnaut dit à Maugis qu'il restât au Château, et qu'il lui recommandoit toutes choses. Ils se mirent ensuite en chemin et arrivèrent au pied de Montfaucon, lieu destiné pour le combat.

XXIII
Comme Regnaut combattit contre Roland, et comme Maugis emporta le Roi tout endormi à Montauban dessus Bayard.

Quand Roland vit le jour, il se leva et alla entendre la Messe; puis il se fit armer et monta à cheval. Alors Charlemagne lui dit : Mon neveu, je vous recommande à Dieu, qu'il vous ait en sa garde, et veuille vous garder de mort et de prison, car vous savez que Regnaut a raison, et nous avons tort; ainsi je ne voudrois pas, pour la moitié de mon Royaume, qu'il vous en arrivât aucun mal. — Sire, dit Roland, votre repentir est trop tard : puisque vous saviez avoir tort, vous

ne deviez pas accepter la bataille; mais puisque la chose est si avancée, je ne puis la laisser sans que ce ne soit à mon grand deshonneur. Or que Dieu m'ait en sa bonne et sainte garde par sa divine miséricorde!

Roland trouva Regnaut qui l'attendoit, auquel il cria : Regnaut, vous avez affaire ce jourd'hui à moi! Regnaut lui dit : Roland, il n'appartient pas à tel Chevalier que vous de menacer; voulez-vous la paix ou la bataille? — Vous l'aurez, Regnaut, dit-il; je ne suis pas venu ici pour la paix; méfiez-vous de moi, vous en serez mieux. — Prenez aussi garde à moi, dit Regnaut, car aujourd'hui j'abaisserai votre orgueil. Alors ils piquèrent leurs chevaux et se donnèrent de si grands coups qu'ils brisèrent leurs lances, et s'entre-heurtèrent si rudement sur leurs écus qu'il fallut que Regnaut tombât à terre, la selle entre les deux cuisses. Regnaut abandonna les étriers; il se releva promptement et monta sur Bayard sans selle; il courut contre Roland, et lui donna un si grand coup d'épée que Roland s'en sentit fort blessé, lequel mit la main à son épée et courut contre Regnaut. Le combat commença terrible entre eux, car ils se déchirèrent leurs hauberts en plus de mille pièces, tant que les Barons qui les regardoient eurent grande pitié d'eux.

Quand le Duc Naimes eut longtemps regardé le combat, il s'écria : Ah! Charlemagne, maudit soit de votre cruauté! car par votre haine vous causez la mort des deux meilleurs Chevaliers du monde, et vous pourrez en avoir affaire un jour. Regnaut, voyant qu'aucun ne pouvoit gagner, dit à Roland : Si vous voulez m'en croire, nous combattrons à pied afin de ne pas tuer nos chevaux, car nous n'en pourrions trouver jamais d'aussi bons. — Vous avez raison, dit Roland. Quand ils furent descendus, ils coururent l'un contre l'autre comme deux lions. Roland, voyant qu'il ne pouvoit vaincre Regnaut, courut contre lui et l'empoigna, et Regnaut lui demanda la lutte. Ils se tournèrent longtemps et ne purent se faire tomber ni l'un ni l'autre. Voyant qu'ils ne pouvoient se renverser, ils se laissèrent aller et se reculèrent pour respirer. Ils étoient déjà bien fatigués ; leurs écus, hauberts et casques

étoient tous brisés; où ils s'étoient combattus, la terre étoit aussi foulée comme si l'on eût battu du blé.

Charlemagne, voyant que l'un ne pouvoit pas gagner l'autre, et que tous les deux étoient très mal en ordre, eut peur pour Roland. Il se mit à genoux, éleva les mains au ciel, et dit en pleurant : Grand Dieu, qui créâtes le monde, la mer, le ciel et la terre; qui délivrâtes la grande sainte Marguerite des dents de l'horrible Dragon, et Jonas du ventre de la Baleine, je vous prie de vouloir bien délivrer mon neveu Roland, et faire cesser la bataille. Daignez m'inspirer de quelle manière il faut agir pour l'un et pour l'auter.

Les frères de Regnaut, le voyant ainsi fatigué, eurent grande peur pour sa personne. Ils se mirent à prier Notre-Seigneur de vouloir préserver leur frère de mort et de prison. Notre-Seigneur, à la prière du Roi, fit voir un beau miracle, car il fit paraître une si grande nuée que l'un ne pouvoit voir l'autre. Roland dit alors à Regnaut : Où êtes-vous allé? Certainement ou il est nuit, ou je ne vois rien. — Sûrement, dit Regnaut, ni moi aussi. — Regnaut, dit Roland, je vous prie que vous me fassiez une courtoisie, une autre fois j'en ferai bien autant pour vous si vous vouliez me le demander. Alors Regnaut lui repondit : Je le veux, mon honneur sauvé. — Grand merci, dit Roland, de votre bonne volonté : sachez que la chose que j'exige de vous, est que vous me conduisiez à Montauban. — Roland, dit Regnaut, si vous voulez le faire, j'en serai content. — J'irai, sur ma foi! dit Roland. — Sire, lui dit Regnaut, que Dieu vous rende l'honneur que vous me faites! car je ne l'ai pas desservi envers vous. Roland, après avoir dit cela, recouvra la vue et vit aussi clair qu'auparavant. Il aperçut Mellenaie, son cheval, et monta dessus; pareillement Regnaut sur Bayard. Le Roi voyant cela fut très surpris, et se mit à crier : Seigneurs, regardez! Je ne sais ce que tout cela veut dire, car Regnaut emmène Roland; on verra si vous le laisserez emmener.

Quand les Barons de France entendirent le Roi parler ainsi, ils coururent tous après Regnaut. Charlemagne les suivit jusqu'aux portes de Montauban, et commença à crier, à haute voix : Regnaut, ce que vous avez fait ne vous vaudra rien; tant que je vivrai, vous n'aurez pas la paix. Il s'en retourna à son armée vers Montauban. Ses gens, le voyant venir, allérent au-devant, et lui dirent : Sire, qu'avez-vous fait de Roland? — Seigneurs, dit le Roi, il est allé à Montauban. Je vous commande à tous, qu'incontinent et sans retard, mon siège soit transporté tout à fait auprès de Montauban : Olivier portera l'Oriflamme, et Richard de Normandie conduira notre armée. Il eut à peine ordonné que chacun, sans le contredire, se mit en devoir de démonter les tentes pour camper devant Montauban.

Toute l'armée décampa. Richard de Normandie vint auprès du gué de Balançon avec dix mille combattans pour garder le passage jusqu'à ce que l'armée fût passée. Cependant le Roi étoit allé devant pour savoir où il poseroit le siege. Quand l'armée fut arrivée devant Montauban, le Roi fit aussitôt dresser sa tente au-devant de la porte.

Quand l'armée fut campée, celui qui faisoit le guet sur la Tour s'en vint vers Maugis, et lui dit : Sachez que le Roi est arrivé avec son armée et l'a fait camper devant la grande porte. — Ne vous inquietez pas, dit Maugis; il cherche sa perte, il la trouvera plus tôt qu'il ne pense. Il conta à Regnaut comme le Roi étoit venu camper son armée auprès de Montauban. Il dit a Maugis : Cousin, je vous prie de faire bon guet cette nuit, car nous sommes exposés.

Après que tout fut couché, Maugis s'en alla dans l'écurie, détacha Bayard, monta dessus, sortit de Montauban, alla à la tente du Roi qu'il charma, ainsi que tous ceux de l'armée. Il vint vers le Roi; il le prit ensuite, le mit sur Bayard, puis il l'emmena dedans Montauban et le coucha dans son lit. Il alluma un flambeau qu'il mit au milieu de la chambre de Regnaut, auquel il dit : Cousin, que donneriez-vous à qui mettroit le Roi entre vos mains? — Par ma foi! repondit-il, il n'y a rien que je ne donnasse si l'on me l'amenoit ici. — Cousin, dit Maugis, me promettez-vous qu'il ne souffrira aucun mal, et je vous le ferai voir? — Je vous le jure. Alors Maugis le mena dans sa chambre, et il vit le Roi qui dormoit. Maugis dit à Regnaut de le bien garder. Il quitta Regnaut, prit une écharpe et un bourdon et sortit de Montauban,

XXIV

Comme Maugis, pour sauver son âme, s'en alla rendre en un ermitage, où il vécut très longtemps en pauvreté.

QUAND Maugis eut rendu Charlemagne prisonnier à son cousin Regnaut, il s'en alla de Montauban, sans le dire à personne du Château, sinon au Portier. Ledit Maugis marcha tant qu'il arriva à Dordonne, et passa la rivière. Quand il fut tout à fait passé, il se mit dans un bois épais et marcha jusqu'à l'heure de None. Ensuite il regarda au loin et aperçut un ermitage fort ancien. Il s'en alla dans ce lieu, et le trouva fort agréable, car il y avoit devant la porte une belle fontaine. Maugis entra dans la Chapelle et se mit à genoux; il adressa son humble prière à Notre-Seigneur, le priant de lui pardonner ses péchés. Comme il étoit fervent dans ses prières, il fit vœu de passer dans ce lieu le reste de ses jours, pour y servir Dieu. Il résolut de ne vivre que de racines. Alors il pria Dieu qu'il lui plût que Regnaut et ses frères pussent avoir la paix avec Charlemagne, et qu'il mourroit content s'il apprenoit cela. Il résolut de faire pénitence des maux qu'il avoit faits au temps passé, pour venger la mort du Duc Beuves, son père, un des vaillans Chevaliers, parce qu'il avoit été tué par la trahison de Ganelon.

XXV

Comme Charlemagne, dépité du tour de Maugis, qui l'avoit si bien fait dormir, ne put oublier cette injure, au point qu'étant mis en liberté par Regnaut, il réduisit bientôt à la famine le Château de Montauban.

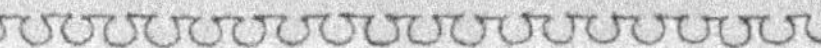

Alors Regnaut appela ses frères, et leur dit : Dites-moi ce que nous ferons du Roi que nous tenons en nos mains? Vous savez qu'il nous a longtemps endommagés et fait plusieurs maux; ainsi il me semble que nous devons nous venger de lui, puisque nous le tenons. — Sire, dit Richard, je ne sais ce que vous ferez, mais, si vous m'en croyez, il sera bientôt pendu, car après sa mort, il n'y aura personne en France qui ose nous attaquer. Regnaut baissa la tête et se mit à méditer en lui-même sérieusement. Richard lui demanda à quoi il pensoit? Pensez-vous qui en fera l'office? Je le ferai bien, et dès à présent, si vous voulez me le livrer. Regnaut leva la tête, et dit : Mes frères, vous savez que le Roi est notre souverain Seigneur, et d'ailleurs vous voyez comment Roland, le Duc Naimes, Oger, l'Archevêque Turpin et Estou sont ici pour faire notre appointement. Ils connoissent bien que nous avons le droit; et conséquemment, si nous le tuons à droit ou à tort, chacun nous en voudra, et tant que nous vivrons, nous aurons guerre. Allard lui dit alors : Frère, vous parlez avec prudence; mais si nous ne pouvons avoir la paix avec lui, il me semble que nous la lui devons demander une fois pour tout, et s'il la donne, Dieu soit loué! et s'il nous la refuse, gardons-le sans le faire mourir, de telle manière qu'il ne puisse pas nous faire de mal. — Seigneurs, dit Richard, nous avons un bon chef en notre frère Regnaut; laissons-le, et faisons ce qu'il dira.

Ils laissèrent le Roi endormi, et s'en furent dans la chambre de Roland. Regnaut commença à dire : Roland, levez-vous, je vous prie; envoyez chercher Oger, l'Archevêque Turpin, et tous les autres qui sont ici, car je vous dirai une chose. Roland, voyant venir Regnaut à cette heure, fut bien surpris; néanmoins il envoya chercher tous ses gens. Quand ils furent arrivés, Regnaut leur dit : Seigneurs, vous êtes mes amis. Vous devez savoir que j'ai ici un prisonnier par lequel je puis avoir la paix, et aussi tout mon héritage. — Regnaut, dit Roland, je vous prie de me dire qui il est, et comme vous l'avez amené ici? — C'est Charlemagne, notre Roi. — L'avez-vous pris par force d'armes? — Non, sûrement, dit Regnaut. — Dites-moi, je vous prie, comment cela s'est fait cette nuit? — Sachez, dit Regnaut, que je ne sais comment Maugis a travaillé, car il l'a apporté ici, et l'a couché dans un lit en sa chambre, où il s'est endormi. — Seigneurs, dit le Duc Naimes, comment se peut-il faire que Maugis ait pris le Roi?

vous savez qu'il se fait garder nuit et jour. Tout se fait par Dieu, par amitié pour Regnaut; car désormais la guerre sera terminée, dont je remercie Notre-Seigneur, car plusieurs Chevaliers sont morts.

Roland et les autres Chevaliers s'en allèrent ensuite dans la chambre où le Roi dormoit si fort qu'on ne pouvoit l'éveiller. Quand les Barons virent le Roi endormi, ils furent bien surpris, et Roland parla le premier, et dit : Regnaut, où est Maugis qui a si bien exploité? Je vous prie de le faire venir afin qu'il l'éveille, et étant éveillé, nous irons tous à ses pieds pour lui crier merci, et je vous prie de ne plus l'outrager en paroles. — Par ma foi! dit Regnaut, j'aimerois mieux mourir enragé que de dire des injures au Roi; mais je lui proposerai mes frères et moi pour obéir à ses ordres; je le prierai qu'il lui plaise de nous accorder la paix. Je m'en vais chercher Maugis pour venir avec moi.

Il le chercha trop longtemps et ne put point le trouver, dont il fut bien irrité. Lorsque le Portier apprit qu'il cherchoit Maugis, il lui dit : Sire, sachez qu'il s'en est allé cette nuit vêtu avec de pauvres haillons. Il m'a prié de lui ouvrir la porte et est parti; je ne l'ai pas vu depuis. Regnaut connut bien alors que Maugis s'en étoit allé parce qu'il ne vouloit plus essuyer le courroux du Roi. Il commença à pleurer, puis il s'en retourna auprès des barons et leur raconta comment Maugis s'en étoit allé, et Richard leur dit : Ah! cousin, que ferons-nous désormais, puisque nous vous avons perdu? Nous pouvons dire que nous sommes vaincus, car vous étiez notre espérance. Il n'y a pas longtemps que je serois mort honteusement si ce n'eût été vous. Si vous avez enduré des peines et encouru la disgrâce du Roi, ce n'est que par amitié pour nous. Alors il grinça les dents de colère, mit la main à l'épée, et voulut tuer le Roi. Mais Roland l'en empêcha, et Oger et Naimes lui dirent : O Richard, ce seroit bien mal agir que de tuer un homme qui dort; et d'autre part, s'il plaît à Dieu, avant que nous partions d'ici nous mettrons tout à bonne paix. Naimes dit : Sei-

gneurs, nous avons grand tort de nous chagriner, car toute notre tristesse ne peut nous apporter aucun bénéfice; et je vous prie, en conséquence, que vous vouliez vous apaiser, et que nous commencions à parler de votre paix qu'il faudra faire avec Charlemagne, afin que l'on mette fin à cette guerre qui a duré si longtemps. Mais je m'étonne comment nous pourrons lui parler sans avoir Maugis, car nous ne pouvons l'éveiller, et, si Dieu n'y remédie, nous ne lui parlerons pas.

Comme les Barons parloient ensemble, l'enchantement passa; mais ils ne firent pas attention que le Roi étoit éveillé. Il se leva tout debout et commença à regarder autour de lui, et fut surpris quand il reconnut qu'il étoit au Château de Montauban entre les mains de Regnaut. Il fut fort fâché, et devint si furieux que tous ceux qui étoient là crurent qu'il étoit devenu fou. Quand il fut tout à fait éveillé, il connut bien ce qu'avoit fait Maugis, et jura que tant qu'il vivroit paix ne seroit tant qu'il seroit dans Montauban, jusqu'à ce qu'on lui eût délivré Maugis pour en faire à sa volonté. Richard lui dit : Comment diable! Sire Roi, pensez-vous parler ainsi? Vous savez que vous êtes notre prisonnier et vous nous menacez encore ! Si ce n'étoit que j'ai promis que je ne vous ferois pas de mal, je vous trancherois la tête. Regnaut dit : Laissons dire au Roi sa volonté; demandons lui grâce, et prions-le qu'il apaise son courroux, car la guerre a trop longtemps duré. Regnaut, par sa sagesse, apaisa ainsi ses frères, puis leur dit : Vous viendrez, s'il vous plaît, avec moi demander la paix à notre Seigneur Charlemagne. — Regnaut, dit Allard, nous ferons ce qu'il vous plaira. Naimes dit : C'est agir avec prudence et tout nous réussira en agissant ainsi.

Regnaut et ses frères, Roland, Olivier, Oger, le Duc Naimes, l'Archevêque Turpin et tous s'agenouillèrent semblablement. Regnaut dit à Charlemagne : Grand Monarque, ayez pitié de nous, au nom de Dieu, car mes frères et moi nous nous rendons à vous pour vous servir moyennant nos vies sauves, et alors nous ferons tout ce qu'il vous plaira ordonner. Qu'il vous plaise faire la paix avec nous, et s'il ne vous plaît me pardonner, je vous prie en grâce de pardonner à mes frères, de leur rendre leurs héri-

tages, et je vous donnerai Montauban et Bayard. Charlemagne dit : Si tout le monde m'en parloit n'en ferois-je rien, si je n'ai Maugis pour le faire mourir. — Hélas, dit Regnaut, je me laisserois plutôt pendre que de consentir à la mort de mon cousin Maugis; il ne nous a jamais desservi, au contraire; il mérite plutôt d'être notre maître. — Regnaut, dit le Roi, ne croyez pas que malgré que je sois votre prisonnier je fasse aucune chose contre ma volonté. — Sire, je me veux humilier devant vous; j'aime mieux que vous soyez en tort que nous. Dites-moi, je vous prie, comment je vous rendrois Maugis! notre vie, notre secours et notre espoir en tous lieux. Ainsi, Sire, je vous dis que si vous aviez mes frères dans vos prisons et que vous les voulussiez faire pendre, quand je tiendrois Maugis et qu'il seroit en mon pouvoir, je ne vous le donnerois pas pour racheter mes frères, et je vous jure que je ne sais où il est allé. — Ah! dit le Roi, que Dieu le maudisse! car je suis sûr qu'il est ici. — Non, lui dit Regnaut, ma foi!

Alors Regnaut se tourna devers Roland et les autres Barons, et leur dit : Seigneurs, pour l'amour de Dieu, priez le Roi qu'il veuille prendre pitié de mes frères et de moi, afin que nous puissions aller en France. Le Duc Naimes, qui étoit alors à genoux, ayant entendu ce que Regnaut avoit dit, dit au Roi : Sire, il me semble que vous pourriez accepter l'offre que Regnaut vous fait, avant qu'il n'en arrive un plus grand mal, car tous ceux de votre Cour en seroient bien contens. Charlemagne jura par saint Denis qu'il n'en feroit rien s'il n'avoit Maugis pour en faire à sa volonté. Quand Regnaut entendit ces paroles, il se releva aussitôt tout indigné. Ses frères et les Barons se relevèrent aussi. Alors il parla à Roland, et lui dit : Sire Roland, et vous tous Barons de France, je veux bien que le Roi soit instruit de ma volonté, et je lui dirai devant vous. Sachez, puisque je ne puis trouver grâce auprès de lui, je vous prie de ne pas me blâmer dorénavant si je demande mon droit; car je l'ai prié en toute manière, comme loyal Chevalier doit faire. Il se tourna du côté du Roi, et lui dit : Sire, vous pouvez partir quand bon vous semblera, car je vous promets de ne vous faire aucun mal, parce que vous êtes mon souverain Seigneur; quand il plaira à Dieu, nous aurons la paix avec vous.

Tous les Barons de France s'étonnèrent de la grande franchise de Regnaut. Le Duc Naimes dit alors : Dieu! avez-vous entendu la grande humilité de notre Chevalier Regnaut? Richard lui dit : Frère, que voulez-vous faire? Quoique nous tenions ce méchant Roi sous notre puissance, et que sa vie soit entre nos mains, il a un si grand orgueil qu'il ne veut rien faire de ce qu'on lui conseille; il nous menace encore plus fort. Et vous voulez qu'il s'en aille! Nous en souffrirons : car s'il nous tenoit comme nous le tenons, tout l'or du monde ne suffiroit pas pour empêcher qu'il ne nous fit périr honteusement. Je vous dis que vous faites une grande folie de le laisser aller; car si vous vouliez, vous pourriez maintenant avoir la paix : il semble que vous ne cherchez que notre mort! Quand il ouït parler son frère, il lui dit, irrité : Tais-toi, mauvais garçon, que Dieu te punisse! car il s'en ira malgré vous, et la paix que vous désirez ne sera faite que quand il plaira à Dieu.

Il appela alors un de ses Gentilshommes, et lui dit : Partez incontinent et me faites amener mon bon cheval Bayard, car je veux que mon souverain Seigneur s'en aille dessus jusques à son armée. Richard, ayant entendu cela, s'en alla très irrité. Cependant le Gentilhomme amena Bayard, et Regnaut le présenta à Charlemagne, et lui dit : Sire, allez-vous-en quand il vous plaira. Il monta sur Bayard et sortit de Montauban pour retourner auprès de ses gens. Regnaut le conduisit jusqu'à la porte de la ville.

Quand les François le virent revenir, ils furent tous bien contens. Ils lui demandèrent comment il s'en étoit allé, et s'il avoit accordé la paix. — Seigneurs, assez bien, Dieu merci! mais je n'ai pas voulu faire la paix, et tant que je vivrai elle ne se fera pas. — Sire, demanda un de ses Barons, comment Bayard vous a-t-il été délivré? — Ma foi! Regnaut me l'a livré à ma volonté, malgré ses autres frères. — Sire, lui dirent les Barons, n'avez-vous pas vu Roland, Olivier, le Duc Naimes, Oger,

l'Archevêque Turpin et Estou? — Oui, sûrement : mais ils m'ont tous abandonné par amitié pour Regnaut, et si je puis les tenir, je leur montrerai qu'ils ont mal fait.

Il fit remener Bayard à Regnaut, qui le voyant ramené, dit à Roland et à ceux qui l'accompagnoient : Seigneurs, je vois que vous êtes dans les mauvaises grâces du Roi par amitié pour moi ; ainsi, Seigneurs, je vous quitte de toutes les querelles que je pourrois avoir sur vous ; vous pouvez vous en aller quand il vous plaira. Alors les Barons s'en retournèrent à l'armée du Roi, et lui dirent : Sire, nous venons vous demander grâce, vous priant de vouloir apaiser votre colère contre nous. Puisque la paix ne vous est pas agréable, nous avons abandonné Regnaut et ses frères, et ils ne seront jamais secourus par nous tant que nous vivrons. — Seigneurs, dit le Roi, je vous pardonne et vous prie d'une chose : c'est que nous allions attaquer Montauban, tant de jour que de nuit, car je suis assuré qu'ils n'ont guère de vivres ; le passage est serré de si près que personne ne peut entrer ni sortir pour leur procurer des vivres, et ils seront bientôt affamés ; et, ce qui est pire, ils ont perdu le traître Maugis qui faisoit lui seul toute leur espérance : ainsi je suis décidé à ne jamais lever le siège que je ne les aie à ma volonté.

Alors le Duc Naimes se leva, et lui dit : Sire, vous dites que ceux de Montauban n'ont plus de vivres, et que vous ne lèverez pas le siège que vous ne les ayez affamés. Je vous assure que vous y serez bien longtemps. Sire, je vous supplie de vous en rapporter à mon avis, s'il est bon. Faites d'abord attention à la politesse que Regnaut vous a faite, car, si ce n'eût été lui, personne au monde n'auroit pu empêcher que Richard, son frère, ne vous eût tranché la tête ; de plus, pensez à la grande humilité dont il s'est toujours servi ; à la confiance qu'il eut en vous, quand il vous donna son cheval qui n'a pas de pareil au monde. Si vous réfléchissez bien à tout, vous verrez que jamais homme ne vous fit tant de courtoisie que lui : et d'ailleurs, c'est qu'ils sont tous, comme l'on sait, vaillans Chevaliers. Je vous jure, Sire, sur tous les Saints, qu'avant que vous preniez Montauban, ses gens vous feront tant de mal que vous vous en souviendrez. De plus, vous devez considérer que nous ravageons les champs, et que vous dépensez votre argent. Il seroit mieux que vous l'employassiez à faire la guerre contre les Sarrasins que de l'employer contre les quatre fils Aymon, car les Sarrasins sont maintenant en repos et en grande joie à l'occasion de cette guerre, car si la guerre leur manque, nous l'aurons à soutenir, et elle est si cruelle et si terrible qu'il y est mort plusieurs nobles et vaillans Chevaliers.

Charlemagne fut bien étonné quand il entendit le Duc Naimes lui parler ainsi. Tout son sang lui frémit dans les veines, et il devint pâle tant il étoit transporté de colère. Il se mit à regarder Naimes de travers, et lui dit par dépit : Duc Naimes, par la foi que je dois à mon Dieu, s'il y a personne assez hardi pour me parler jamais de faire la

paix avec les frères Aymon, je lui ôte mon amitié, car je suis résolu de n'en rien faire, telle personne qui puisse m'en parler. Je les prendrai, quoi qu'il m'en coûte, ou jamais d'ici je ne pars. Quand les Barons l'entendirent parler si fièrement, ils en furent bien surpris, et ne dirent rien davantage. Quand Oger vit que les Barons n'osoient plus parler de cette affaire, il dit au Roi : Maudit soit le moment où Regnaut empêcha de vous trancher la tête! car vous ne les menaceriez plus. Le Roi ayant entendu ce qu'Oger lui disoit, baissa la tête, et dit ensuite : Barons, j'ordonne expressément que chacun se mette en armes, car je veux, dès cette heure, que l'on fasse le siège de Montauban. Ses ordres furent aussitôt exécutés. Quand ils furent prêts, ils vinrent en bon ordre, avec des échelles et marteaux, pour renverser les murailles. Ils se présentèrent devant le Roi pour remplir ses ordres. Quand il les vit si bien préparés, il leur commanda d'aller attaquer Montauban. Regnaut, voyant les ennemis, appela son frère Allard, et lui dit : Frère, je vous prie que vous preniez mon cor et en sonniez hautement pour que nos gens s'arment, car voici les François qui viennent nous attaquer. Ce qu'il fit. Lorsque ceux du Château l'entendirent, ils en furent bien étonnés, et sans faire une longue demeure, ils s'armèrent et se mirent en défense sur les murailles. Les François arrivèrent et se jetèrent dans les fossés. Alors ils dressèrent leurs échelles contre les murailles; mais ceux du dedans se défendirent bien vaillamment, et détruisirent beaucoup de François, car Regnaut et ses frères se défendirent si bien qu'on ne pouvoit soutenir leurs coups. Ceux de Montauban firent une telle résistance qu'ils firent tomber ceux qui étoient sur les échelles.

Quand le Roi vit cela, il connut bien qu'il ne pouvoit pas prendre Montauban par force. Il fit sonner la retraite. Les François n'en furent pas fâchés, et le Roi perdit beaucoup de Chevaliers, dont il regretta la perte bien du temps après. Quand les François furent retirés, le Roi jura que jamais il ne partiroit de devant Montauban qu'il ne l'eût affamé. Alors il ordonna qu'on mît à chaque porte deux cens Chevaliers pour empêcher d'en sortir. Regnaut, voyant cela, se mit à genoux, et élevant les deux mains vers le ciel, il dit : O mon Dieu! qui souffrîtes en Croix la mort et Passion, je vous supplie de permettre que nous ayons paix avec

le Roi. Quand Richard ouït la prière de son frère, il lui dit : Si vous m'eussiez cru, nous serions maintenant en paix, et Charlemagne eût été bien heureux de l'accorder pour sauver sa vie. Vous savez que notre cousin nous l'avoit rendu prisonnier ici dans l'intention d'obtenir la paix avec lui ; mais vous n'avez rien voulu entendre, et je vous promets qu'il ne nous vaudra rien.

Charlemagne tint pendant si longtemps Montauban assiégé, que les habitans manquoient presque de vivres, car celui qui pouvoit avoir un peu de pain étoit contraint de le cacher, parce qu'on n'en pouvoit avoir ni pour or, ni pour argent; tellement qu'ils mouroient de faim dans les rues, et l'un cachoit la viande à l'autre, le père à l'enfant, et le fils à la mère. Regnaut fut contraint de faire construire un charnier pour enterrer les morts.

Richard, voyant son frère Regnaut en grand chagrin, lui dit : Frère, cela va bien mal; il eût mieux valu tuer le Roi, et nous ne serions pas en si grande pauvreté. Il se mit ensuite à pleurer en disant : Hélas! je devrois me plaindre moi-même plutôt que de plaindre les autres, puisqu'il faut absolument périr comme le dernier. Mon très cher cousin Maugis, qu'êtes-vous devenu? Vous nous manquez au besoin et si vous étiez ici nous ne craindrions pas le Roi, ni la mort. Je sais bien que vous trouveriez encore assez de viande pour nous nourrir. Hélas! il faut que nous mourions de faim, car le Roi nous déteste plus que les païens et Sarrasins ; il ne faut pas attendre qu'il ait pitié de nous, car c'est le plus cruel des Rois.

Charlemagne fut informé par un de ses gens que la famine étoit très grande

dans Montauban. Il en fut bien satisfait, et fit assembler tous les Barons, et leur dit : Seigneurs, les gens de Montauban se rendront malgré leurs dents, car la plupart sont déjà morts de faim. Je veux que Regnaut soit pendu, et ses frères aussi; mais avant je veux que son frère Richard soit traîné par un roussin, et je défends à qui que ce soit d'aller contre ma volonté, et de me rien représenter. Quand le Duc Naimes, Roland, Olivier, l'Archevêque Turpin et Estou entendirent le Roi parler ainsi, ils furent très mécontens par amitié pour Regnaut ainsi que pour ses frères; ils baissèrent la tête sans dire un seul mot, crainte d'encourir sa disgrâce.

Pendant le temps que Charlemagne faisoit le siège de Montauban, en persécutant les quatre fils Aymon, leur père étoit du parti du Roi faisant guerre contre ses enfans. Il en fut courroucé, car il savoit bien que si ses enfans mouroient il n'auroit jamais joie. Quoiqu'il leur fît la guerre, il ne les en aimoit pas moins tendrement, car un bon sang ne peut se démentir. Ainsi il ne put s'empêcher de dire au Roi : Sire, je vous prie d'agir avec mes enfans selon la droiture, car je les aimerai toujours; ce sont mes chers enfans. — Je ne veux rien entendre, dit le Roi, car Regnaut a tué mon neveu que je chérissois. Il vit ensuite que les Barons se parloient l'un à l'autre; il leur dit : Seigneurs, laissez-le murmurer, car je vous jure, sur ma foi, que je ne les quitterai pas pour un homme du monde, et ferai à ma volonté; pour quoi je vous ordonne que chacun de vous fasse des engins pour abattre cette Tour ainsi que le reste. Par ce moyen nous les rendrons tous bien étonnés. Pour vous, mon cher Roland, vous en ferez sept, Olivier en fera six, le Duc Naimes en fera quatre, l'Archevêque Turpin et Oger encore quatre, et vous, Duc Aymon, vous en ferez trois. — Grand Dieu! répondit le Duc Aymon, comment pourrai-je faire cela? Sire, vous savez que ce sont mes enfans et non des coquins; ce sont de vaillans Chevaliers, et je vous promets que si je les voyois périr, j'en mourrois aussi de douleur. Quand le Roi entendit ainsi parler le Duc Aymon, il en fut fort courroucé, et se mit à ronger un bâton qu'il tenoit à la main; puis il dit : S'il y a quelqu'un qui ne fasse pas ma volonté, je lui tranche la tête avec mon épée. — Sire, dit le Duc Naimes, ne vous irritez point, car ce que vous avez commandé sera fait dès à présent. Alors les Barons furent faire des engins, comme le Roi leur avoit commandé. Ils furent promptement travaillés : c'étoient des engins pour jeter grand nombre de pierres. On les éleva contre le Château; ils l'endommagèrent considérablement. Il s'éleva un cri général dans tout le Château, chacun s'alloit cacher où il pouvoit. Ceux de Montauban souffrirent cette perplexité jusqu'à ce qu'ils n'eurent plus à manger.

Regnaut, voyant une telle extrémité, dit : O mon Dieu! que pourrai-je faire? Je vois bien que nous ne pouvons plus résister, car je ne sais où prendre des vivres. Ah! grand Dieu! où est Maugis? que ne sait-il mon affaire! Dame Claire, entendant Regnaut, lui dit : Mon cher ami, vous avez tort de vous alarmer; c'est

le moyen de nous décourager tous: et de plus, il y a encore plus de cent chevaux ici : je vous prie d'en faire tuer un, et nous le mangerons. Puis elle tomba pâmée aux pieds de Regnaut, en grande foiblesse. Regnaut la releva et la tint dans ses bras. Quand elle fut revenue, elle dit en pleurant : Hélas ! Vierge Marie, le cœur me manque, tant je sens le besoin. Mes chers enfans, je n'aurois jamais pensé que vous seriez morts de faim !

Regnaut fit tuer un cheval qu'il fit accommoder pour en donner à ses gens. Tous les chevaux qui étoient dans Montauban furent mangés l'un après l'autre, excepté quatre, savoir : Bayard, avec les chevaux de ses trois frères. Quand il n'y eut plus rien à manger, Regnaut dit à ses frères : Que ferons-nous? Il n'y a plus rien à manger que nos quatre chevaux : faisons-en tuer un afin que nos gens mangent. Richard dit : Ce ne sera pas le mien : et si vous avez envie de manger, faites tuer le vôtre, car vous n'aurez pas le mien, et si vous avez besoin, vous le méritez bien : par votre orgueil nous sommes en cet état, parce que vous avez laissé aller Charlemagne ; et si vous m'eussiez cru, nous ne serions pas en cette misère. Le petit Aymon vint ensuite, et dit à Richard en cette manière : Mon oncle, tout ce qu'on ne peut faire, on doit le passer du mieux que l'on peut : il ne faut jamais répéter le passé ; mais faites ce que mon père vous commande : s'il a manqué à son attente, il la paie sûrement cher. Richard entendant son neveu parler si sagement, en eut pitié, et dit à Regnaut : Faites tuer mon cheval quand il vous plaira; donnez-en manger à Madame votre épouse et à mes petits neveux, car mon neveu Aymon que voici mérite bien à manger pour le bon conseil qu'il m'a donné. — Frère, dit Allard, faites tuer celui que vous voudrez, excepté Bayard; car celui-ci ne mourra point, et ce seroit grand dommage; je vous jure que j'aimerois mieux mourir que Bayard fût détruit. — Frère, dit Richard, vous avez raison. Alors on fit tuer le cheval de Richard, et on le mangea.

Regnaut, voyant qu'il n'y avoit plus rien à manger, étoit plus fâché pour ses frères et sa femme que pour lui-même. Alors il dit : Je suis perdu sans ressource. Il eût mieux valu croire mon frère, et je ne serois pas dans la misère où je suis. Je vois bien que Charlemagne a tant machiné qu'il m'a pris dans ses filets, et je n'en puis échapper. Je sais que je ne dois m'en prendre à personne, car c'est moi qui ai fourni des armes contre moi; mon repentir est trop tardif. Mais Richard dit à son frère : Que ferons-nous? Il faut nous rendre, puisque nous ne savons plus quoi faire. Regnaut lui dit : Frère, nous rendrons-nous au plus méchant Roi du monde? Mangeons plutôt non seulement mon cheval Bayard, mais mes propres enfans pour résister plus longtemps, en attendant quelque secours ou moyen de répit; car j'ai entendu dire qu'un jour de répit vaut beaucoup. — Frère, dit Allard, je suis d'avis que nous mangions Bayard avant, qui nous a tant de fois gardés de mort. Regnaut dit : Frère, voulez-vous manger Bayard, qui est le meilleur cheval du monde? Je vous prie, avant de le faire mourir, de m'ôter la vie à moi-même, car je ne pourrois pas voir un spectacle aussi triste. Quand vous m'aurez tué, vous pourrez tuer Bayard; et si vous ne le faites pas, je vous défendrai autant que vous m'aimez : ne le touchez pas, car qui mal lui fera, me le fera. Quand la Duchesse l'entendit ainsi parler, elle ne sut que faire, et dit avec regret : Ah! gentil Duc débonnaire, que feront nos pauvres enfans! Voulez-vous qu'ils meurent de faim par faute de votre cheval? Il y a trois jours passés qu'ils n'ont rien mangé; il faudra qu'ils meurent et moi aussi, car mon cœur tombe par foiblesse; vous me verrez mourir si vous ne me secourez. Lorsque les enfans entendirent leur mère qui parloit ainsi, ils dirent à Regnaut : Père, pour Dieu! donnez-nous votre cheval; aussi bien mourra-t-il de faim; il vaut mieux qu'il meure que nous. Quand les frères entendirent ainsi parler leurs neveux, Richard dit à Regnaut : Gentil Duc, pour Dieu! ne souffrez pas que vos enfans, votre chère épouse, périssent par la famine, et nous aussi. Lorsque Regnaut entendit ainsi parler son frère, son cœur s'attendrit, et il dit en pleurant : Mes frères, puisque vous voulez que Bayard meure, je vous prie de le tuer.

Quand ils furent tous d'accord de tuer Bayard, ils vinrent à l'écurie, et le trouvèrent qui jetoit un grand soupir. Quand Regnaut vit cela, il dit qu'il se tueroit lui-même avant que Bayard pérît, parce qu'il lui avoit sauvé la vie plusieurs fois. Les enfans de Regnaut, entendant cela, s'en retournèrent à leur mère en pleurant de la grande faim qu'ils souffroient. Quand Regnaut vit que ses enfans s'en étoient allés, il vint vers Bayard et lui donna un peu de foin, car il n'avoit autre chose pour lui donner; et il vint vers ses frères, et trouva Allard qui tenoit Aymon, son neveu, qui pleuroit. Richard tenoit Yon, Guichard la Duchesse, qui étoit pâmée. Il leur dit : Ah! pour Dieu merci, je vous prie de prendre courage jusqu'à la nuit; alors je vous promets que nous aurons à manger. — Frère, dit Allard, il nous faut souffrir malgré nous. Les Chevaliers attendirent patiemment, et quand la nuit fut venue, Regnaut dit : Frères, je vais parler à notre père pour voir ce qu'il me dira et s'il nous laissera mourir de faim. — Frère, dit Richard, je veux y aller avec vous, s'il vous plaît, et vous en serez plus assuré. — Mon frère, dit Regnaut, n'y venez pas; je veux y aller tout seul, et si je ne vous apporte à manger, je vous délivrerai Bayard.

Il sortit hors de Montauban le plus secrètement qu'il put; il s'en alla ensuite à la tente de son père. Il la connoissoit pour l'avoir vue de jour de dessus la grande Tour. Il arriva qu'il trouva le Duc Aymon seul hors de sa tente, qui étoit en attente pour savoir s'il auroit des nouvelles du Château de Montauban. Quand Regnaut vit son père, il lui demanda où il alloit, et qui il étoit? Aymon, entendant parler Regnaut, le reconnut, et fut bien satisfait; mais il ne le fit paroître, et lui dit : Toi-même, qui es-tu qui marches à cette heure si haut monté? Regnaut entendant ainsi parler son père, le reconnut bientôt, et dit : Sire, pour Dieu, ayez pitié de nous, car nous mourons de faim, et tous mes gens sont morts. Nous n'avons plus que Bayard, qui ne mourra pas tant que je vivrai, car il a beaucoup sauvé la vie à mes frères et à moi. Si vous ne voulez avoir pitié de nous, ayez pitié de mes enfans. — Mon fils, dit Aymon, je ne puis pas vous aider; allez-vous-en, car je vous ai laissés ; je ne puis me parjurer pour telle chose qui soit au monde, et par cette raison je ne puis vous secourir; j'en suis fâché. — Mon père, dit Regnaut, vous avez tort, ne vous en déplaise; car si vous ne nous secourez, sachez que dans trois jours, ma femme, mes enfans, mes frères et moi, nous mourrons de faim; car il y a déjà trois jours que personne de nous n'a rien mangé, et que nous ne savons quoi faire. Vous êtes notre père, ainsi vous devez nous soulager. Je sais bien que si le Roi nous tient, il nous fera pendre, et ce ne seroit pas un honneur pour vous : vous ne devez pas nous laisser, c'est la loi naturelle. Au nom de Dieu! mon père, ayez pitié de nous, et ne soyez plus irrité contre vos enfans; ce seroit trop de cruauté. Vous savez aussi que Charlemagne a bien grand tort de nous persécuter ainsi.

Aymon eut pitié du chagrin de Regnaut. Il le regarda ensuite en pleurant, et lui dit : Mon fils, vous avez bien raison, car le Roi vous veut grand mal; et pour ce, descendez et entrez dans ma tente, et prenez tout ce qu'il vous plaira, car rien ne vous sera caché; je ne vous donnerai pourtant rien contre mon serment. Regnaut descendit, et s'agenouilla humblement devant son père, en le remerciant. Il entra ensuite dans la tente, et chargea Bayard de pain et de viande fraîche. Bayard en portoit plus que n'eussent fait deux autres chevaux. Quand la nuit fut venue, Aymon, qui ne pouvoit oublier ses enfans, dit à son Maître-d'Hôtel : Vous savez que j'ai délaissé mes enfans, et que j'en ai un grand regret, car ils sont dans une grande indigence, et, quoique je les aie abandonnés, je ne voudrois pas leur manquer. Nous avons déjà trois

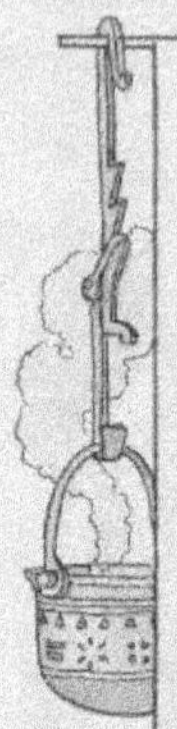

engins que Charlemagne m'a fait faire pour abattre leurs murailles, et nous les avons déjà fort endommagées; or, il faut maintenant que nous les aidions et je vous dirai comment. Il faudra que vous mettiez dans les engins du pain, de la viande salée, et de la fraîche au lieu de pierres; on les jettera dans le Château : quand je devrois mourir de faim, je ne leur manquerai pas tant que j'aurai. Je me repens du mal que je leur ai fait, car tout le monde auroit dû m'en blâmer. — Sire, dit le Maître-d'Hôtel, vous avez bien raison : vous en avez tant fait que chacun vous en blâme beaucoup. Alors il emplit les engins de vivres, et commanda au Maître de les jeter dans Montauban.

Plusieurs blâmoient le vieillard Aymon de ce qu'il tiroit contre ses enfans; car ils croyoient que c'étoient des pierres. Le lendemain Regnaut trouva des vivres à foison que son père avoit fait jeter, dont il fut content, et dit : Grand Dieu! je vous rends grâces; je vois bien que celui qui met en vous son espérance, il ne peut lui arriver mal. Il appela ses frères et sa femme et leur dit : Mes frères, vous voyez que notre père a eu pitié de nous.

Charlemagne apprit que le vieillard Aymon avoit donné des vivres à ses enfans. Il lui dit aussitôt : Aymon, pourquoi avez-vous été si hardi pour procurer à manger à mes ennemis, eux que je déteste! et je sais bien comment la chose va : vous ne pouvez vous excuser honnêtement. Mais je vous jure que je me vengerai avant que la nuit soit venue, car vous en perdrez la tête. — Sire, dit Aymon, je ne le veux pas nier; mais je vous dis que si vous me deviez faire mourir et jeter dans le feu, que je soulagerois mes enfans tant que j'aurois de quoi. Sire, mes enfans ne sont ni larrons, ni traîtres, ni meurtriers; mais ce sont les meilleurs et les plus vaillans Chevaliers du monde, et vous les voulez détruire de cette façon! Il y a trop longtemps que cette guerre dure; ce que vous avez fait devroit vous suffire.

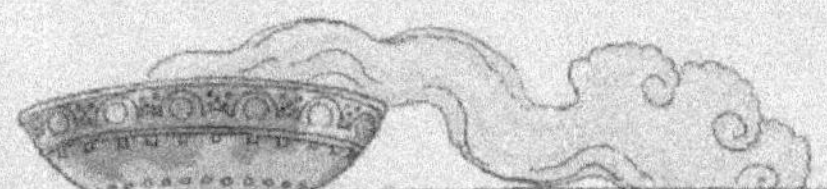

Quand il entendit parler Aymon, il fut fâché, et peu s'en fallut qu'il ne le frappât. Le Duc Naimes lui dit : Sire, renvoyez Aymon, car vous l'avez trop tenu ; vous savez bien qu'il ne souffrira pas que ses enfans soient détruits ; vous ne devez pas même l'en blâmer. Charlemagne lui dit : Puisque vous avez jugé, vous n'en serez point dédit. Il se tourna vers le Duc Aymon, et lui dit de quitter son armée, et qu'il lui avoit fait plus de dommage que de profit. — Je m'en irai volontiers, répondit Aymon. Alors il fit seller son cheval, monta dessus, et dit aux douze Pairs de France : Seigneurs, je vous recommande mes chers enfans. — Seigneurs, dit ensuite le Roi, je vous ordonne de défaire tous vos engins, car, par eux, j'ai perdu le Château de Montauban. Et ainsi Regnaut demeura longtemps en bonne paix.

Quelque temps après, les vivres commencèrent à lui manquer. Regnaut dit alors : Grand Dieu ! Que ferois-je donc? Je vois bien qu'à la longue nous ne pourrons plus y tenir : Charlemagne n'aura pas pitié de nous. Ah! Maugis, que n'êtes-vous ici pour nous empêcher de souffrir tant de peine ! Comme Regnaut se plaignoit en lui-même, il vit venir Allard qui étoit si foible, qu'à peine il pouvoit se soutenir. Il dit à Regnaut : Seigneur, il faut tuer Bayard, car nous ne pouvons plus résister au besoin. Regnaut vint vers Bayard pour le tuer. Quand Bayard le vit, il commença à témoigner de la joie. Regnaut dit : Ah ! pauvre Bayard, si j'avois le cœur pour te faire du mal, je serois trop cruel! Quand Yonnet, l'un de ses enfans, entendit cela, il dit à son père : Sire, qu'attendez-vous à tuer Bayard? J'enrage de faim, et si je n'ai quelque chose à manger, vous me verrez bientôt mourir avec mon frère et ma mère, car nous ne pouvons résister. Regnaut entendant parler son fils, en eut grande pitié, et d'autre part il n'osoit tuer Bayard qui le caressoit. Il imagina un moyen pour ne point faire mourir Bayard. Il demanda ensuite un bassin, et saigna Bayard au côté, dont il en sortit beaucoup de sang. Quand il eut assez saigné, Regnaut banda la plaie, et Allard prit le sang et le porta cuire. Quand il fut bien cuit, ils en mangèrent tous un peu, ce qui les soutint. Regnaut et toute sa compagnie demeurèrent pendant quatre jours qu'ils ne mangèrent rien autre chose. Au cinquième jour, on voulut le ressaigner; mais il étoit si foible qu'il ne jetoit point de sang. La Duchesse se mit à pleurer et dit : Sire, puisque votre cheval ne rend plus de sang, tuez-le, et vos enfans en mangeront, vous, vos frères et moi, autrement nous mourrons de faim. — Je ne le puis faire, dit Regnaut, car il nous a toujours sauvé la vie.

XXVI

Comme Regnaut et ses gens, affamés par le siège, sortirent de Montauban et s'en allèrent à Dordonne, où Charlemagne les alla assiéger de nouveau.

Au temps passé, étoit un homme fort ancien, qui dit à Regnaut : Sire, je vois que nous mourrons tous de faim si Dieu n'a pitié de nous. Je vous montrerai un chemin par où vous pourrez sortir d'ici en toute sûreté, sans le sçu de Charlemagne. Vous devez savoir que cette place a été autrefois bien fermée (**); le Seigneur y a fait un chemin qui va au bois de la Serpente : il faut faire ouvrir à l'endroit où je vous montrerai, et vous trouverez le chemin.

Regnaut fut bien content et dit : J'ai trouvé ce que je desire, car je m'en irai à Dordonne, où serai en sûreté. Il fit seller Bayard, et prit le chemin de la caverne, lui, sa femme et ses enfans, avec ses gens. Regnaut fit allumer un grand nombre de torches pour y voir plus clair; il ordonna son avant-garde du peu de gens qu'il avoit, il fit faire l'arrière-garde à ses gens. Quand Regnaut eut bien arrangé son affaire, il se mit en chemin vers la caverne, qui étoit vaste et plantureuse, et quand ils eurent marché un long espace de temps, il s'arrêta et dit à ses frères : Nous avons très mal fait, car nous avons laissé le Roi Yon en prison. Certes, j'aimerois mieux mourir, que de le laisser mourir ainsi, car il périroit de faim comme un loup enragé; ce seroit un grand péché à nous. — Parbleu, dit Richard, vous le protégez, et vous ne devriez pas avoir pitié d'un homme aussi traître que lui. Regnaut s'en retourna pour le retirer de prison, et l'emmena avec lui.

Étant à la fin de la caverne, ils se trouvèrent au bois de la Serpente au point du jour. Ils étoient bien contens de ce qu'ils étoient échappés de Charlemagne. Regnaut regarda ensuite autour de lui, et vit bien où il étoit. Il appela ses frères et leur dit : Il me semble que nous sommes ici près de l'Ermitage de mon bon ami Bernard. — Frère, dit Allard, vous dites vrai; mais que ferons-nous? Regnaut dit : Je crois que le mieux seroit que nous y allions, et il faudroit y rester jusqu'à tant que la nuit soit venue; et puis après nous irons à Dordonne, car je ne me soucie pas d'y aller de jour, et d'ailleurs il peut se faire que l'Ermite auroit quelque chose à manger, et pour lors nous le donnerons à ma femme et à mes enfans. Ils trouvèrent l'Ermitage; mais, en

allant dans le bois, ils s'écartèrent, et, comme des bêtes sauvages, mangeoient de l'herbe tant ils avoient faim. Regnaut dit : Seigneurs, vous pourriez nous causer du dommage en vous séparant ainsi. Je vous prie que chacun se rallie, et allons-nous-en tous à l'Ermitage ; nous y trouverons Bernard, l'Ermite, qui nous fera très bonne chère. Regnaut frappa à la porte. Bernard vint lui ouvrir, et l'embrassa en lui disant : Seigneurs, vous êtes les bien-venus. D'où venez-vous, et comment vous va? Regnaut lui dit : J'ai laissé Montauban par force de famine, et je m'en vais à Dordonne. Je ne puis faire autrement pour le présent. Je vous prie, si vous avez à manger, de m'en donner pour l'amour de Dieu, et à ma femme et à mes enfans, car ils sont affamés. Bernard eut pitié de l'état où il le voyoit et ses gens, et d'autre part il fut content de les voir hors du danger de Charlemagne. Il s'en vint à la Duchesse et lui dit : Dame, soyez la bien-venue ; ne craignez pas, car vous êtes dans un lieu de repos. Il entra dans sa chambre, et apporta du pain et du vin, puis il s'assit vers Regnaut et lui dit : Seigneur, prenez en gré s'il vous plaît, le bien que Dieu m'a donné. — Grand merci, dit Regnaut, voici de bonnes nouvelles pour nous. Ils demeurèrent tout le jour avec l'Ermite, et quand la nuit fut venue, il dit à l'Ermite qu'il vouloit s'en aller. Il lui donna trois chevaux ; la Duchesse en eut un, les enfans les deux autres, et se mirent en chemin vers Dordonne. Quand ceux de la ville surent que leur maître étoit venu, ils le reçurent honorablement, et le conduisirent jusqu'à la forteresse. Les Bourgeois firent ensuite de grandes réjouissances par toute la ville. Alors les Barons du pays lui vinrent rendre hommage comme à leur Prince et Seigneur.

Charlemagne, marchant autour de Montauban, n'aperçut personne sur les murs. Il envoya chercher tous ses Barons, et leur dit : Seigneurs, il y a bien huit jours que je n'ai vu personne sur les murs de Montauban, pourquoi je crois que Regnaut et ses gens sont morts. — Sire, dit le Duc Naimes, il seroit bon qu'on sût la vérité. Charlemagne monta à cheval et tous ses Barons, et ils s'en allèrent devant Montauban ; et étant venus à la porte, firent semblant d'attaquer le Château ; mais nul ne paroissoit sur les murs du Château. On pensa que Regnaut et ses gens étoient morts de faim. On fit apporter une échelle bien haute, et on la fit poser contre les murailles. Roland monta le premier, Oger, Olivier et le Duc Naimes après. Quand ils furent sur les murs, ils regardèrent dedans et ne virent personne. Ils descendirent dedans, ouvrirent les portes, et firent entrer le Roi et ses gens. Alors il dit que tout cela avoit été fait par l'art de Maugis, et qu'il les avoit tous sauvés. Le Roi Charlemagne se promena parmi le Château de Montauban pour trouver Regnaut ou quelqu'un de ses frères, et enfin il trouva le chemin par où Regnaut et ses gens étoient sortis ; il vit la caverne et fut surpris. Il appela Oger et lui montra le chemin par où ils étoient sortis, et dit : Maugis a fait cela. — Sire, dit le Duc Naimes, vous blâmez Maugis, mais il y a bien cent ans que cette issue est faite. Charlemagne dit : Cherchez en cette caverne pour savoir où elle va, car je ne serai pas content que je ne le sache. Roland fit allumer beaucoup de flambeaux pour y descendre ; il y entra avec un grand nombre de François, et ils marchèrent tant qu'ils se trouvèrent au bois de la Serpente. Alors il dit à ses gens : Seigneurs, il me semble que d'aller plus avant ce seroit grande folie. — Sire, dirent-ils, retournons auprès de votre oncle pour lui dire ce que nous avons trouvé à la caverne. Charlemagne demanda à son neveu : N'avez-vous pas trouvé l'issue de cette caverne ? — Sire, dit Roland, Regnaut et ses frères sont partis ; ils emmènent Bayard : voici les pas tous formés. Le Roi irrité envoya des Messagers par tout le pays pour avoir des nouvelles de Regnaut et de ses frères. Il fit camper son armée à Montauban, et ils restèrent six jours.

Lors les Barons furent bien satisfaits que Regnaut et ses frères étoient échappés. Il vint un Messager au Roi et lui dit : Sire, j'ai vu les quatre fils Aymon en grande joie, qui tiennent Cour ouverte à Dordonne, où ils font de grand présens à chacun, et je suis surpris où ils ont pris un si grand trésor. Il a fait une grande assemblée de gens de guerre pour se défendre à l'encontre de vous si vous alliez l'attaquer. Le Roi Charlemagne jura qu'il ne se coucheroit jamais qu'il n'eût assiégé Dordonne. Il commanda que chacun allât s'armer pour l'aller assiéger. Incontinent ils se mirent en che-

min, et arrivèrent à Montorgueil, qui étoit assez près de Dordonne, tant qu'on pouvoit voir les clochers. Cette nuit l'armée de Charlemagne y campa, et y fit faire bon guet toute la nuit. Quand le jour fut venu, il fit camper ses gens, et se mit à marcher vers Dordonne.

Quand Regnaut aperçut qu'on l'assiégeoit, il jura qu'il ne feroit pas comme à Montauban, mais qu'il iroit attaquer Charlemagne, et que s'il pouvoit tomber entre ses mains, il n'en auroit pas de pitié. — Frère, dit Richard, vous parlez en Chevalier. Je jure ma foi qu'auparavant qu'il nous assiège, j'en tuerai plus d'un cent. Regnaut fit sonner son cor, et fit armer ses gens. Ils sortirent de la ville. Il rangea son armée, et dit : Mes frères, voici le jour que nous mourrons tous ; ainsi je vous prie que chacun se montre vaillant Chevalier. — Frère, dit Allard, nous ferons notre devoir, et mettez-vous devant quand il vous plaira. Regnaut piqua Bayard, et se mit dans les ennemis. Le Roi Charlemagne le voyant venir, fut surpris et dit : Dieu! où ont-ils amassé tant de gens? car ils sont autant que jamais ; si je puis les tenir, je m'en vengerai. Il fit ranger son armée et monta à cheval. Regnaut voyant que les deux armées s'approchoient, dit à son frère Richard qu'il vouloit parler au Roi, pour voir s'il vouloit lui accorder son pardon. — Frère, dit Richard, vous ne valez plus rien, car vous manquez de courage. — Je veux y aller, dit Regnaut, et s'il refuse il s'en repentira. — Frère, dit Allard, vous avez raison.

Regnaut piqua Bayard et courut auprès de Charlemagne auquel il dit : Sire, si c'est votre plaisir, souffrez que nous ayons paix avec vous, et que cette guerre qui a tant duré prenne fin. Je ferai tout ce qu'il vous plaira : je vous donnerai mon cheval Bayard. — Malheureux, dit Charlemagne, retire-toi, car si je te tiens je te ferai mourir. — Sire, dit Regnaut, vous ne le ferez pas, car nous nous défendrons. — Frappez, Chevaliers, dit le Roi, Je ne vous estime plus si ce malheureux m'échappe. Regnaut piqua Bayard, et courut contre un Chevalier, et le frappa si fort qu'il le renversa.

Quand Charlemagne vit cela, il s'écria : Frappez, Seigneurs, ils seront bientôt vaincus! Quand Roland entendit crier Charlemagne, ils se mirent tous à courir après Regnaut, mais ils ne purent le rejoindre, Quand Richard vit venir son frère, il vint vers lui, et lui dit : Frère, quelles nouvelles apportez-vous ? Aurons-nous enfin la paix? Dieu veuille nous la procurer, car je pense faire aujourd'hui une chose dont le Roi pourra en souffrir. — Frère, dit Regnaut, je vous prie de vous montrer vaillant contre nos ennemis.

Quand Charlemagne vit qu'il étoit temps de frapper, il appela aussitôt le Duc Naimes, et lui dit : Naimes, tenez mon oriflamme, et faites comme un bon Chevalier en gardant mon honneur. — Sire, dit-il, je suis fâché que vous n'accordiez pas la paix, car la guerre est trop longue. — Naimes, je vous ordonne de prendre votre épée et de frapper sur les ennemis, car tant que je vivrai, ils n'auront pas la paix. Regnaut voyant l'oriflamme, alla dans la plus grande presse, et frappa si rudement un Chevalier qu'il le renversa mort. Il se lança ensuite à travers les ennemis ; il renversa beaucoup de Chevaliers, et au troisième coup il brisa sa lance en morceaux ; puis il mit l'épée à la main et frappa un Chevalier si rudement sur son casque qu'il le fendit jusqu'aux dents, et lui fit voler la tête de dessus les épaules. Quand il eut fait ce coup, il cria : *Dordonne!* pour rallier ses gens. Il dit : Francs Chevaliers, nous vengerons aujourd'hui les maux que Charlemagne nous a faits, et nous gagnerons la bataille.

Quand Allard, Guichard et Richard entendirent parler Regnaut, ils se mirent tous à courir sur les ennemis. Ils renversèrent d'un premier coup sept Chevaliers chacun, car, depuis qu'ils furent assemblés, les gens de Charlemagne ne purent résister contre eux. Regnaut et ses frères les détruisoient comme des bêtes, et la plupart furent vaincus. Le Roi courut sur les gens de Regnaut, et frappa si rudement un Chevalier, qu'il le renversa mort à terre. Alors il mit l'épée à la main, et frappa si fort que les gens de Regnaut furent contraints de fuir. Quand Regnaut se fut aperçu que ses gens se retiroient, il vint à l'Enseigne, et lui dit : Ami, allez jusques à Dordonne le plus sagement que vous pourrez, car nous sommes trop combattus ; il est temps de nous reposer. — Sire, dit le Chevalier, je le ferai volontiers. Aussitôt il se mit en chemin vers Dordonne. Regnaut appela ses frères, et leur dit : Mes frères, tenons-nous derrière, car autrement nous sommes perdus. — Frère, dit Richard, ne craignez rien. Quand

Charlemagne vit que Regnaut s'en étoit allé avec sa compagnie, il cria : Seigneurs, nous sommes vaincus! plusieurs de nos Chevaliers ont déjà perdu la vie. Regnaut en a fait mourir plus d'un cent, en dépit du Roi; lui et ses frères entrent à Dordonne. Richard, frère de Regnaut, fut auprès de la porte de la ville. Comme ils vouloient y entrer, Richard de Normandie vint avec les gens du Roi. Regnaut fit fermer les portes, et ils allèrent se désarmer, car ils en avoient besoin. Et quand Charlemagne vit que les quatre fils Aymon s'étoient sauvés, et qu'ils avoient pris Richard de Normandie prisonnier, qui étoit l'un des douze Pairs, il en fut fâché, car il avoit peur que Regnaut ne le fît mourir.

Quand il vit qu'il ne savoit plus que faire, il commanda que l'on assiégeât la ville de Dordonne. Cette chose fut faite aussitôt. Charlemagne jura qu'il ne s'en iroit pas de là qu'il n'eût pris la ville et fait pendre honteusement les quatre fils Aymon. — Sire, dit Roland, vous savez bien que je suis celui qui a fait plus de mal aux quatre fils Aymon; jamais je ne vous ai parlé de paix, mais à présent je suis contraint de vous en parler. Sire, vous savez bien qu'il y a quinze ans que vous faites la guerre à ces quatre Chevaliers, et nous avons eu toujours du pis, car Regnaut et ses frères sont trop vaillans, comme chacun sait. Je vous promets que si vous eussiez autant fait la guerre aux Sarrasins, vous seriez Seigneur d'une grande partie, et vous auriez eu grand honneur. Et qui pis est, vous savez que Richard de Normandie, l'un de vos bons Chevaliers, est pris, dont vous aurez grand déshonneur, car si Regnaut le fait tuer, vous en aurez grand dommage et la France en sera troublée, car Richard de Normandie a de grands amis; et je vous dis que si j'étois au lieu de Regnaut, je le ferois mourir, puisque je ne pourrois avoir la paix avec vous. Ainsi, Sire, si vous me voulez croire, pour votre honneur vous ferez savoir à Regnaut qu'il vous rende Richard de Normandie tout armé sur son cheval, et que vous ferez accord avec lui; je vous assure qu'il le fera volontiers, et tout ce qu'il vous plaira de lui commander. Charlemagne demanda à Roland s'il n'avoit rien autre chose à lui dire? — Non, dit

Roland. — Je vous jure que les quatre fils Aymon n'auront jamais paix avec moi, et je vous dis que je ne crains rien pour Richard, car Regnaut se laisseroit plutôt crever les yeux que de lui faire aucun mal.

Après que Regnaut et ses gens furent arrivés à Dordonne, il posa son guet (*) sur le mur de la ville, puis fit venir le Duc de Normandie, et il lui dit : Richard, vous savez le tort que m'a fait Charlemagne; ainsi je vous dis que si vous ne faites la paix, je vous ferai trancher tous les membres. — Sire, dit le Duc, vous le pouvez; agissez à votre volonté, et si vous me faites aucun mal, vous en aurez déshonneur toute votre vie. Sachez que, tant que je vivrai, je ne serai point parjure à Charlemagne. Regnaut commanda qu'il fût conduit dans sa chambre où il le fit bien garder; il ordonna de ne lui rien refuser de tout ce qu'il demanderoit.

Pendant que Charlemagne étoit devant Dordonne, le Roi Yon de Gascogne fut attaqué d'une grande maladie. Il se confessa de tous ses péchés, pria Notre Seigneur dévotement qu'il lui plût d'avoir pitié de lui et lui accorder le pardon de toutes ses fautes.

XXVII
Comment Maugis, étant en chemin pour aller voir Regnaut, tua des Brigands qui avoient volé des marchands, et ils retrouvèrent leurs effets.

Maugis ayant longtemps demeuré dans son ermitage, en contemplation, s'endormit, et songea qu'il étoit à Montauban, et y voyoit Regnaut et ses frères qui venoient au-devant de lui et se plaignoient de Charlemagne, qui vouloit avoir Bayard; mais Regnaut ne vouloit pas le lui laisser emmener. Maugis s'éveilla en sursaut et se leva furieux, et jura qu'il ne s'arrêteroit pas de sa vie auparavant d'avoir vaincu Charlemagne. Il entra, environ les quatre heures après midi, dans un grand bois où il trouva deux marchands que des brigands avoient détroussés, et qui se lamentoient. Alors il vint vers eux et leur dit : Messeigneurs, qu'avez-vous donc à vous tourmenter ainsi? — Bonhomme, dit l'un de ces deux marchands, il y a dans ce bois des brigands qui nous ont détroussé des draps que nous portions vendre; ils ont tué un de nos compagnons parce qu'il leur a répondu trop rudement. Maugis en eut pitié, et leur dit : Venez avec moi, et je prierai ces larrons de vous rendre le vôtre, et s'ils ne le font je leur donnerai des coups avec mon bourdon. Quand les marchands entendirent Maugis parler ainsi, ils le regardèrent. Un d'eux lui dit : Ils sont sept et vous êtes seul, sans armes et ils sont armés ; et d'ailleurs à peine pouvez-vous tenir votre bâton. Un autre dit : Laissez aller ce fol, car il ne sait ce qu'il dit ; voyez comme il remue la tête ! Il dit à Maugis : Frère, passe ton chemin et nous laisse en repos, ou je te donnerai un tel coup que tu le sentiras. Maugis lui répondit : Frère, tu as grand tort de m'injurier ainsi, mais je ne te peux faire bien par force.

Maugis quitta alors les marchands et marcha tant qu'il trouva les brigands. Il leur dit : Seigneurs, je vous prie de me dire pourquoi vous avez pris le bien de ces marchands ? Vous savez qu'il ne vous appartient pas ; ainsi je vous prie de remettre leurs marchandises. Quand les larrons entendirent Maugis parler ainsi, ils furent irrités. Le Capitaine des larrons dit à Maugis : Retire-toi, mon ami, ou bien je te donnerai un

tel coup de pied que je te crèverai le ventre. Quand Maugis vit que ce larron ne le craignoit pas, il en fut fâché, prit son bourdon, et en frappa le larron si fort qu'il le fit tomber. Quand les larrons virent que leur maître étoit mort, ils coururent tous sur Maugis pour le tuer; mais il les mit à un tel point avec son bourdon qu'il en tua cinq, et les deux autres se mirent en fuite parmi le bois. Quand il vit cela, il les poursuivit et leur cria à haute voix : Eh! mauvais larrons, retournez en arrière et rendez le larcin! Les marchands, entendant crier Maugis, accoururent aussitôt vers lui, et trouvèrent que les larrons étoient morts. Alors ils se dirent l'un à l'autre : Voici un bon Pélerin. Ils vinrent vers Maugis, et s'agenouillèrent devant lui, lui demandant pardon de ce qu'ils l'avoient blâmé à tort. — Levez-vous, leur dit-il; prenez vos bagues(*), et vous en allez. Mais avant que de partir, je vous prie de m'informer si Charlemagne a pris Montauban et les quatre fils Aymon qui étoient dedans. — Sire, dirent les marchands, il a pris Montauban, mais non pas les quatre fils Aymon ni leurs gens, car ils étoient allés par une cave sous terre à Dordonne. Là, il les a, comme on dit, assiégés de nouveau, et ne peut pas avoir paix ni accord. Maugis entendant ces paroles, leur dit : Adieu, marchands. Il prit le chemin de Dordonne, et arriva enfin à l'armée de Charlemagne; il vint vers la ville, et feignit de tomber en foiblesse, s'appuyant sur son bourdon. Quand les gens de Charlemagne virent Maugis, ils se dirent l'un à l'autre : Ce pèlerin paroît bien malade, il ne pourra pas aller loin. — Par mon serment! dit l'autre, ce pourroit bien être Maugis qui est ainsi déguisé pour nous tromper. — Non, dirent les autres, il est mort.

Tandis qu'ils disoient ces paroles, Maugis s'approcha de la porte, et il trouva moyen d'entrer en demandant la charité. Quand il fut dedans, il s'en alla au Palais, et trouva Regnaut et ses frères, et dame Claire, les deux enfans, et autres Chevaliers qui étoient assis pour dîner. Maugis se mit contre un grand pilier qui étoit au milieu de la salle, devant Regnaut et ses frères qu'il aimoit plus que le reste du monde. Le Sénéchal aperçut Maugis, et pensant que ce fût un ermite, il commanda qu'il fût servi au nom de Dieu. On lui donna du pain, du vin et de la viande. Quand il vit cela, il dit : Seigneurs, je vous prie de me faire donner du pain noir et de l'eau dans un hanap de bois; alors

je serai comme il faut, car je ne mangerai point de viande. Lorsque Maugis eut tout ce qu'il avoit demandé, il prit son pain noir et en faisoit des soupes (7) dedans son hanap de bois, et en mangeoit de bon appétit. Regnaut voyant ce pauvre homme si maigre et si pâle, en eut pitié. Il prit un plat de gibier et le lui envoya par un de ses serviteurs, qui le présenta à Maugis en lui disant : Tenez, prud'homme, voici ce que le Duc vous envoie. — Merci, dit Maugis. Alors il le prit et le mit devant soi, mais n'en mangea point. Regnaut voyant que Maugis ne vouloit point manger, s'en alla s'armer pour se mettre en défense. Quand il vit que chacun s'en étoit allé, il vint à Maugis et l'embrassa en lui disant : Sire, je vous prie que vous me disiez si vous êtes Maugis ou non, car vous lui ressemblez. Maugis ne le put cacher, et il lui dit hautement : Mon cousin, je le suis sans doute, et je suis bien satisfait de vous voir une bonne santé. Regnaut lui dit : Cousin, je vous prie d'ôter cette chape que vous portez, car je ne veux point voir de si pauvres habits. Alors Maugis dit : Cousin, ne vous déplaise; vous savez bien que j'ai fait vœu de ne manger jamais que du pain et des herbes sauvages, et de ne boire que de l'eau ; jamais je ne m'habillerai autrement, car je veux porter la haire pour sauver mon âme.

Quand il entendit ainsi parler Maugis, il commença à le regarder, et ne l'eût pas reconnu si ce n'eût été une petite plaie qu'il avoit près de l'œil. Quand il l'eut bien connu, il lui fit grande fête. Lors appela ses frères, et leur dit : Venez voir notre cousin Maugis ! Quand Allard, Guichard et Richard ouïrent ces paroles, ils tressaillirent de joie; ils coururent tous vers Maugis et l'embrassèrent. Quand la Duchesse sut que Maugis étoit venu, elle alla aussitôt l'embrasser. On apprit l'arrivée de Maugis par toute la ville, et plusieurs le vinrent voir. Il étoit si changé que c'étoit pitié de le voir. Regnaut dit à sa femme : Chère épouse, allez chercher du linge. Maugis dit : Sire, je vous prie de ne me point donner de linge ni habits; mais faites-moi donner un chaperon, une écharpe de serge, et un bourdon ferré; je vous serai bien obligé si vous me donnez cela, et aussitôt je m'en retournerai. Je ne suis venu ici que pour vous voir. Regnaut fut fâché quand il entendit parler Maugis. — Cousin, lui dit Maugis, cessez votre chagrin, car je me suis donné à Dieu pour sauver mon âme. Je retournerai au Saint-Sépulcre pour servir Dieu, et j'y passerai ma peine, et viendrai vous revoir; ensuite je me rendrai à mon Ermitage, et vivrai de racines comme je vivois avant que je vinsse ici. Regnaut lui dit : Cousin, prenez un bon cheval avec de l'argent, car j'en ai assez. — Grand merci, dit Maugis, je n'en prendrai point, et quand j'aurai du pain, ce sera assez; je vous prie qu'il vous plaise de m'en retourner sain et sauf. Quand Maugis eut pris toutes

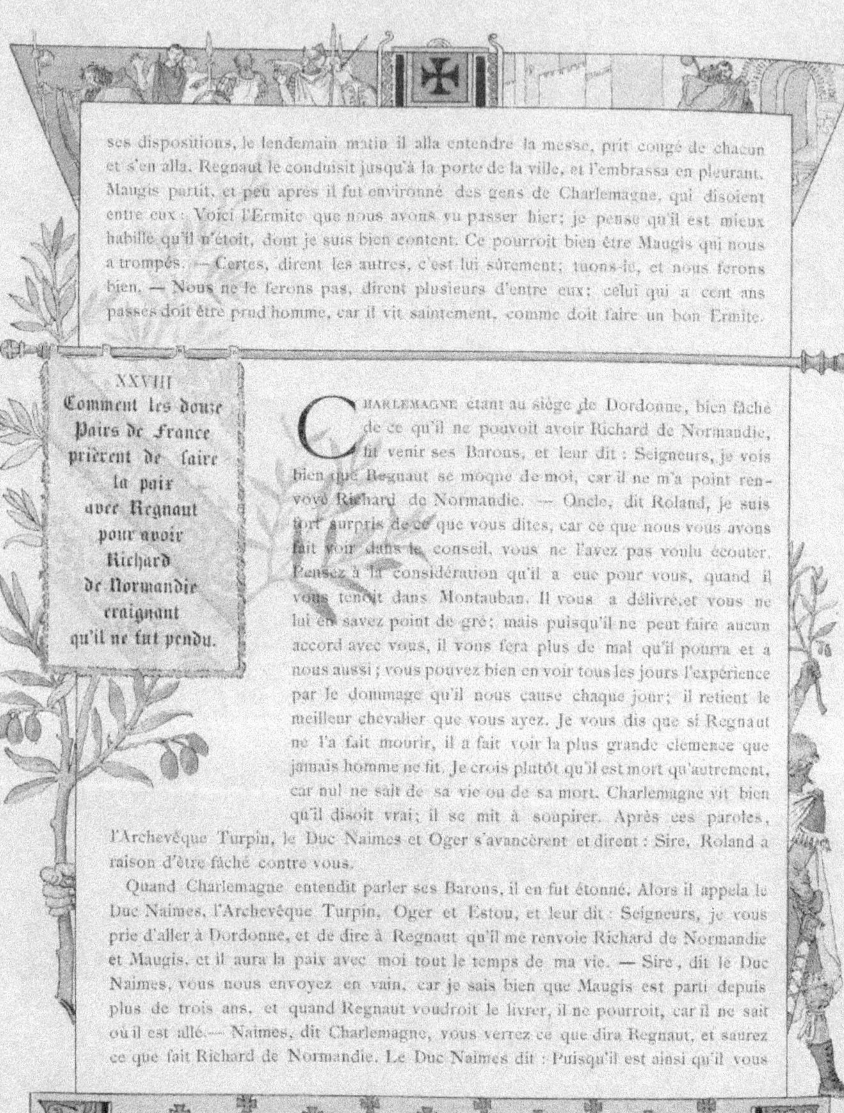

ses dispositions, le lendemain matin il alla entendre la messe, prit congé de chacun et s'en alla. Regnaut le conduisit jusqu'à la porte de la ville, et l'embrassa en pleurant. Maugis partit, et peu après il fut environné des gens de Charlemagne, qui disoient entre eux : Voici l'Ermite que nous avons vu passer hier; je pense qu'il est mieux habillé qu'il n'étoit, dont je suis bien content. Ce pourroit bien être Maugis qui nous a trompés. — Certes, dirent les autres, c'est lui sûrement; tuons-le, et nous ferons bien. — Nous ne le ferons pas, dirent plusieurs d'entre eux; celui qui a cent ans passés doit être prud'homme, car il vit saintement, comme doit faire un bon Ermite.

XXVIII
Comment les douze Pairs de France prièrent de faire la paix avec Regnaut pour avoir Richard de Normandie craignant qu'il ne fut pendu.

Charlemagne étant au siége de Dordonne, bien fâché de ce qu'il ne pouvoit avoir Richard de Normandie, fit venir ses Barons, et leur dit : Seigneurs, je vois bien que Regnaut se moque de moi, car il ne m'a point renvoyé Richard de Normandie. — Oncle, dit Roland, je suis fort surpris de ce que vous dites, car ce que nous vous avons fait voir dans le conseil, vous ne l'avez pas voulu écouter. Pensez à la considération qu'il a eue pour vous, quand il vous tenoit dans Montauban. Il vous a délivré,et vous ne lui en savez point de gré; mais puisqu'il ne peut faire aucun accord avec vous, il vous fera plus de mal qu'il pourra et a nous aussi ; vous pouvez bien en voir tous les jours l'expérience par le dommage qu'il nous cause chaque jour; il retient le meilleur chevalier que vous ayez. Je vous dis que si Regnaut ne l'a fait mourir, il a fait voir la plus grande clémence que jamais homme ne fit. Je crois plutôt qu'il est mort qu'autrement, car nul ne sait de sa vie ou de sa mort. Charlemagne vit bien qu'il disoit vrai; il se mit à soupirer. Après ces paroles, l'Archevêque Turpin, le Duc Naimes et Oger s'avancèrent et dirent : Sire, Roland a raison d'être fâché contre vous.

Quand Charlemagne entendit parler ses Barons, il en fut étonné. Alors il appela le Duc Naimes, l'Archevêque Turpin, Oger et Estou, et leur dit : Seigneurs, je vous prie d'aller à Dordonne, et de dire à Regnaut qu'il me renvoie Richard de Normandie et Maugis, et il aura la paix avec moi tout le temps de ma vie. — Sire, dit le Duc Naimes, vous nous envoyez en vain, car je sais bien que Maugis est parti depuis plus de trois ans, et quand Regnaut voudroit le livrer, il ne pourroit, car il ne sait où il est allé.— Naimes, dit Charlemagne, vous verrez ce que dira Regnaut, et saurez ce que fait Richard de Normandie. Le Duc Naimes dit : Puisqu'il est ainsi qu'il vous

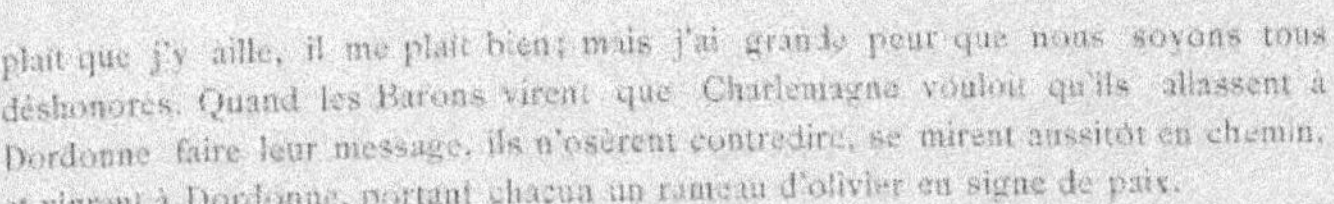

plait que j'y aille, il me plait bien; mais j'ai grande peur que nous soyons tous déshonorés. Quand les Barons virent que Charlemagne vouloit qu'ils allassent à Dordonne faire leur message, ils n'osèrent contredire, se mirent aussitôt en chemin, et vinrent à Dordonne, portant chacun un rameau d'olivier en signe de paix.

Quand ils furent arrivés, on leur ouvrit la porte de Dordonne, puis ils s'en allèrent au Palais. Le duc Naimes le premier salua Regnaut, et lui dit : Charlemagne vous mande que vous lui rendiez Richard de Normandie et Maugis; vous aurez la paix, et il vous rendra toutes vos terres; il tiendra vos deux enfans à sa Cour et les fera Chevaliers. — Seigneurs, dit Regnaut, soyez les bien-venus; je dois bien vous aimer. Je suis surpris que Charlemagne me mande cette chose; chacun sait que je n'ai point Maugis : je l'ai perdu par lui. Mais si je tenois Charlemagne ici entre mes mains comme j'y tiens Richard de Normandie, et qu'il ne voulût pas m'accorder la paix, je jure qu'il me laisseroit sa tête pour gage, et je serois vengé de tous les maux qu'il m'a faits. Je pensois qu'il seroit plus humain qu'il n'est. Si jeusse su qu'il fût si irrité contre moi, je me serois vengé de lui; mais mon repentir est trop tard! Je vous prie de vous en retourner et de dire à votre Roi que je n'ai point Maugis, mais que je l'ai perdu par lui; d'autre part, si je l'avois, je ne le voudrois pas rendre. Et puisque par lui j'ai perdu Maugis, je ferai pendre Richard sur cette porte-là en dépit de lui; et je défends à tous ceux qui sont gens de Charlemagne de venir ici, car je vous promets que je ferai trancher la tête à tous ceux qui viendront.

Les Barons le voyant si courroucé n'osèrent plus rester. Ils prirent congé de lui et retournèrent à l'armée du Roi, qui les attendoit, et qui leur dit : Seigneurs, quelles nouvelles apportez-vous? Avez vous Richard de Normandie? — Sire, dit le Duc Naimes, Regnaut mande que vous n'aurez pas Maugis, car il l'a perdu par vous, et pour vengeance de cela, dit que demain il fera pendre Richard sur la grande porte. Il en fera pareillement de tous vos gens, autant qu'il en tiendroit; il a dit encore que, s'il vous tenoit et que vous ne fissiez pas la paix avec lui, il vous couperoit la tête. Roland lui dit : Sire, ne vous déplaise de ce que je vous dirai : nous trouvons en la Sainte Écriture que Dieu maudit le fruit qui n'est jamais mûr; ainsi il arrivera si vous ne voulez mûrir ni consentir à la paix avec les quatre fils Aymon, qui vous ont prié si humblement; et, je vous jure, si Richard est pendu, que vous en serez déshonoré le reste de votre vie. Charlemagne lui dit : Vous pensez m'épouvanter par vos paroles; je ne suis pas un enfant que l'on amuse ainsi, et si Regnaut étoit assez hardi pour faire le moindre mal à Richard, je le pendrois de ma main, lui et toute sa famille. Naimes voyant le Roi courroucé, lui dit : Sire, nous sommes surpris de ce que vous nous menacez tant de part et d'autre, et je ne le suis plus si

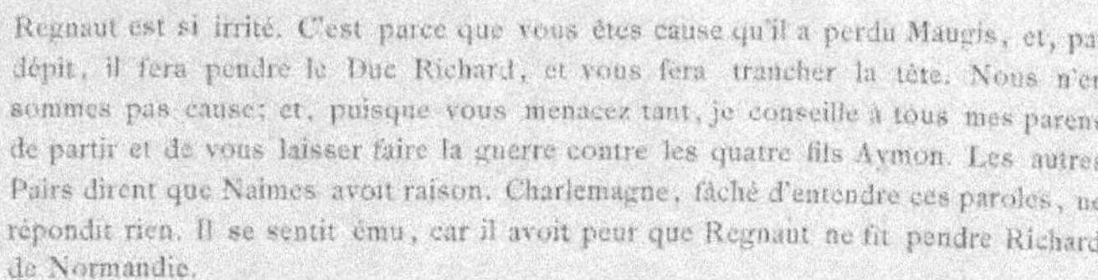

Regnaut est si irrité. C'est parce que vous êtes cause qu'il a perdu Maugis, et, par dépit, il fera pendre le Duc Richard, et vous fera trancher la tête. Nous n'en sommes pas cause; et, puisque vous menacez tant, je conseille à tous mes parens de partir et de vous laisser faire la guerre contre les quatre fils Aymon. Les autres Pairs dirent que Naimes avoit raison. Charlemagne, fâché d'entendre ces paroles, ne répondit rien. Il se sentit ému, car il avoit peur que Regnaut ne fit pendre Richard de Normandie.

En ce même jour Regnaut appela ses frères, et leur dit : Je suis fâché que nous ne pouvons avoir la paix avec Charlemagne, car il est irrité contre nous. Je pense que s'il nous tenoit il n'auroit aucune pitié de nous; ainsi je suis d'avis de pendre le Duc Richard. — Frère, dit Allard, je vous prie que vous fassiez ce que vous dites; ce sera moi qui le pendrai. — Frère, dit Regnaut, je le veux bien : il faut faire élever la potence sur la grande Tour de la porte, afin que Charlemagne puisse la voir.

Roland la vit le premier, et se mit à crier tant qu'il put : Sire, regardez comme on pend Richard! C'est la récompense des services qu'il vous a rendus, car vous lui rendez un grand service; cela n'engage point du tout à vous servir. — Hélas! dit Olivier, le Duc Richard sera bientôt pendu, à notre grand déshonneur! — Paix! dit le Roi; ils le font pour m'éprouver, afin d'avoir la paix avec moi; mais ils ne l'auront pas, et je vous promets qu'ils ne lui feront pas de mal. Olivier voyant qu'on dressoit l'échelle, dit à Roland : Mon ami, l'échelle est dressée!

Regnaut appela dix de ses gens et leur dit : Allez chercher le Duc Richard de Normandie, car je veux qu'il soit pendu. Aussitôt ils s'en allèrent, et le trouvèrent qui jouoit avec Yonnet, fils de Regnaut. Ils le prirent et lui dirent d'aller avec eux : Car Regnaut veut que vous soyez pendu. Le Duc les regarda de travers et ne repondit rien ; mais ils lui dirent : Mon ami, cessez votre jeu ; il est temps de partir. Quand les gens de Regnaut virent qu'il ne repondoit rien, ils commencèrent à le prendre, et lui dirent : Levez-vous, Richard ; car vous serez pendu en dépit de Charlemagne. Quand il vit qu'ils le tenoient par le bras, il vouloit frapper Yonnet à coups du damier qu'il tenoit à la main, et renversa par terre trois des gens de Regnaut. Alors Richard leur dit : Malheureux! puissiez-vous ne jamais vous en retourner! Il dit ensuite à Yonnet : Jouez maintenant en paix ; je crois que ces gens étoient ivres pour vouloir m'emmener ainsi : ils y ont bien gagné ! Lorsque Yonnet l'entendit parler ainsi, il joua son jeu sans le contredire. Richard appela son domestique, et lui dit : Va prendre ces gens qui sont morts, et jette-les par les fenêtres. Le domestique lui obéit aussitôt, car il n'osoit le contredire, tant il avoit peur qu'il ne lui en fît autant qu'aux autres qu'il avoit vu tuer en sa presence.

Allard étoit hors du Château, attendant le Duc Richard pour le pendre. Il vit comme l'on jetoit les morts par les fenêtres de la Tour, et en fut indigné. Il alla vers Regnaut et lui dit : Frère, je vois que le Duc Richard ne veut pas se laisser pendre. Il en coûtera cher avant qu'il soit pris ; voyez comme il les a jetés par les fenêtres. — Frère, dit Regnaut, le Duc Richard est bien à craindre : allons secourir nos gens, autrement ils sont en grand danger. Les gens qu'il avoit envoyés pour le prendre, dirent à Regnaut : Le Duc Richard ne sera pas pris aisément,

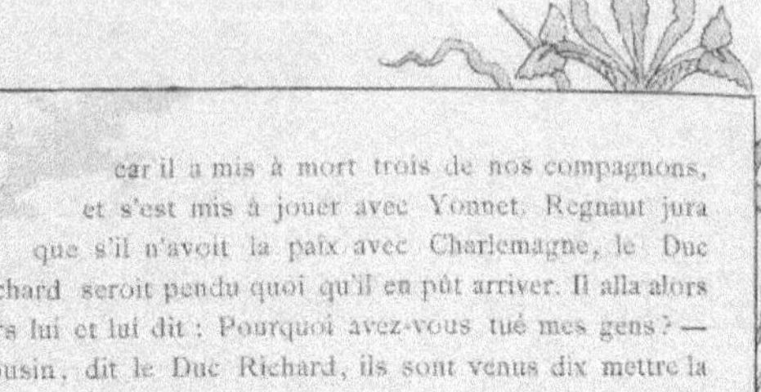

car il a mis à mort trois de nos compagnons, et s'est mis à jouer avec Yonnet. Regnaut jura que s'il n'avoit la paix avec Charlemagne, le Duc Richard seroit pendu quoi qu'il en pût arriver. Il alla alors vers lui et lui dit : Pourquoi avez-vous tué mes gens ? — Cousin, dit le Duc Richard, ils sont venus dix mettre la main sur moi, disant que vous l'aviez commandé, ce que je ne pouvois croire ; je les ai fait sortir d'ici avec grande précipitation ; j'en ai tué je ne sais combien. Je n'aurois pas agi ainsi si on vous eût tenu comme vous me tenez ; d'ailleurs, si j'ai mal agi, je suis prêt à le réparer. Regnaut lui dit : Vous direz tout ce qu'il vous plaira ; mais si je n'ai aujourd'hui la paix avec Charlemagne, je vous ferai mourir honteusement. Richard lui dit : Je n'ai pas peur que vous fassiez ce que vous dites tant que Charlemagne vivra. Regnaut lui répondit : Vous savez ce que je sais faire. Alors il le fit lier étroitement et conduire au lieu où la potence étoit dressée. Il dit à Richard : Pensez deux choses à faire : que j'aie paix avec le Roi, ou vous l'abandonnerez ; car si l'une des deux n'arrive, vous vous en repentirez. Richard répondit : Pensez-vous que par crainte de la mort je renonce à Charlemagne, mon souverain Seigneur ? je ne le ferai jamais ; s'il me manque, il le trouvera au jour du Jugement ; mais si vous voulez bien agir, prêtez-moi un messager. Regnaut appela un de ses gens et lui dit : Allez faire le message que Richard vous ordonnera. — Mon ami, vous irez vers le Roi, et lui direz de ma part que je le supplie, comme mon souverain Seigneur, de vouloir accorder la paix à Regnaut ; que s'il a reçu quelque outrage, je lui en donnerai satisfaction ; et que s'il ne veut pas le faire, le Duc Richard sera pendu. Vous direz aussi à Roland et aux douze Pairs de faire voir au Roi que ce seroit à son déshonneur.

Le messager s'en alla aussitôt à l'armée du Roi qu'il trouva dans sa tente, et dit : Sire, le Duc Richard se recommande bien à vous, et vous supplie, si vous l'aimez encore, de lui faire voir à présent toute l'amitié que vous lui portez, car il en a besoin ; parce que, si vous ne faites pas la paix avec Regnaut, à mon retour vous verrez pendre le Duc honteusement ; vous voyez la potence sur la porte. Il retourna vers les douze Pairs, d'abord vers Roland, puis vers les autres, et leur dit : Seigneurs, le Duc Richard de Normandie vous prie, que si vous l'aimez, vous priiez le Roi de faire la paix avec Regnaut, autrement il va périr indignement. Roland dit alors au Roi :

Sire, ne souffrez pas que vous soyez blâme; vous savez que Richard est un noble Chevalier qui vous a toujours bien servi; faites la paix avec Regnaut, car c'est dommage de laisser mourir Richard.

Le Duc Naimes, Oger, l'Archevêque Turpin, Estou et Olivier dirent au Roi : Si vous ne faites paix avec Regnaut pour recouvrer Richard de Normandie, vous perdrez votre terre. L'Empereur, voyant les Barons si émus, crut mourir de dépit, et il jura que jamais Regnaut n'auroit la paix avec lui, s'il ne lui livroit Maugis pour en faire à sa volonté. Il dit aux douze Pairs : Mes amis, ne craignez rien pour Richard, car Regnaut se laisseroit plutôt crever les yeux que de lui faire aucun mal. Olivier dit : Sire, vous nous avez donc bien récompensés! Richard sera sûrement pendu. Roland dit : Je le connois de telle façon que, s'il vous tenoit, il vous feroit pendre vous-même. Le messager répondit : Sachez que Regnaut n'a cessé d'engager Richard à demander la paix au Roi, et qu'il n'a pas voulu le faire. Le messager dit alors au Roi : Sire, donnez-moi, s'il vous plaît, la réponse que je dois rendre au Duc Richard. — Ami, dit le Roi, vous lui direz qu'il ne craigne rien, car Regnaut ne lui fera point de mal. Le messager lui répondit : Croyez que Regnaut ne vous craint point; je vous dis qu'Allard attend mon retour; je ne voudrois pas gager qu'il ne pendît Richard.

Roland ayant parlé aux douze Pairs, dit au Roi : Sire, je quitte votre service sans prendre congé de vous. Il dit à Oger : Que ferez-vous? Allons-nous-en, laissons-le ici, car il est trop obstiné à cause que nous lui avons obéi; il s'en tient trop fier. Oger dit à Roland : Vous avez bien raison; je n'y veux plus rester de ma vie; mais je m'en irai avec vous sans vous délaisser au besoin; puisqu'il souffre qu'un vaillant homme qui l'aimoit soit pendu, il le souffriroit bien de nous, car il n'a pas de pitié. Olivier leur dit alors : Je m'en irai avec vous et avec le Duc de Naimes. Quand l'Archevêque Turpin vit cela, il jeta un grand soupir, et lui dit : Sire, il vous rend service et vous ne lui en savez pas gré, comme vous en montrez l'exemple au Duc Richard qui vous a bien servi; pour quoi, si je reste, je serai mis à honte. Charlemagne leur dit : Seigneurs, ne craignez rien, car le Duc Richard n'aura aucun mal. — Sire, dit le Duc Naimes, vous avez tort de dire cela; je ne le croirai jamais. Pensez-vous nous amuser par vos paroles? Nous voyons le gibet élevé pour pendre notre compagnon, c'est pourquoi je ne veux plus demeurer avec vous.

Quand Naimes eut dit cela, il sortit de la tente du Roi; tous les autres Pairs sortirent avec lui, et s'en allèrent aussitôt faire abattre leurs tentes. Quand ceux de l'armée virent cela du Roi, ils furent si émus qu'il n'y demeura pas un seul Chevalier, sinon des pauvres Gentilshommes. Roland frémit, et alla avec les autres, et l'armée fut diminuée de plus de quatre mille hommes.

Quand le messager qui avoit été envoyé vers Charlemagne fut retourné, Regnaut lui dit : Dites-moi, que vous a-t-il dit? — Sire, dit le messager, vous avez manqué d'avoir la paix; mais il n'en veut rien faire, et il vous enjoint que vous ne soyez pas assez hardi pour vouloir faire aucun mal au Duc Richard. Et quand il eut dit cela, il se tourna vers le Duc Richard, et lui dit : Sire, vous pouvez bien connoître comme le Roi vous aime. Sachez que vous n'aurez point de secours de lui; et, pour l'amour de vous, Roland et tous les Pairs se sont irrités contre lui : car ils ont démonté leurs tentes, et je suis assuré que la plupart de l'armée s'en ira : il n'est resté que Ganelon et sa famille, car leurs tentes sont dressées. Regnaut entendant que, pour l'amour du Duc Richard, les Pairs avoient abandonné le Roi, il lui dit : Cousin, je vous prie de me pardonner le grand mal que je vous ai fait. — Regnaut, dit Richard, je ne vous blâme pas, mais je donne le blâme au Roi.

XXIX
Comme les douze Pairs de France abandonnèrent tous l'Empereur Charlemagne, puisqu'il ne vouloit pas faire la paix avec les quatre fils Aymon, et comme il les fit appeler, leur promettant ce qu'ils voudroient.

L'Empereur Charlemagne, voyant tous les Barons s'en aller, en fut bien fâché. Il se mit à ronger une demi-lance qu'il avoit à la main, et il appela ensuite un Chevalier auquel il dit : Montez à cheval et courez après Roland et les autres Barons, et dites-leur qu'ils viennent me parler; je ferai tout ce qu'ils voudront, et je pardonnerai à Regnaut la faute qu'il m'a faite. Le Chevalier lui dit : Je suis charmé de votre bonne volonté. Il courut après les Pairs de France.

Regnaut étoit sous le portique de Dordonne avec le Duc Richard, qui d'abord aperçut le Chevalier qui alloit après les douze Pairs, et dit au Duc Richard : Cousin, je vois un Chevalier qui court après les douze Pairs pour les faire retourner; nous aurons aujourd'hui la paix. — Sire, dit le Duc Richard, vous l'aurez bonne malgré ceux qui le veulent détourner; vous devez bien aimer nos compagnons.

Sachez que le Chevalier a tant marché qu'il a parlé à Roland, et lui a dit : Seigneur, le Roi vous mande de retourner, et qu'il pardonnera à Regnaut. — Naimes, dit Roland, je tiens la paix faite, et cette guerre va bientôt finir. Naimes, ayant entendu parler Roland, fut bien satisfait, et ils s'en retournèrent vers le Roi. Quand Regnaut vit que les douze Pairs retournoient, il dit au Duc Richard : Cousin, je crois que la paix est faite.

Quand Charlemagne vit les Barons qui revenoient, il leur dit : Ma foi! Messieurs, vous avez grand tort de vouloir faire la paix contre mon gré. Je hais tant Regnaut que je ne puis le souffrir à cause de son orgueil, et si vous voulez que j'aie paix avec lui, je veux qu'il s'en aille, mal vêtu, auprès de la mer; je veux qu'il me rende Bayard, et je rendrai à ses frères leurs terres et héritages; s'il veut le faire, j'accorderai la paix, autrement non! car je vous assure que jamais je ne le ferai. Ainsi, voyez entre vous qui fera le message. — Sire, dit Naimes, si vous le voulez, j'irai volontiers. Charlemagne dit à Naimes : Je le veux bien. Aussitôt le Duc Naimes partit pour aller à Dordonne.

Quand Regnaut le vit venir, il le reconnut bientôt, et le salua humblement en lui disant : Sire, quelles bonnes nouvelles m'apportez-vous, et quel sujet vous amène ici? Le Duc Naimes dit à Regnaut : Charlemagne m'envoie ici, et il vous mande qu'il n'aura pas la paix avec vous que vous ne partiez pour aller en mer, mal habillé, et demandant votre vie; et il rendra à vos frères tous vos héritages. — Naimes, lui dit Regnaut, soyez le bien-venu : je vous promets que je ferai le commandement du Roi; je consens de partir demain. Regnaut, ayant accordé ce que le Duc Naimes lui avoit dit, prit Bayard et le donna au Duc Naimes, puis prit l'étendart et le mit sur la grande Tour, en signe de paix. Le Roi l'ayant aperçu le montra à Roland, qui, le voyant, lui dit : Regnaut est vraiment bien généreux d'avoir fait la paix de cette manière. Honneur à celui qui lui a donné cette bonne idée! Roland dit à Oger : Regnaut possède la douceur d'un agneau et la bravoure d'un Chevalier. Cependant le Duc Naimes emmena Bayard, et le présenta au roi, lui disant : Sire, Regnaut est tout

prêt à faire ce que vous avez commandé. — Il partira demain, s'il plaît à Dieu, dit le Roi; j'en suis content. Dites-moi, je vous prie, où est le Duc Richard, car je veux le savoir. Naimes lui répondit : Sire, il est sur le point de demeurer avec Regnaut, car il veut le conduire lorsqu'il s'en ira.

Regnaut fit bonne chère à ses frères (*), et leur dit : Seigneurs, ne soyez pas fâchés de ce que je m'en vais, car la paix que j'ai faite est plus pour l'amour de vous que pour moi; je vous prie de bien vous maintenir jusqu'à mon retour. Alors il commença à s'habiller d'une serge violette, chaussa de gros souliers et se fit donner un gros bourdon pour porter à la main. Il vint ensuite auprès de la Duchesse. Lorsqu'elle le vit ainsi accommodé, elle tomba en foiblesse. Regnaut la releva et lui dit : Dame, ne vous affligez pas, car je reviendrai bientôt ici, s'il plaît à Dieu, et mes frères vous serviront comme leur Dame. Je suis content que la paix soit faite, et que je suis retourné. Je prie Notre Seigneur Jésus-Christ qu'il veuille bien vous préserver de mort subite, de tous maux et adversités. Il la baisa en pleurant, et en prit congé. La Duchesse, le voyant partir, lui dit : Mon cher ami, le non pareil du monde, hélas! jamais je ne vous reverrai! Alors elle se retira dans sa chambre, prit toutes ses robes, puis les jeta dans le feu. Ensuite elle prit une robe de serge qui étoit d'une couleur violette, ainsi que son mari avoit fait; elle la mit, puis elle commença à dire qu'elle n'en mettroit jamais d'autre jusqu'à ce qu'elle vît son mari de retour d'où il étoit allé.

Regnaut se mit en chemin. Richard et ses frères avec ses gens le conduisirent loin, et Regnaut leur dit : Seigneurs, je vous prie de vous retourner, car tant que je serai avec vous je ne serai pas à mon aise; allez consoler la Duchesse. Pour vous, mes frères, je vous recommande mes enfans. Après que Regnaut leur eut dit adieu, Allard lui dit : Mon frère, je vous prie de vous en retourner, car je suis si fâché de votre départ, que peu s'en faut que je ne meure : je vous dis, pour vrai, que je ne sortirai pas de ce vallon que vous

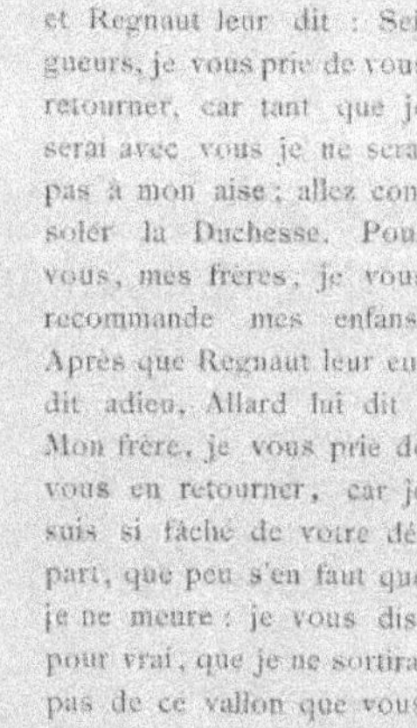

ne soyez de retour. Quand Allard eut dit cela, il embrassa son frère et prit congé de lui en pleurant, ainsi que le Duc Richard de Normandie, auquel Regnaut dit : Mon cousin, je vous recommande mes frères, ma femme et mes enfans, car ils sont tous de votre sang. — Regnaut, dit le Duc Richard, je vous jure que je les aiderai de tout mon pouvoir; c'est pourquoi ne vous inquiétez pas d'eux, car rien ne leur manquera.

XXX
Comme Richard de Normandie présenta au Roi les frères de Regnaut, et comme, quand le siège fut levé, le cheval Bayard fut jeté dans la rivière; et Maugis avec Regnaut s'en allèrent à Jérusalem, contre les Perses.

Quand Regnaut fut parti, Richard et ses frères se préparèrent pour aller trouver Charlemagne. Aussitôt ils sortirent de Dordonne, et s'en allèrent à la tente du Roi, qui fut joyeux quand il les vit. Il ordonna à ses barons d'aller au-devant. Roland dit : Voici les trois frères fort dolens que le Duc Richard amène. Quand ils furent devant le Roi, ils s'agenouillèrent, puis Allard dit : Sire, notre frère Regnaut vous salue et se recommande à vos bontés; il renvoie le Duc Richard de Normandie, et l'a prié de nous recommander à vous, car il est outre-mer pour faire votre commandement. — Amis, dit le Roi, soyez les bien-venus, puisque nous sommes bons amis; si je peux voir retourner Regnaut, je l'aimerai autant que Roland, mon neveu, car il est de grande valeur.

Quand il eut parlé aux frères de Regnaut, il baisa Richard et lui demanda : Quelle prison, quelles viandes Regnaut vous a-t-il données? — Sire, répondit-il, je n'ai de ma vie été si bien traité. Le Roi commanda alors que chacun décampât pour s'en aller

auprès de Liège. Quand il fut sur le pont de Meuse, il fit amener Bayard, le bon cheval de Regnaut. Quand il le vit, il lui dit : Ah ! Bayard, tu m'as irrité bien des fois, mais je suis venu à bout de me venger. Alors il lui fit lier une pierre au col, et le fit jeter par-dessus le pont dans la rivière de Meuse (**). Bayard alla au fond. Quand le Roi vit cela, il eut grande joie, et dit : J'ai tout ce que j'ai demandé ; enfin, le voilà détruit ! Bayard frappa tant des quatre pieds qu'il vint à bout de casser la pierre, et revint dessus. Quand il fut dessus, il passa à la nage de l'autre côté de la rivière. Quand il fut sur le bord, il se mit à hennir hautement, puis prit sa course avec tant de rapidité qu'il sembloit que la foudre le poussât. Il entra dans la forêt d'Ardennes. Charlemagne, voyant que Bayard étoit échappé, en fut très irrité ; mais tous les Barons en furent bien satisfaits. Beaucoup de gens disent que Bayard est encore vivant dans le bois d'Ardennes ; mais, quand il voit homme ou femme, il fuit et on ne peut l'approcher.

Après toutes ces choses, le Roi appela ses Barons, et leur donna congé de s'en retourner dans leurs terres, dont ils furent contens, car ils désiroient y retourner pour voir leurs femmes et leurs enfans. Regnaut vint à Constantinople, et se logea chez une sainte femme qui le reçut du mieux qu'elle put, lui donna à manger de ce que Dieu lui avoit envoyé ; ensuite elle lui lava les pieds, comme elle faisoit aux autres Pèlerins ; elle le conduisit dans sa chambre, et lui dit : Bonhomme, vous coucherez ici, car vous ne pourriez dormir dans l'autre chambre : il y a un Pèlerin qui est bien malade. — Dame, je vous prie de me vouloir montrer ce Pèlerin qui est malade. — Volontiers, lui répondit la Dame ; je vous promets qu'il attirera votre compassion. Elle le mena alors où étoit couché le Pèlerin. Regnaut vit bien que c'étoit Maugis, dont il fut fort joyeux, et commença à lui dire : Ami, comment vous portez-vous? Quand Maugis l'entendit ainsi parler, il sortit du lit, comme s'il n'eût point eu de mal, et l'embrassa en lui disant : Comment vous va ? et quelle aventure vous a amené ici en si pauvres habits? Dites-moi si vous avez la paix avec Charlemagne. — Oui, cousin, par telle manière que je vous dirai. Alors il lui conta toute la manière, comme dessus avez ouï, et tout le traité qu'il avoit eu avec lui, sans en manquer une parole. Quand Maugis entendit ces paroles, il fut content, rendit grâces à Dieu, embrassa Regnaut, et lui dit : Cousin,

je suis guéri par les bonnes nouvelles que vous m'avez annoncées, et nous nous en irons ensemble; nous ne mourrons point de faim, car je sais bien mendier. — Et moi aussi, répondit Regnaut.

Quand la Dame vit que les Pèlerins se faisoient tant d'amitiés, elle pensa bien alors que c'étoient des personnes de noble famille, et qu'ils avoient eu quelque affaire. Elle leur dit : Je vois bien que vous vous connoissez; je vous prie de me dire qui vous êtes, et d'où vous venez? — Dame, sachez que nous sommes deux pauvres Gentilshommes qui sommes bannis de France, et il faut que nous allions outre-mer avec ces habits que vous voyez. Nous sommes cousins germains, et ferons notre voyage ensemble, s'il plaît à Dieu. La Dame en fut joyeuse et fit venir des vivres en grande quantité. Maugis, qui depuis longtemps n'avoit pas bu de vin, en but avec Regnaut. On ne pourroit s'imaginer ni dire toute l'amitié que les deux cousins se témoignèrent l'un à l'autre. Quand le jour fut venu, Regnaut et Maugis se levèrent, prirent congé de la Dame, et se mirent en chemin.

Les deux Pèlerins, après de grandes journées, arrivèrent à une lieue près de Jérusalem : ils commençoient déjà à apercevoir le Temple, la Tour de David, et une partie de Jérusalem. Quand Regnaut et Maugis virent cela, ils en furent fort joyeux et rendirent grâces à Dieu de ce qu'ils étoient arrivés jusqu'à la sainte Cité. Quand ils eurent fait leurs prières, ils se mirent en chemin pour entrer dans Jérusalem;

mais ils eurent à peine marché qu'il aperçurent un grand camp autour de la Ville. Tout au devant de la Ville de David il y avoit plusieurs tentes et pavillons des Chrétiens qui étoient venus pour détruire l'Amiral de Perse, qui tenoit Jérusalem assiégée. Regnaut s'arrêta alors, et dit à Maugis : Cousin, quels gens sont-ce en ce camp ? Sont-ils Chrétiens ou Sarrasins ? — Assurément, dit Maugis, je n'en sais rien ; je suis surpris qui ce peut être. Ainsi que Regnaut et Maugis parloient, il arriva un vieillard qui venoit de l'armée. Regnaut lui dit : Chevalier, dites-moi, s'il vous plaît, quels gens ce sont qui campent devant la Ville ? — Pélerins, lui répondit-il, ce sont des Chrétiens qui ont assiégé Jérusalem, et ne la peuvent prendre. — Dites-moi, dit Regnaut, qui est dans Jérusalem ? — Sachez, dit le Chevalier, que c'est l'Amiral de Perse qui l'a prise par trahison. — Comment l'a-t-il prise ? dit Regnaut. — Vous devez savoir, dit le bonhomme, que l'Amiral se vêtit en habit de Pélerin, et beaucoup d'autres gens avec lui. Ils rentrèrent dans Jérusalem l'un après l'autre, et quand ils y furent ils sonnèrent hautement, et mirent la main à leurs épées, et combattirent rudement; enfin ils se rendirent maîtres de la Ville avant que le Roi Thomas et ses gens se fussent armés; il s'est sauvé avec peu de ses gens qui lui sont restés. Le pays s'est aussitôt soulevé, de manière que les Persans sont assiégés dans la Ville, et on espère, avec l'aide de Dieu, qu'en fort peu de temps la Ville sera prise. — Or, dites-moi, dit Regnaut, ceux de dedans la Ville sortent-ils souvent sur les Chrétiens ? — Oui, dit le bonhomme, car ils sont en grand nombre; et ce qui nous détruit le plus, c'est que nos gens sont sans chef. Quand Regnaut entendit ces paroles, il se mit à sourire et dit : Nous y allons pour voir ce qu'il en arrivera. Ils allèrent dans l'armée. Chacun regardoit Regnaut qui étoit un si beau Pélerin; il regardoit de côté et d'autre, ne sachant où se mettre. Il dit à Maugis : Cousin, il faut trouver un moyen pour nous loger au coin du mur. Maugis travailla aussitôt à faire une petite loge. Cependant l'Amiral de Perse sortit de Jérusalem avec trois mille combattans.

Cependant, le vaillant Comte de Rames retourna pour leur parler. Il les trouva qui faisoient leur logis. Alors il se prit à regarder sans rien dire. Quand il vit qu'ils étoient grands et bien faits, principalement Regnaut, il lui dit : Mon ami, je vous prie de me dire la vérité sur ce que je vous demanderai, et par la foi que vous devez au Temple que vous venez adorer : c'est que vous me disiez votre nom, qui vous êtes, de quel pays, et pourquoi vous êtes si pauvrement habillé ? — Sire, dit Regnaut, je vous dirai volontiers mon nom et mon pays. Sachez que j'ai nom Regnaut de Montauban, dont Charlemagne m'a déshérité à grand tort. Le Duc Aymon étoit mon père; je suis venu dans la Terre Sainte pour servir Notre Seigneur contre ses ennemis, car me l'a ainsi recommandé Charlemagne, mon souverain Seigneur, quand je fis paix avec lui; et, qui pis est, il m'a forcé d'y venir comme vous voyez, en demandant mon pain, à laquelle chose je n'ai point voulu contredire pour avoir la paix. Le Comte Rames fut bien content, et, joignant les mains vers le ciel, il dit : Ah! noble Chevalier Regnaut, le meilleur des Chevaliers du monde, recevez mon hommage, car je me donne à vous avec mes biens. Regnaut lui dit : Levez-vous, car vous me badinez. — Parbleu! dit le Comte, jamais je ne me lèverai que vous ne m'accordiez un don. — Sire, dit Regnaut, je vous l'accorderai volontiers et de bon cœur. — Grand merci, dit le Comte. Alors il se leva et lui dit : Est-il vrai que vous avez la paix avec Charlemagne? Où sont donc vos frères et Maugis, votre cousin, en qui vous aviez si grande confiance, et votre bon cheval? — Sire, répondit Regnaut, mes frères sont demeurés en France avec ma femme, mes enfans, et le Roi leur a donné notre héritage; vous voyez ici mon cousin Maugis. Le Comte fut charmé d'avoir appris cela, et s'écria hautement : Ah! Comte Regnaut, soyez le bien-venu! Vous êtes le plus vaillant Chevalier du monde; loué soit Dieu qui vous a inspiré de venir ici. Je vous prie de me recevoir pour ami : vous sauverez l'honneur du Roi Thomas, qui est ici détenu prisonnier par ces infidèles; ils l'ont pris depuis que nous sommes ici devant; car si vous voulez être notre conducteur, je ne doute point que dans peu nous n'ayons Jérusalem, et que le Roi Thomas soit délivré. Tous les Barons de Syrie arrivèrent. Ils furent joyeux de l'arrivée de Regnaut de Montauban, auquel ils firent grand accueil et bonne chere. Enfin ils le prièrent tous d'être leur Seigneur et leur guide, comme étoit auparavant le Comte de Rames. Quand Regnaut vit que les Barons de Syrie l'engageoient tous à recevoir leurs hommages, il leur dit : Seigneurs, puisqu'il vous plaît de me faire cet honneur, je le prends, sauf l'honneur du Roi Thomas, qui est votre Roi et souverain Seigneur. — Sire, dirent les Barons, nous le voulons ainsi. Quand il l'eut reçu, le Comte s'agenouilla devant lui, et lui dit : Sire, je vous prie de m'accorder le don que vous m'aviez promis. — Sire, dit Regnaut, dites ce qu'il vous plaira, car vous l'aurez. — C'est que vous veniez loger dans ma tente et que vous ne receviez rien hors de chez moi, et si vous voulez, je vous ferai délivrer tout ce que vous me demanderez. — Je vous remercie de l'honneur que vous me faites de ces beaux présens; ils ne sont certainement pas à refuser. Le Comte prit Regnaut par la main et le mena dans sa tente. Les Barons prirent congé, et s'en retournèrent chacun dans leurs tentes, louant Dieu de ce qu'il leur avoit donné un si bon chef. Le Comte fit venir de très bons chevaux, avec des habits bien fourrés et de diverses couleurs, plusieurs hauberts (**), grand nombre d'épées, plusieurs vaisseaux d'or et d'argent, lesquels furent présentés à Regnaut; mais il n'en voulut pas, sinon un cheval, un haubert et une épée : pour ce qui restoit, il le distribua aux pauvres Chevaliers. Le Comte lui dit : Sire, prenez un autre habit, car vous savez qu'il n'appartient pas à un homme comme vous êtes de porter un si pauvre habillement. — Celui que j'ai me plaît, répondit Regnaut, et je n'en mettrai point d'autre que je n'aie baisé le Saint-Sépulcre où Dieu fut mis au sortir de la Croix. Le Comte commanda alors que l'on fit souper.

Quand ils eurent soupé, le Comte appela Galerand, Geoffroy, et le Comte de Jaffes. Il leur dit : Seigneurs, pensons à louer Dieu, puisqu'il nous a envoyé le secours de Regnaut et de Maugis; il me semble que nous devons avoir, chacun en sa tente, un grand cierge allumé en louant Notre Seigneur du secours qu'il nous a envoyé. Les Barons lui dirent qu'il avoit raison. Alors chacun retourna à sa tente et fit allumer un grand cierge : c'étoit beau à voir la grande clarté qui se répandoit dans l'armée! Alors ils se mirent tous à danser à l'entour de leurs tentes. Les Turcs qui gardoient la Tour de David, ayant aperçu une si grande lumière dans l'armée des Chrétiens, en furent surpris. Alors quelques-uns d'eux l'allèrent dire à leur Roi.

Quand l'Amiral apprit ces nouvelles, il s'écria très hautement, et dit : Mahomet! qu'ont-ils donc trouvé, ces méchans, qu'ils font si grande fête? Je crois qu'ils font comme les cygnes qui chantent quand ils doivent mourir; car je réponds de leur perte et cependant ils se réjouissent. Il jura Mahomet devant tous ses Barons qu'il sortiroit dès le lendemain afin de détruire tous les Chrétiens. Quand le Roi Thomas, qui étoit prisonnier, vit la grande joie que menoient les Chrétiens, il ne sut que penser; mais il dit en lui-même : Qu'ont maintenant ces gens, qu'ils mènent la grande joie? Hélas! ne se souviennent-ils point de moi? Je crois qu'oui, car la fête qu'ils font ne peut être sans une grande occasion. Ceux de Rames et des environs, voyant une si grande lumière, s'imaginèrent que Jérusalem étoit en feu, et les autres avoient

peur qu'on n'eût quelque grande affaire. Quand ceux de l'armée eurent fait bonne chère, on disposa une sentinelle. Aussitôt que le jour fut venu les Barons allèrent saluer Regnaut qui étoit dans sa tente, et lui dirent : Sire, que vous semble-t-il que nous devions faire? Attaquerons-nous la Ville? — Seigneurs, dit Regnaut, il me semble que cela est.

Ils étoient à décider s'ils attaqueroient la Ville. Alors l'Amiral fit ouvrir la porte, et sortit avec dix mille hommes bien armés. Regnaut et les Barons de Syrie coururent aussitôt aux armes. Regnaut fut bientôt armé, ensuite il prit son casque et son épée, et monta sur le cheval que le Comte de Rames lui avoit donné. Maugis s'arma comme lui, puis monta à cheval, et commença à crier : Barons, ne craignez rien, car je promets à Dieu que je ne retournerai pas être Ermite que les Turcs ne soient vaincus! Il dit à Geoffroy : Baron, tenez-vous auprès de Regnaut, car si tous les autres Chevaliers étoient comme lui, l'Amiral seroit bientôt vaincu. Quand les Barons furent armés, ils ordonnèrent leur bataille (81) du mieux qu'ils purent. L'Amiral arriva, se mit parmi les Chrétiens. Le premier bataillon sarrasin conduisoit un Roi que l'on appeloit Margaris, et qui portoit sur son écusson un Dragon peint avec une horrible figure. Quand Margaris vit qu'il étoit temps de frapper sur les Chrétiens, il vint contre Regnaut, qui, le voyant venir, dit aussitôt au Comte de Rames : Le voici qui vient chercher la mort. Et lorsque Regnaut eut ainsi parlé, il courut très rudement contre Margaris, et le frappa d'une telle force, qu'il lui perça la poitrine avec sa lance, dont il tomba par terre. Quand il eut fait ce coup, il lui dit : Que Dieu te punisse! va faire compagnie à tes prédécesseurs en enfer. Ensuite il mit la main à l'épée, et frappa un Sarrasin si rudement sur son casque, qu'il le fendit jusqu'aux dents. Ensuite il en frappa un autre sous son étendart, et lui abattit la tête de dessus les épaules. Quand il eut tué ces trois, il cria : *Montauban!* Quand Maugis l'entendit, il se précipita à travers la mêlée, et abattit mort le premier qu'il rencontra, puis il mit l'épée à la main, se mit dans la grande foule, et il frappoit à droite et à gauche avec tant de force qu'il abattit quantité de Sarrasins par terre, tellement que tous les Barons et Regnaut en étoient surpris. Regnaut dit alors au Comte de Rames : Que pensez-vous de mon cousin? Vîtes-vous un si bon Ermite? — Par ma foi! dit le Comte, il mérite d'être estimé. Heureuses les entrailles qui l'ont porté et l'heure où vous êtes venus dans ce pays! car maintenant je suis sûr que par votre arrivée la Ville de Jérusalem sera prise, et le Roi Thomas délivré de prison. Quand le Comte de Rames eut ainsi parlé, il piqua son cheval et frappa un Turc avec tant de fureur qu'il lui passa sa lance au travers du corps, dont il mourut. Il mit ensuite l'épée à la main, et cria : *Rames!* tant qu'il put, en disant : Frappez, Barons, car les Sarrasins vont être vaincus, si Dieu nous garde les vaillans Regnaut et Maugis. Les Barons du pays se mirent en la presse, et commencèrent à faire merveilles d'armes contre les Sarrasins. Chacun craignoit de trouver Regnaut et Maugis, car on n'osoit pas se trouver devant eux. Quand les Sarrasins virent qu'ils ne pouvoient souffrir le tort que Regnaut et Maugis leur faisoient, ils se mirent en fuite vers Jerusalem.

Quand l'Amiral vit que ses gens étoient vaincus, il dit : Malheureux, pourquoi me fuyez-vous? Ne savez-vous pas que je suis votre Seigneur et que je vous défendrai contre tous ces faux Chrétiens? Qu'est devenu Margaris? — Sire, dit un Sarrasin, il est mort. Quand l'Amiral entendit ces paroles, il pensa enrager, et dit : Qui est celui qui a tué Margaris? Est-ce celui qui a la grande fourche? — Oui, Sire : c'est le meilleur Chevalier du monde; il a mis quantité de vos gens à mort. L'Amiral jura par Mahomet qu'il perceroit le ventre au grand vilain. Quand il eut fait son serment, il piqua des deux, et se mit dans la mêlée, et le premier qu'il rencontra fut Galeran, auquel il donna parmi son écu si rudement qu'il lui passa sa lance par derrière. Il mit ensuite l'épée à la main, et se mit dans la mêlée en criant : Frappez, Barons, frappez sur ces mauvais Chrétiens, car ils vont être bientôt vaincus! Quand le Comte de Jaffes et Geoffroy virent qu'il maltraitoit si mal les Chrétiens, ils se jetèrent dans la mêlée. Il eut y une grande destruction de gens de part et d'autre; mais à la fin les Chretiens auroient été vaincus sans Regnaut et Maugis.

XXXI

Comme la Ville de Jérusalem fut prise par le moyen de Regnaut et de Maugis, et délivrée de la tyrannie des Payens.

REGNAUT voyant le combat, se jeta dedans comme un lion sur des bêtes, et frappa un Persan qui étoit cousin de l'Amiral, qui avoit nom Orient. Il lui donna un si grand coup d'épée sur son casque qu'il lui fit sauter la tête à la distance d'une lance, puis en frappa un autre qui étoit neveu de Maybon, et tua l'homme et le cheval. Il montra tant de courage que les Payens en furent étonnés, car il avoit jeté son écu sur ses épaules, et tenoit les rênes de son cheval à l'entour de son bras, et tenoit son épée à deux mains, et abandonnoit son corps. Il frappoit à droite et à gauche, et à chaque coup il tuoit un Payen.

Quand l'Amiral vit le dommage que Regnaut faisoit à ses gens, il jura son Dieu Apollon qu'il ne mangeroit pas qu'il n'eût tué le grand vilain. — Sire, dit le Comte Amaury, je vous prie de laisser cette entreprise, car je vous dis que, si vous allez au-devant de lui, il vous tuera d'un seul coup. Maugis faisoit un grand carnage partout où il alloit. Quand Regnaut vit que Maugis alloit si bien, il fut très satisfait. Il donna un si grand coup d'épée sur le casque d'un Turc, qu'il lui sépara la tête, et cria : *Montauban!* en disant : Frappez, et ils seront vaincus! L'Amiral ayant entendu crier : *Montauban!* fut très surpris, car il connut bien que celui-là qu'il appeloit et nommoit le grand vilain c'étoit le vaillant Regnaut, duquel il avoit entendu parler plusieurs fois pour le Chevalier le plus courageux du monde. Quand il vit cela, il désiroit être en Perse. Il tourna alors ses pas vers la Ville, et s'en alla tout droit vers la Porte Dorée pour entrer dedans et se garantir de Regnaut: mais le vaillant Comte de Rames le suivit de si près qu'il l'atteignit enfin. Quand l'Amiral vit qu'il étoit tant poursuivi, il craignit d'être pris, et se sauva aussitôt dans Jérusalem. Il laissa tous ses gens dehors, et dont il y en eut une grande partie de tués, car Regnaut, Maugis, Rames, Geoffroy et Jaffes en tuèrent tant qu'il en échappa bien peu. Quand Regnaut aperçut que l'Amiral s'étoit échappé, il en fut bien fâché. Il vit un chevron qui avoit quinze pieds de

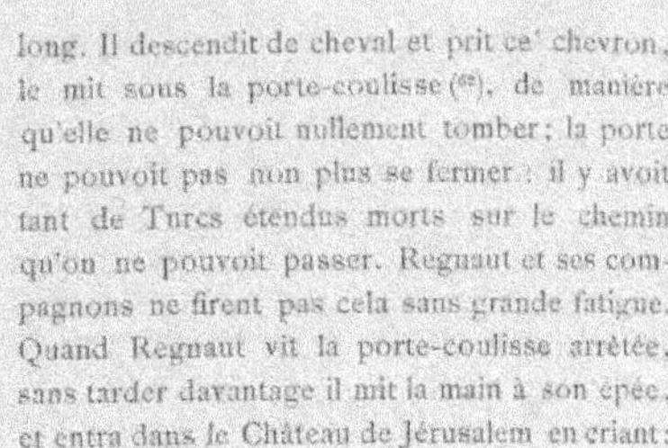

long. Il descendit de cheval et prit ce chevron, le mit sous la porte-coulisse (62), de manière qu'elle ne pouvoit nullement tomber; la porte ne pouvoit pas non plus se fermer : il y avoit tant de Turcs étendus morts sur le chemin qu'on ne pouvoit passer. Regnaut et ses compagnons ne firent pas cela sans grande fatigue. Quand Regnaut vit la porte-coulisse arrêtée, sans tarder davantage il mit la main à son épée, et entra dans le Château de Jérusalem en criant : *Montauban!* Il combattit si bien que Maugis et le Comte de Rames entrèrent dans le Château. L'Amiral voyant les Chrétiens entrés dans la Ville, devint furieux et jura son Dieu Apollon que si le Roi Thomas ne lui sauvoit la vie, il le feroit mourir. Alors il courut vers lui, et lui dit : Roi Thomas, si vous ne me sauvez la vie à présent, je vous ferai mourir, et je vous jetterai en bas. Alors le Roi Thomas lui dit : Ayez un peu de patience, que j'aie parlé à mes gens. — Allez leur parler, dit l'Amiral, dépêchez-vous. Le Roi Thomas se mit alors aux fenêtres, et vit venir Regnaut et Maugis, qui venoient les premiers attaquer la Tour où il étoit prisonnier. Il ne les connut point; mais après, il vit venir le Comte de Rames, qu'il connut, et Geoffroy et le Comte de Jaffes, dont il fut content et leur cria : Seigneurs, regardez votre Roi qui est prisonnier! L'Amiral vous mande que si vous ne le laissez retourner en son Royaume de Perse, il me jettera du haut en bas des fenêtres. — Ah! bon Roi, dit le Comte de Rames, Dieu vous sauve! Il est vrai que nous servons à ce Seigneur que vous voyez, qui est notre Maître et Gouverneur; c'est le plus vaillant Chevalier du monde : dites-lui votre affaire, car sans lui nous ne pouvons rien. Le Roi Thomas entendant cela crut qu'il alloit mourir. Il dit alors en colère au Comte Rames : Ah! Comte, vous m'avez trahi en acceptant un autre Seigneur. — Sire, dit le Comte, pas de crainte : nous l'avons fait pour vous, et vous n'y perdrez rien; ce Chevalier a assez en France. Vous devez savoir que lui et son cousin Maugis ont pris cette Ville par leur courage. N'ayez aucun soupçon, ni pour lui ni pour nous; je réponds qu'il fera comme vous voudrez, car il n'est ici que pour vous délivrer, et, aussitôt qu'il aura visité le Saint-Sépulcre, il retournera en France.

Le Roi Thomas dit : Seigneurs, comment a nom ce Chevalier? — Sire, il s'appelle Regnaut de Montauban, fils du Duc Aymon, le meilleur Chevalier du monde, car il est tel que Charlemagne ne l'a pu vaincre, et ils ont fait la guerre pendant quinze ans l'un contre l'autre; il a tant fait de prouesses qu'il s'est acquis une grande renommée par tout le monde. — Comte, dit le Roi, je vous prie de lui dire

de ma part tout ce que je vous ai proposé. — Sire, dit le Comte, je le ferai très volontiers. Il vint vers Regnaut, et lui dit ce que le Roi Thomas lui mandoit. — Seigneur, dit Regnaut, nous ne le ferons pas ainsi; mais il faut l'aller attaquer impétueusement, car, au pis aller, nous pourrons toujours accorder à l'Amiral la demande qu'il nous a faite; et je vous dis que la Tour sera prise, que nous délivrerons le Roi Thomas, et ferons mourir le traître Amiral. Alors ils escaladèrent la Tour de tous côtés avec des échelles. Regnaut monta le premier, Maugis, le Comte de Rames, Geoffroy, et bien vingt autres Chevaliers y montèrent après.

Le vieux Comte de Jaffes resta avec les Archers et Arbalétriers. L'Amiral dit au Roi Thomas: Par Apollon! vous et moi sauterons en bas. — Sire, pour Dieu! ne vous tuez ni moi, et je ferai cesser l'assaut. Lors le mena à la fenêtre, et le prit par les jambes, et commença à crier à Regnaut: Je jetterai en bas le Roi Thomas, si vous ne me pardonnez. Regnaut, voyant que le Roi Thomas alloit tomber, en eut pitié, et dit: Sire, ce nous seroit grande honte d'abandonner l'assaut, car la Tour est presque prise, et ce seroit dommage aussi si le Roi Thomas mouroit. Alors tous les Barons se mirent à crier: Sire, pour Dieu! ne souffrez pas que notre Roi meure si honteusement. — Seigneurs, dit-il, je ne voudrois pas que le Roi mourût pour moi. Alors il cria à l'Amiral: Laissez le Roi Thomas; vous serez délivré par tel inconvénient que vous et vos trois hommes vous en irez à pied, et laisserez tous vos équipages. — Par Mahomet! dit l'Amiral, je ne le ferai pas; je m'en irai à cheval, et mes trois hommes aussi; si vous ne voulez pas, je laisserai tomber le

Roi. Regnaut dit à l'Amiral : Je vous accorde ce que vous me demandez. L'Amiral fut content quand il entendit Regnaut parler ainsi. Il retira le Roi, et lui dit : Roi Thomas, vous êtes quitte de moi. Alors il descendit, ouvrit la porte, et s'en alla avec ses gens. Là fut faite grande chère entre le Roi Thomas, Regnaut, et tous les Barons de Syrie. Après cela l'Amiral prit son sauf-conduit, et s'en retourna en Perse.

Thomas et Regnaut, aussi tous les Barons, montèrent ensemble à la Tour. Quand ils furent en haut, le Roi Thomas s'agenouilla devant Regnaut, qui lui dit : Sire, vous avez tort d'agir ainsi. — Non, dit le Roi. Regnaut le prit par la main et le releva. Alors le Roi l'embrassa et lui dit : Béni soit Notre Seigneur qui vous a conduit en ce pays, car vous avez recouvré Jérusalem, la Sainte Cité, et m'avez délivré de prison. Or, dites-moi, s'il vous plaît, si vous avez paix avec Charlemagne qui vous a tant fait de mal? — Sire, dit Regnaut, oui ; et, à l'occasion de la paix, je suis ici en pauvre habit, en demandant mon pain. Ils descendirent ensuite de la Tour pour aller au Saint-Sépulcre, où ils rendirent grâces à Dieu, et firent grande fête par toute la Ville de la victoire qui était remportée.

Quand Regnaut et Maugis eurent adoré le Saint-Sépulcre, ils furent conduits par le Roi Thomas et les Barons au Palais, où ils furent fêtés honnêtement. Cette fête dura plus de cent jours, et ils donnèrent de beaux présens à Regnaut : on lui donna des chevaux et des draps d'or, mais Maugis ne voulut rien accepter, ni changer d'habillement, car il voulut rester en habit de Pèlerin, et nus pieds, dont Regnaut fut bien fâché. Le Roi fit amarrer un vaisseau au port de Japhet pour emmener Regnaut. Quand tout fut prêt, le Roi Thomas envoya Regnaut au port de Japhet; les Comtes de Rames et Geoffroy l'y accompagnèrent, et furent bien fâchés de son départ. Regnaut prit congé du Roi Thomas et des autres Barons en pleurant; ensuite ils se mirent en mer. Ils y demeurèrent pendant environ huit mois. Ils abordèrent enfin un jeudi, dans un lieu

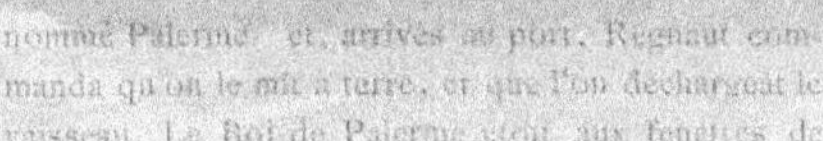

nommé Palerme, et, arrivés au port, Regnaut commanda qu'on le mît à terre, et que l'on déchargeât le vaisseau. Le Roi de Palerme étoit aux fenêtres de son Palais, et vit qu'on déchargeoit un vaisseau. Alors il dit à ses Barons : Je vois qu'on décharge un vaisseau sur le bord de la mer; peut-être que c'est quelque grand Seigneur, ou bien de pauvres Pèlerins. Le Roi, sans attendre davantage, alla au port avec plusieurs de ses Chevaliers, et là, ils trouvèrent Regnaut, qui étoit descendu à terre. Quand le Roi l'aperçut, il fut fort joyeux et le reçut bien. — Regnaut, dit le Roi, soyez le bien-venu, je vous invite à venir loger dans mon Palais, nous parlerons ensuite de votre voyage et de la guerre. Comme le Roi étoit en conversation, il arriva un Chevalier qui dit au Roi : Sire, l'Amiral de Perse est venu accompagné de gens devant Palerme. Quand le Roi ouït ces nouvelles, il fut irrité, et Regnaut content. Alors il dit au Roi : Je vous prie de ne pas être surpris, car vous serez vengé. Le Roi ordonna à chacun de s'armer, et fit émouvoir toute la Ville. Regnaut, voyant cela, demanda des armes. Maugis lui répondit : Je suis décidé à porter les armes par amitié pour vous, car je ne pourrois vous souffrir en danger. Quand le Roi entendit ainsi parler Maugis, il lui en sut bon gré, et l'embrassa en lui disant : Ma foi! voici un bon ermite, car il sait mettre l'épée à la main quand il le faut. — Sire, dit Regnaut, vous avez raison, car il seroit difficile de trouver un meilleur Chevalier.

Aussitôt chacun s'arma, et le Roi alla auprès de Maugis, et lui dit en riant : Mon ami, je vous fais mon Porte-Étendard, et je ne puis en choisir un meilleur. — Sire, dit Maugis, si vous me le donnez, je le mettrai en tel danger que je vous ferai appréhender. Quand le Roi entendit Maugis parler ainsi, il en fut fort content. Maugis, portant l'Étendard, dit au Roi : Sire, qui m'aime me suive! car l'Amiral sera vaincu. Alors il piqua son cheval, et se mit avec les Sarrasins. Regnaut le suivoit de près. Il rencontra un Persan et lui donna un si grand coup de lance qu'il le renversa mort à terre, dont les autres furent surpris. Il mit l'épée à la main, et frappoit si rudement qu'il renversoit par terre tout ce qui se trouvoit sous sa main. L'Amiral, voyant le grand courage de Regnaut, dit : Ma foi! je n'ai jamais vu deux Chevaliers si vaillans. D'où diable! viennent-ils? Je m'aperçois bien qu'ils sont étrangers; je les crains tant que mon sang se glace. Cependant le Roi Simeon et ses gens firent une grande destruction des Payens. Quand l'Amiral vit que ses gens perdoient courage, il ne sut que faire, ou de fuir ou d'attendre.

L'Amiral entendit crier : *Montauban!* Il eut si grande peur qu'il ne savoit que faire, et dit : Par Mahomet et Apollon! je crois qu'ils ont le diable à leurs gages! Je l'ai laissé à Jérusalem et maintenant il est ici. Tout tremblant de peur, il dit à son neveu :

Par Mahomet ! nous avons eu tort d'être venus ici faire la guerre au Roi Siméon, puisqu'il a le diable avec lui : c'est le premier du monde en chevalerie. Plût à Apollon que je fusse dans mon vaisseau, car je crains de perdre la vie dans cette bataille. — Sire, dirent ses gens, ne craignez rien, car s'il tombe sous nos mains il périra. — Seigneurs, dit l'Amiral, vous ne savez pas son courage : quand nous serions dix fois autant, nous ne pourrions lui résister; ainsi je ne veux plus rester ici. Il tourna bride, et à la tête de ses gens, regagna ses vaisseaux. Regnaut voyant que les Payens étoient vaincus, commença à crier à Maugis : C'est fait des Payens ! Il se mit à les poursuivre avec le Roi Siméon, et ils les tuoient comme des bêtes. Ils en mirent à mort un nombre très considérable, de manière que l'Amiral effrayé prit la fuite.

Quand il se fut sauvé dans son vaisseau, il regarda vers la terre, et vit la perte de ses gens faite par Regnaut et Maugis, car le rivage de la mer étoit couvert de Payens étendus morts sur le sable. Il en fut si fâché qu'il s'en arrachoit la barbe et maudissoit l'instant de sa naissance. Regnaut arriva sur le port et aperçut que l'Amiral s'étoit sauvé. Il en fut bien fâché, et jeta des fusées dans le vaisseau de l'Amiral (62). Il en fit brûler une bonne partie, et il fut force aux Payens de changer de vaisseau. Le Roi Siméon, voyant qu'il avoit vaincu ses ennemis, courut embrasser Regnaut en lui disant : Je vois bien que c'est par vous que je suis Roi : ainsi je vous fais Seigneur de tous mes biens. — Sire, dit Regnaut, je vous remercie de vos bontés. Après avoir parlé quelque temps sur le rivage de la mer, le Roi prit Regnaut par les mains, et ils s'en retournèrent vers la Ville. Le Roi fit apporter le butin qu'ils avoient fait, et le présenta à Regnaut et à Maugis qui n'en voulurent point, mais ils le donnèrent aux Chevaliers. Quand Regnaut se fut diverti pendant quatre jours, il demanda au Roi

la permission de s'en aller. Quand il vit qu'il vouloit s'en retourner, il lui fit de riches présens, et fit ravitailler le vaisseau de Regnaut avec de bonnes viandes. Il prit congé du Roi et des Barons, qui l'accompagnèrent au vaisseau. Lorsqu'il fut prêt à partir, le Roi l'embrassa en pleurant, puis s'en retourna à Palerme Regnaut et Maugis allèrent à Rome, et confessèrent leurs péchés au Pape, puis s'embarquèrent pour aller à Dordonne, où ils furent bien reçus des habitans, qui le dirent à Allard et à ses frères, qui, entendant les nouvelles, allèrent embrasser leur cousin Maugis. Ils montèrent au Palais et menèrent grande joie.

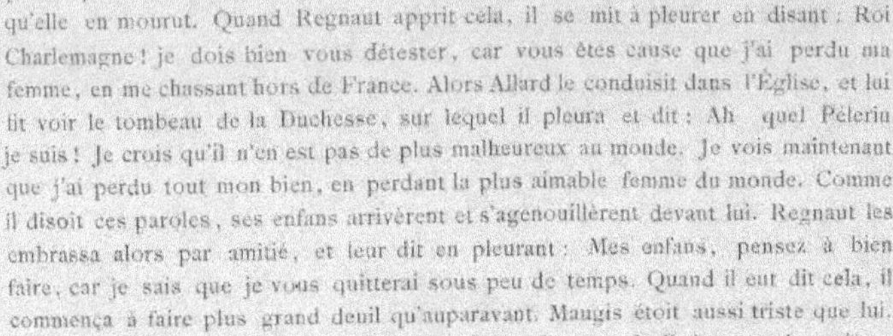

Alors Regnaut regarda Allard et vit qu'il avoit le visage pâle. Il fut surpris, et lui dit : Frère, comment se portent ma femme et mes enfans ? car je ne les vois point. — Frère, dit Allard, ne soyez pas inquiet, ils se portent tous bien, et depuis votre départ nous avons fait fermer le Bourg et fortifier, le Château à cause des ennemis. Regnaut fut alors bien content d'entendre des nouvelles de son frère. Il vit en même temps arriver Maugis, qui lui dit : Sire, apprenez que ce que dit Allard n'est pas véritable; que Madame votre épouse est morte, car depuis votre départ elle n'a point cessé de pleurer; elle a jeté toutes ses robes au feu, et ne voulut porter qu'un manteau de serge, comme vous. Elle eut un tel chagrin qu'elle en mourut. Quand Regnaut apprit cela, il se mit à pleurer en disant : Roi Charlemagne ! je dois bien vous détester, car vous êtes cause que j'ai perdu ma femme, en me chassant hors de France. Alors Allard le conduisit dans l'Église, et lui fit voir le tombeau de la Duchesse, sur lequel il pleura et dit : Ah quel Pèlerin je suis ! Je crois qu'il n'en est pas de plus malheureux au monde. Je vois maintenant que j'ai perdu tout mon bien, en perdant la plus aimable femme du monde. Comme il disoit ces paroles, ses enfans arrivèrent et s'agenouillèrent devant lui. Regnaut les embrassa alors par amitié, et leur dit en pleurant : Mes enfans, pensez à bien faire, car je sais que je vous quitterai sous peu de temps. Quand il eut dit cela, il commença à faire plus grand deuil qu'auparavant. Maugis étoit aussi triste que lui.

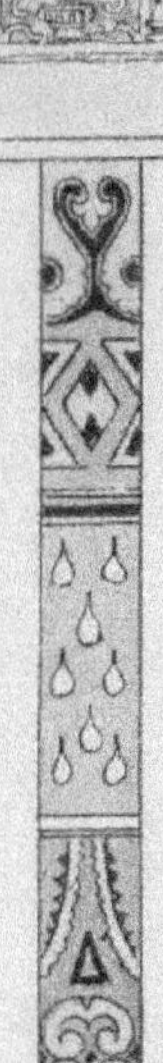

Le deuil commença alors par toute la Ville, et dura l'espace de dix jours, et le onzième Regnaut partit pour retourner à Montauban. Alors Maugis retourna avec Regnaut. Ils firent le voyage à pied. Quand les habitans de Montauban apprirent l'arrivée de leur Seigneur, ils furent contens : ils firent tapisser les rues par où il devoit passer; ils vinrent respectueusement au-devant de lui. Regnaut les reçut honorablement, car il cachoit en ce moment tout son chagrin pour faire honneur à ses gens qui lui faisoient si grand accueil. Quand Regnaut fut dans son Château de Montauban, il fut fort joyeux et se mit à la fenêtre pour regarder en bas, et voyant tant de gens,

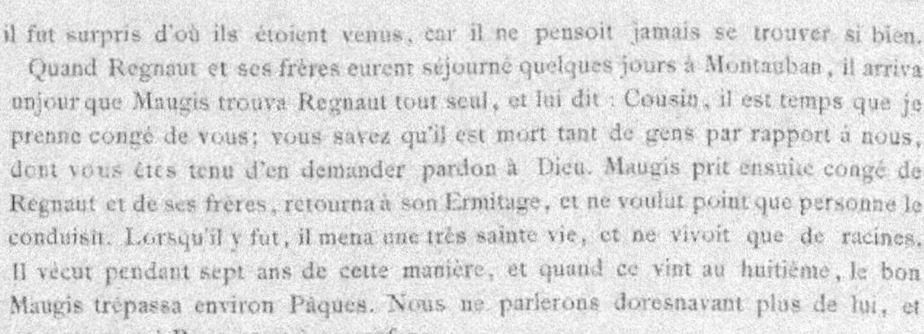

il fut surpris d'où ils étoient venus, car il ne pensoit jamais se trouver si bien.

Quand Regnaut et ses frères eurent séjourné quelques jours à Montauban, il arriva unjour que Maugis trouva Regnaut tout seul, et lui dit : Cousin, il est temps que je prenne congé de vous; vous savez qu'il est mort tant de gens par rapport à nous, dont vous êtes tenu d'en demander pardon à Dieu. Maugis prit ensuite congé de Regnaut et de ses frères, retourna à son Ermitage, et ne voulut point que personne le conduisît. Lorsqu'il y fut, il mena une très sainte vie, et ne vivoit que de racines. Il vécut pendant sept ans de cette manière, et quand ce vint au huitième, le bon Maugis trépassa environ Pâques. Nous ne parlerons doresnavant plus de lui, et retournerons à Regnaut et à ses enfans.

XXXII
Comme Regnaut envoya ses deux enfans à Paris, vers Charlemagne, honorablement accompagnés, afin qu'il les reçût Chevaliers.

Regnaut eut beaucoup de chagrin, tant du départ de Maugis que de la mort de sa femme. Mais il se consola avec ses frères le mieux qu'il put. Dans ce temps le Duc Aymon mourut, et fit ses enfans héritiers de tous ses biens. Regnaut partagea les biens de son pere à ses frères[44]; il ne retint pour lui que Montauban. Il les maria ensuite fort richement. Il demeura à Montauban avec ses enfans, lesquels il instruisit en bonnes mœurs, et les nourrit jusqu'à ce qu'ils purent porter les armes. Un jour il les mena dans la campagne, et fit porter des ecus et des lances pour les essayer à joûter. Ils joûtèrent aussi bien que s'ils eussent été depuis dix ans à la guerre. Alors, voyant qu'ils se défendoient bien, il leur dit : Mes enfans, vous êtes grands; il est temps que vous soyez Chevaliers, parquoi je veux que vous alliez au service de Charlemagne, votre souverain Seigneur, qui vous fera Chevaliers, car vous ne le pouvez être sans lui. — Père, dit Aymonet, nous sommes prêts de vous obéir en ce que vous nous commanderez; il me semble que vous faites bien de nous faire suivre la guerre. — Père, dit Yonnet, vous n'en serez pas fâché; et puisque vous avez dit que nous serions Chevaliers, nous sommes tout prêts à partir quand il vous plaira.

Regnaut et ses enfans retournèrent alors au Château de Montauban. Quand ils furent arrivés au Château, il appela son Sénéchal, et lui dit : Je vous recommande de faire honorablement habiller mes enfans de riches habillemens, car je les veux envoyer à la Cour du Roi pour être faits Chevaliers. Aussitôt le Sénéchal fit le commandement de son maître : il fit amener deux beaux chevaux couverts de riches housses; il leur mit deux très belles selles d'épreuve pour les deux jeunes Chevaliers. Ensuite, quand il les eut bien arrangés, il les fit venir devant Regnaut qui, les voyant en si bel ordre, fut bien satisfait, puis fit armer environ cinq cens Chevaliers pour accompagner ses enfans.

Et il leur dit : Mes très chers enfans, vous êtes bien arrangés, Dieu merci! et voici une bonne compagnie de gens de bien pour vous accompagner; parquoi vous vous rendrez auprès du Roi Charlemagne, qui, comme je le pense, vous fera sûrement beaucoup d'amitiés par rapport à moi. Vous êtes de noble famille : ainsi je vous prie de ne rien faire qui puisse vous attirer des reproches. Je vous recommande, sur la foi que vous me devez, de dépenser honnêtement l'argent que je vous donne, et de ne le point épargner aux pauvres Gentilshommes. Quand vous n'en aurez plus, envoyez-en chercher. Surtout, je vous recommande de servir Dieu, quelque chose que vous ayez à faire. Je vous recommande aussi les pauvres Chrétiens, et que de votre bouche il ne sorte pas de mauvaise parole ni à fille, ni à femme. Rendez honneur aux gens de bien je vous le recommande; et ne médisez point l'un de l'autre, mais conservez-vous toujours dans une fidelité inviolable. Pour vous, Yonnet, il faut que vous portiez honneur et respect à Aymonnet, votre frère, car il est plus âgé que vous.

Yonnet lui répondit : Soyez sûr que je servirai mon frère comme je voudrois vous servir. — Je vous jure, mon fils, si vous agissez ainsi, que vous en serez estimé toute votre vie, quelque part que vous soyez; mais je vous commande encore de prendre garde de trop parler, car si vous parlez trop, les François diront que vous ne ressemblez ni à moi ni à vos oncles, car nous ne parlons pas volontiers. — Père, dirent les enfans, nous avons espérance en Notre Seigneur Jésus-Christ qu'il nous préservera de nous méprendre, et ferons telles choses que vous serez content.

Quand Regnaut entendit ainsi parler ses enfans, il fut content, et les tirant à part, il leur dit : Mes enfans, vous allez en France ; souvenez-vous de ce que je vous dirai : vous devez savoir qu'il y a beaucoup de gens du Roi Charlemagne qui ne nous aiment guère ; ce sont ceux de Mantes. Je vous recommande de n'aller ni venir avec eux telle chose qu'ils puissent vous dire ; et s'ils vous outragent, pensez à vous bien venger, et leur montrez que vous êtes fils de Regnaut de Montauban. — Père, dirent les enfans, ne craignez pas que nous souffrirons qu'on nous outrage. — Mes enfans, dit-il, mettez-vous devant moi. Alors les enfans s'agenouillèrent devant lui, et il leur donna sa bénédiction, et les embrassa tous en pleurant.

XXXIII
Comme les deux enfans de Regnaut de Montauban se combattirent avec les fils de Foulques de Morillon et les vainquirent.

Aymonnet et Yonnet arrivèrent à Paris, où ils s'habillèrent honorablement. Ils montèrent ensuite au Palais en se tenant tous deux par les mains, et, lorsque les Barons les virent venir si richement habillés, et avec eux une si bonne compagnie, ils s'étonnèrent beaucoup qui ils pouvoient être, et les suivirent quand ils montèrent au Palais, pour savoir la vérité de ce qu'ils pouvoient être. Ils entrèrent dans une grande salle où ils trouvèrent le Roi Charlemagne. Quand ils virent le Roi, ils s'agenouillèrent devant lui et lui baisèrent les pieds. Aymonnet parla le premier, en disant : Sire, Dieu vous préserve de malheur ainsi que la compagnie. Nous sommes venus vers vous pour être reçus Chevaliers, si c'est votre bon plaisir ; nous serons à votre service jusqu'à ce que vous nous donniez l'ordre de Chevalerie. — Qui êtes-vous ? dit Charlemagne, pour parler ainsi. — Sire, dit Aymonnet, nous sommes fils de Regnaut de Montauban.

Quand Charlemagne entendit qu'ils étoient fils de Regnaut, il se leva et les reçut honorablement, en leur disant : Mes enfans, soyez les bien-venus. Comment se porte votre père ? — Sire, dirent les enfans, il se porte bien, Dieu merci ! Il se recommande bien à vous, et vous prie qu'il vous plaise de lui faire savoir de vos nouvelles. Nous l'avons laissé à Montauban ; mais il vieillit beaucoup. — Ainsi va le monde, mes enfans, répondit le Roi ; chacun doit passer.

Charlemagne voyant donc devant lui les enfans de Regnaut, fut joyeux, et dit à ses Barons : Seigneurs, si ces enfans vouloient renier leur père, ils auroient grand tort, car il est impossible de mieux se ressembler ; je pense qu'ils seront un jour de vaillans

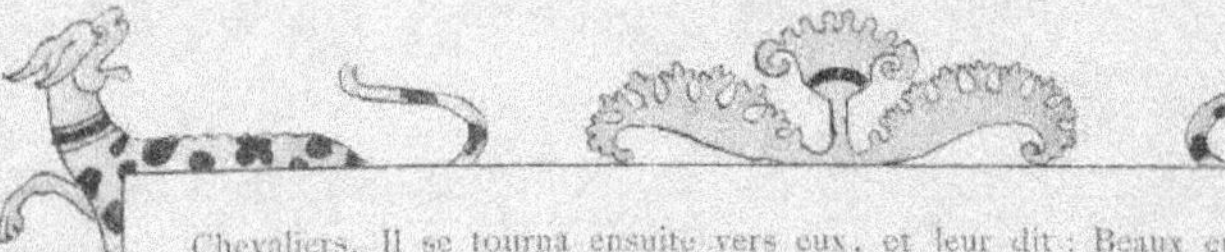

Chevaliers. Il se tourna ensuite vers eux, et leur dit : Beaux enfans, vous serez Chevaliers quand vous voudrez, par attachement pour votre père, mon bon ami; je vous donnerai même plus de pays que votre père n'en tient. Je recevrai aussi avec vous cent autres Chevaliers, car vous êtes nés d'une famille qu'on doit honorer et chérir.

Lorsque le Duc Naimes, Roland, Olivier et les autres Pairs de France les virent, ils furent contens. Chacun les embrassa, puis on leur demanda comment Regnaut et ses frères se portoient. — Seigneurs, dirent les enfans, qui êtes-vous qui montrez si grande joie de notre arrivée ? — Enfans, dit le Duc Naimes, nous sommes vos parens de bien près. Le Duc Naimes leur dit alors le nom de tous. Quand les enfans surent qui ils étoient, ils s'inclinèrent devant eux, et leur dirent : Seigneurs, notre père vous salue et vous prie que vous nous recommandiez comme vos parens. Les Barons entendant ces enfans parler ainsi, furent contens de les voir; mais les deux fils de Foulques de Morillon en étoient bien fâchés. Quand le Roi vit qu'ils se comportoient si bien, il les aima, et commanda qu'ils fussent servis au repas comme ils le méritoient.

Les deux fils de Foulques, voyant que le Roi les aimoit tant, en devinrent extrêmement jaloux, et jurèrent qu'ils les feroient mourir avant de sortir de la Cour.

Il arriva que le Roi étoit à Paris et vouloit tenir Cour plénière. Aymonnet et Yonnet y étoient avec tous les Barons de la Ville. Cependant il arriva un Chevalier d'Allemagne

qui présenta au Roi un beau couteau à la mode du pays. Alors Charlemagne appela Yonnet, et lui en fit présent par amitié. Yonnet ayant reçu ce beau présent de la main du Roi, retournant à sa place, heurta Constant sans y penser, lequel en eut dépit et dit : Qu'est-ce ceci? Faut-il faire une si grande bombance pour deux traîtres qui ne valent pas une pomme pourrie! Constant dit plusieurs injures à Yonnet qu'il ne convenoit de dire. Yonnet s'étant entendu appeler traître, devint furieux, et vint contre Constant en lui disant : Vous avez appris un très mauvais métier : c'est de médire; car j'ai entendu que vous avez traité mon frère et moi de traîtres. Charlemagne sait bien comme mon père a tué le vôtre, comme traître extrait de famille traître;

mais mon père n'est pas ainsi, ni mes oncles. Mon père a tué le vôtre[**], mais ce fut à son corps defendant, et comme vaillant Chevalier qu'il est; et si vous êtes assez hardi d'oser dire que ce fut par trahison, voici mon gage dès à présent, car vous en avez menti faussement, sauf l'honneur du Roi et de la compagnie. Lorsque Charlemagne vit que les Barons ne disoient rien du débat entre Yonnet et Constant, il en fut fâché et lui dit : Constant, vous avez tort de dire que les Pairs de France et moi savent bien que Regnaut a tué votre père par trahison. Taisez-vous, et n'en parlez jamais. Je vous commande que vous démentiez Yonnet de ce que vous avez dit, ou que vous sortiez de ma Cour, car vous l'avez troublée, dont je suis mécontent.

Quand Rohars eut entendu ce que le Roi avoit dit à Constant, son frère, il se leva et dit : Sire, je suis prêt à prouver contre Yonnet que leur père a tué le nôtre par trahison, et voici mon gage. — Constant, dit Charlemagne, vous prenez un mauvais ton, et vous vous en repentirez. Aymonnet et Yonnet s'agenouillèrent devant le Roi, et lui dirent : Sire, acceptez le gage que Rohars a jeté; nous vous promettons de soutenir la querelle : on ne leur a jamais fait de trahison. — Mes enfans, leur dit-il, je le prendrai; mais, sur ma foi, j'en suis fâché. Constant dit : Sire, nous voulons être deux contre deux, chacun le sien. Le Roi ayant les gages de Constant et de Rohars, il leur demanda caution. Alors s'avancèrent vers le Roi le traître Ganelon et Béranger, Eston de Morillon, Finèble, et Griffon de Hautefeuille, qui dirent au Roi : Sire, nous cautionnerons Constant et Rohars; ils sont de noble famille; nous devons les soutenir. — Seigneurs, dit le Roi, je vous les donne en garde, et vous commande de les amener quand il en sera temps. Aymonnet et Yonnet s'avancèrent et dirent : Sire, voici nos gages comme nous voulons nous défendre que notre père n'a pas tué Foulques de Morillon par trahison. Alors Roland, Olivier, le Duc Naimes, Oger, Richard de Normandie et Estou, le fils d'Odon, dirent : Nous serons caution des fils de Regnaut, et nous les présenterons au jour de la bataille. — Seigneurs, dit le Roi, il me plaît bien; les enfans ne sont pas Chevaliers, mais avec l'aide de Dieu, ils le seront demain. Nous manderons à Regnaut de venir pour voir la bataille des deux enfans.

Et quand ce vint environ l'heure de Vêpres, Charlemagne appela son Sénéchal et lui dit : Faites venir les deux enfans de Regnaut, car je veux que demain ils soient

Chevaliers. Tâchez qu'ils soient bien mis, car je le veux faire par amitié pour Regnaut. Le Sénéchal amena Aymonnet bien arrangé, avec tous les autres qui devoient être Chevaliers; ils avoient veillé en l'Église de Notre-Dame. Et lorsqu'ils furent venus devant le Roi, Aymonnet et Yonnet s'avancèrent et demandèrent l'Ordre de Chevalerie, ce que le Roi leur accorda ainsi qu'aux autres, par amitié pour eux; puis il fit grande fête ce jour-là. Quand la fête fut finie, le Roi manda à Regnaut de venir à la Cour en bonne compagnie, car ses fils étoient appelés de trahison par les enfans de Foulques de Morillon, disant que leur père avoit été tué indignement; et comme ses enfans avoient tous deux jeté leurs gages, en disant qu'ils en avoient tous menti comme des gens traîtres et extraits d'une famille de traîtres.

Quand Regnaut apprit ces nouvelles, il fut bien satisfait et envoya dire à ses frères de s'armer, et ils s'en allèrent à Montauban. Quand ils furent arrivés, Regnaut, content, leur dit l'affaire. — Frère, dit Richard, ne craignez rien; cela ira autrement que vous ne pensez. Je suis d'avis que nous allions à la Cour : nous verrons pour lors tout ce qu'ils prétendent dire, et s'il y a du mépris envers nos neveux; jamais Dieu n'aie pitié de mon âme! si je ne les tue quoi qu'il en arrive. Quand ils furent arrivés, les douze Pairs de France allèrent avec Aymonnet et Yonnet au-devant de Regnaut et ses frères en grande joie. Regnaut dit à ses enfans : A cette heure on verra si vous êtes de mon sang ou non, car il faut que vous me vengiez de cette grande honte dont ces traîtres m'accusent à grand tort. — Père, dirent les enfans, ne craignez rien, car si les traîtres étoient dix, encore ne dureroient-ils pas contre nous.

Quand le Roi sut l'arrivée de Regnaut, si bien accompagné, il en fut fort joyeux, et lui manda qu'il vînt lui parler. Quand il le vit, il lui fit bon accueil, et à ses frères aussi. Quand Regnaut eut resté quelque temps, il prit congé de lui et s'en alla à son logis. Il appela ses enfans et leur dit : Mes enfans, dites-moi comment s'est comporté le Roi envers vous? — Père, sachez qu'il nous aime tous et nous entretient honorablement. Il nous a faits Chevaliers, et a toujours soutenu notre querelle contre les traîtres, et contre tous les autres. Quand Regnaut et ses frères entendirent ainsi parler les enfans, ils en furent bien contens, car ils craignoient qu'il n'en fût autrement. Regnaut dit ensuite : Je reconnaîtrai ce bienfait. Le lendemain il alla trouver le Roi à son lever, et le remercia de l'honneur qu'il avoit fait à ses enfans. Le Roi lui dit : Depuis que vous m'avez obéi et fait mon commandement, j'ai abandonné toute haine contre vous. Je veux que vous sachiez que je suis et serai toute ma vie votre ami, et que je vous rendrai service. Quand Regnaut entendit le Roi, il se jeta à ses pieds et le remercia humblement.

Regnaut avoit fait faire deux bons harnois d'épreuve pour ses deux enfans, et fait provision de deux bons chevaux de grand prix. Quand le jour du combat fut arrivé, les enfans de Foulques de Morillon vinrent se présenter devant le Roi, préparés

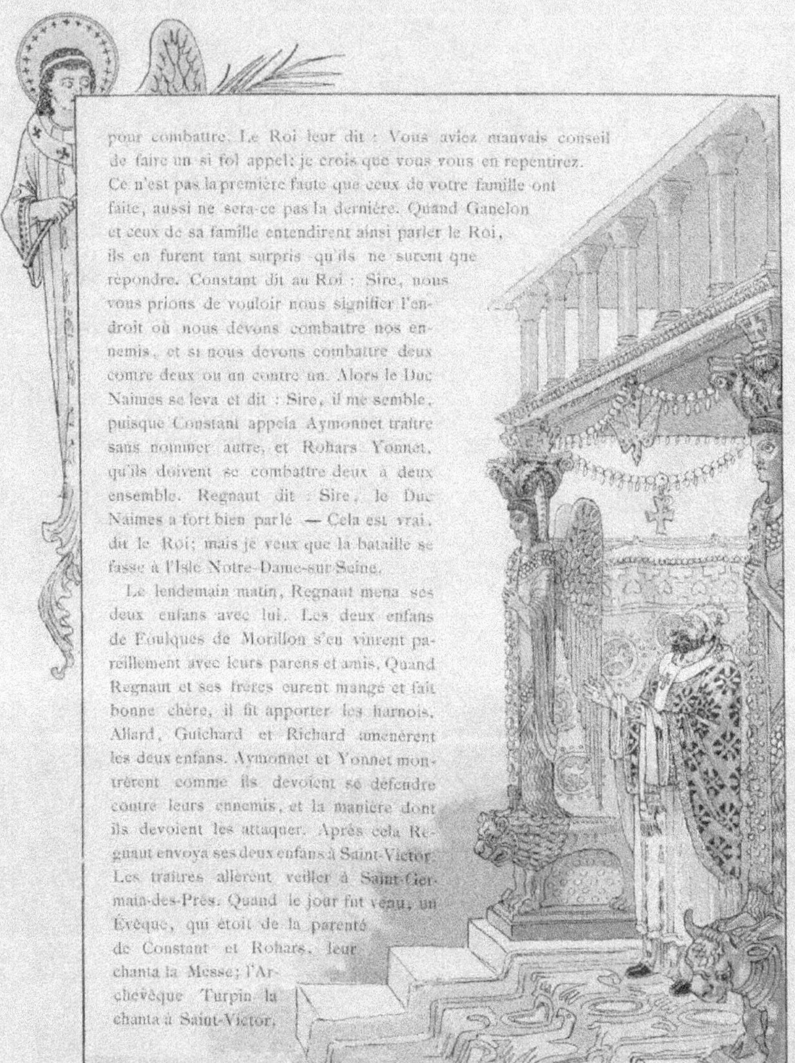

pour combattre. Le Roi leur dit : Vous aviez mauvais conseil de faire un si fol appel; je crois que vous vous en repentirez. Ce n'est pas la première faute que ceux de votre famille ont faite, aussi ne sera-ce pas la dernière. Quand Ganelon et ceux de sa famille entendirent ainsi parler le Roi, ils en furent tant surpris qu'ils ne surent que répondre. Constant dit au Roi : Sire, nous vous prions de vouloir nous signifier l'endroit où nous devons combattre nos ennemis, et si nous devons combattre deux contre deux ou un contre un. Alors le Duc Naimes se leva et dit : Sire, il me semble, puisque Constant appela Aymonnet traître sans nommer autre, et Rohars Yonnet, qu'ils doivent se combattre deux à deux ensemble. Regnaut dit : Sire, le Duc Naimes a fort bien parlé. — Cela est vrai, dit le Roi; mais je veux que la bataille se fasse à l'Isle Notre-Dame-sur-Seine.

Le lendemain matin, Regnaut mena ses deux enfans avec lui. Les deux enfans de Foulques de Morillon s'en vinrent pareillement avec leurs parens et amis. Quand Regnaut et ses frères eurent mangé et fait bonne chère, il fit apporter les harnois. Allard, Guichard et Richard amenèrent les deux enfans. Aymonnet et Yonnet montrèrent comme ils devoient se défendre contre leurs ennemis, et la manière dont ils devoient les attaquer. Après cela Regnaut envoya ses deux enfans à Saint-Victor. Les traîtres allèrent veiller à Saint-Germain-des-Prés. Quand le jour fut venu, un Évêque, qui étoit de la parenté de Constant et Rohars, leur chanta la Messe; l'Archevêque Turpin la chanta à Saint-Victor.

devant Regnaut, ses enfans, les douze Pairs de France. Quand les jeunes Chevaliers eurent entendu la Messe, ils vinrent tous armés au Palais, et parurent devant le Roi. Quand il les vit, il appela Roland et Olivier, le Duc Naimes et le Duc Richard de Normandie, et leur dit : Seigneurs, je vous commande de garder honorablement le champ de bataille, et de porter avec vous le Saint Évangile; vous leur ferez prêter serment qu'ils y entreront en règle; je vous recommande surtout que mon honneur y soit gardé. Je crains qu'il n'y ait de la mêlée, car Ganelon est plein de mauvaise volonté ainsi que ses amis. D'autre part Regnaut et ses frères sont puissans et sages; ils ne souffriront pas qu'on leur fasse tort ni à leurs parens, même Richard, le frère de Regnaut; car lorsqu'il est courroucé, il n'épargne ni Comtes, ni Chevaliers, et pour cela je le répute plus qu'un autre, car une fois il a voulu me tuer moi-même, dont je m'en souviens encore. Je ne crains rien de Regnaut, car il est sage et raisonnable. — Sire, dit le Duc Naimes, n'appréhendez rien, car nous garderons bien nos droits et notre honneur, sans faire tort à autrui.

Cependant les enfans de Foulques s'en allèrent à l'Isle que Charlemagne leur avoit désignée. Après qu'ils furent arrivés dans l'Isle avec tous leurs chevaux, ils descendirent et les attachèrent, ensuite ils s'assirent sur le pré, en attendant leurs parties adverses. Voici comme les traîtres s'étoient arrangés. Vous saurez que, pendant le temps que Charlemagne parloit à ses Barons, Béranger, Hardes et Griffon de Hautefeuille se mirent en embuscade près de l'Isle, dans l'intention que si les fils de Regnaut devenoient les vainqueurs contre les deux fils de Foulques, ils sortiroient alors un grand nombre de leur embuscade pour les faire périr indignement.

Quand Regnaut vit qu'il étoit temps que ses fils partissent pour aller au combat, il appela Aymonnet auprès de lui, et lui dit : Avancez, mon cher fils; vous êtes l'aîné, et pour cela vous devez avoir plus d'honneur que le jeune. Recevez Flamberge, ma bonne épée, que je vous donne, avec elle vous pourrez vous venger contre ces traîtres : vous avez droit, et ils ont tort. — Mon père, répondit Aymonnet, soyez certain que vous verrez quelque chose dont vous serez content, car nous ferons mourir les traîtres, s'il plaît à Dieu. Quand Regnaut l'entendit ainsi parler, il fut très satisfait; il l'embrassa, puis lui donna sa bénédiction; il la donna aussi à Yonnet. Quand il eut fait cela, il mena ses frères et ses deux enfans dans l'Isle de Notre-Dame. Quand ils y furent arrivés, Regnaut et ses frères retournèrent pour venir vers Charlemagne. En même temps vint un messager qui cria à Regnaut : Ayez donc pitié de vos chers enfans! car ils sont perdus sans ressource. Griffon est en embuscade pour les faire périr. Quand Regnaut entendit cela, il tomba en foiblesse, et dit : Ah! France, quel dommage que vous ne puissiez être jamais sans traitres! Quand il eut dit cela, il appela son frère Richard, et lui dit : Allez vous armer, et faites armer tous nos gens, et les menez à l'Isle, et si le traitre Griffon vient pour tuer mes enfans, tuez-le. Quand vous y serez, faites que l'on vous voie, et prenez garde, si les deux fils de Foulques ont l'avantage, de n'aider aucunement à mes enfans, mais laissez-les périr si cela arrive; car ce seroit un grand déshonneur pour vous si vous n'agissez ainsi. — Ne vous inquiétez pas, lui dit Richard. Il alla s'armer avec ses gens, et ensuite il s'en alla où Regnaut lui avoit dit.

Le Roi voyant venir Regnaut sans Richard, eut quelque soupçon, et lui dit : Où est Richard, votre frère, qu'il n'est point venu ici comme les autres? — Sire, il est parti pour certaines affaires; mais ne craignez rien de lui. — Non certes, dit le Roi, tant que je serai en vie; mais il faut aller sur la Tour de Seine pour voir la bataille de vos enfans. — Allons-y quand il vous plaira, dit Regnaut. Alors ils s'en allèrent avec l'Archevêque Turpin, Salomon, Oger, Idelon, et plusieurs autres. Comme Charlemagne étoit monté sur la Tour pour voir la bataille, il vit venir Richard, le frère de Regnaut, avec grand nombre de gens armés. Le Roi le connut bien, car il portoit ses propres armes : Richard l'avoit fait pour être reconnu.

Quand Charlemagne vit cela, il fut tout surpris, et il appela alors Regnaut et lui dit : Qu'est ce que vous voulez faire? Me voulez-vous déshonorer avec vous? Avez-vous oublié votre loyauté? —Sire, dit Regnaut, non, sauf votre honneur; mais je veux vous servir et honorer comme mon droiturier Seigneur.

Cependant le combat s'étoit engagé, et Constant avoit renversé Aymonnet. Quand Aymonnet se vit par terre, il se releva promptement et frappa Constant sur son casque; mais il étoit si dur que Flamberge n'y put entrer, et le coup glissa dessus la visière, la brisa, et coupa le menton de

manière qu'on lui voyoit toutes les dents. Le coup tomba ensuite sur le cheval, devant l'arçon de la selle, sépara le cheval en deux pièces, et Constant tomba à terre; mais aussitôt il se releva du mieux qu'il put. Constant fut très surpris. Alors Aymonnet lui dit : Traître, il faut que vous mouriez; vous avez mal agi d'avoir accusé mon père de trahison, mais aujourd'hui le jour est arrivé que vous le paierez bien cher. Quand Regnaut ouït ainsi parler son fils, il fut content. Aymonnet voyant Constant se relever, courut sur lui et le frappa à grands coups, tant que Constant n'avoit pouvoir de frapper un seul coup, puis il se retira. Quand Constant vit qu'il ne savoit plus que faire, il jeta son écu par terre et prit Aymonnet à travers le corps pour lutter. Aymonnet ne fut surpris de rien, car il étoit fort et puissant. Il prit Constant par son casque et le tira à lui avec tant de force qu'il le lui ôta de la tête. Constant appela son frère Rohars, et lui dit : Mon frère, secourez-moi, car je n'ai plus aucun pouvoir de me défendre. Rohars, entendant son frère ainsi crier, fut bien fâché de ce qu'il ne pouvoit le secourir, car il avoit perdu tout son sang, et il ne se pouvoit soutenir. Cependant il s'efforça tant qu'il vint auprès de son frère Constant, et il pensa frapper Aymonnet par derrière, mais il ne put, car Aymonnet le frappa si rudement sur les épaules qu'il le fit tomber par terre, et il courut sur Constant, auquel il coupa le visage. Alors Constant s'écria : Mon frère, secourez-moi, car je suis fort blessé. Le Roi dit alors : Les deux fils de Foulques de Morillon sont morts par leur faute. — Sire, dit Oger, il ne faut point s'en inquiéter, car ils vouloient soutenir de mauvaises querelles. Regnaut, voyant que ses enfans étoient les vainqueurs, en fut très satisfait; mais Ganelon ne l'étoit pas, car, du courroux dont il étoit, il devint noir comme un diable. Ganelon appela alors Béranger, Hardes et Henry de Lyon; il leur dit : Seigneurs, nous sommes deshonorés, car les enfans de Foulques sont vaincus; je les secourrois volontiers, mais je crains trop le Roi. — Sire, dit Hardes, j'en suis bien fâché; nous ne pouvons faire autre chose que de

montrer que nous n'en sommes point irrités; souffrons-le jusqu'à ce que viedra le moment de nous venger sur leurs parens et amis.

Aymonnet voyant qu'il avoit frappé Constant mortellement, en fut bien satisfait. Alors son frère Yonnet lui dit : Frère, vous avez mal fait d'avoir tué un aussi grand traître; je le voulois tuer moi-même; mais puisqu'il en est ainsi, allez donc l'achever, et j'irai tuer Rohars. Aymonnet lui répondit : Vous parlez bien; c'est ainsi qu'on doit les traiter. Quand les deux frères se furent accordés, chacun courut sur son ennemi. Aymonnet dit à Constant : Pourquoi accuser mon père de trahison? Je vous dis que mon père est un des plus courageux Chevaliers du monde, et qu'il a tué votre père à son corps défendant, et votre père l'avoit voulu tuer par trahison : reconnoissez-vous votre méchanceté? autrement vous êtes mort. — Aymonnet, lui dit Constant, pour Dieu! je me rends à vous. Aymonnet prit son épée, et le mena devant le Roi, auquel il dit : Sire, tenez ce traître. Je vous le rends pour en faire ce que vous voudrez. Le Roi lui dit : Ami, vous avez assez fait, et je ne vous demande rien de plus; lorsque nous aurons l'autre, je les ferai pendre tous les deux. Aymonnet tenant son épée à la main, retourna auprès de son frère pour lui aider, et il dit à Rohars : Traître, vous allez périr. Alors il courut pour le frapper. Lorsque Yonnet aperçut cela, il lui dit : Frère, ne le tuez pas; je veux conquérir le mien comme vous le vôtre. — Frère, dit Aymonnet, vous avez tort; je veux vous aider, car le mien a été pardonné. Yonnet lui dit : Frère, si vous touchez à Rohars, je ne vous aimerai jamais. — Frère, dit Aymonnet, je m'en déporterai puisque cela vous déplaît; mais je vous promets que si je vois qu'il ait pouvoir sur vous, je vous aiderai. — Frère, répondit Yonnet, je le veux bien. Alors Yonnet courut sur Rohars; il lui donna un coup sur l'épaule et la lui abattit toute, et le bras tomba par terre. — Traître, dit-il, apprends que Regnaut de Montauban n'est point un traître, mais un des bons Chevaliers du monde et si tu ne l'avoues pas, tu mourras sur-le-champ. Il prit Rohars par le casque, et le lui arracha; ensuite il le frappa à grands coups de pommeau de son épée. Lorsque Rohars vit qu'il étoit si maltraité, il cria : Dieu! ayez pitié de mon âme; je vois que je suis vaincu. Quand Constant entendit parler son frère, il se mit à pleurer, ne pouvant faire autre chose. Alors Yonnet, voyant que Rohars ne vouloit pas se dédire ni lui demander grâce, lui coupa les cuisses et les lui mit sur le corps, en lui disant : Traître, accusez votre méchanceté, ou vous êtes mort. Il ne voulut rien répondre à cela; alors il lui coupa la tête.

Quand Aymonnet et Yonnet eurent vaincu leurs ennemis, ils se prirent par les mains, et s'en retournèrent vers le Roi Charlemagne, auquel Aymonnet dit : Sire, vous semble-t-il que nous ayons assez fait? Nous sommes prêts d'en faire encore davantage si vous nous le commandez. — Enfans, dit Charlemagne, vous avez assez fait : Constant est blessé et Rohars est mort: allez vous reposer. Je vous promets que je ferai des traîtres ce qui sera nécessaire. Charlemagne ordonna que Constant fût pendu, et le corps de son frère auprès de lui, car il en étoit bien mécontent.

Quand Ganelon les vit pendre, peu s'en fallut qu'il ne perdît la tête. Il appela Hardes, Béranger et Malu, gens très méchans, et leur dit : Seigneurs, vous voyez comment Charlemagne nous a fait un grand déshonneur; nous saurons le reconnoître, car il a fait pendre vilainement nos bons amis; mais nous verrons encore l'heure que cette honte sera vengée.

Il a raison, le traître Ganelon! car il a trahi les Pairs de France, et les fit mourir à Roncevaux.

Regnaut voyant ses enfans vainqueurs, en rendit grâce à Dieu, lui et ses frères. Il demanda à ses enfans comme ils se portoient? — Très bien, lui répondirent-ils, Dieu merci! Allard et Guichard bandèrent leurs plaies, elles furent bientôt guéries. Après cela ils allèrent au Palais pour voir le Roi, qui leur fit un bon accueil, et des présens considérables : il leur donna Châteaux et Forteresses. Regnaut et ses frères prirent congé du Roi. Il le leur accorda, en leur recommandant de revenir bientôt. Ils marchèrent tant qu'ils arrivèrent enfin à Montauban. Regnaut appela ses enfans et leur dit : Je veux dès à présent que Yonnet ait Dordonne pour sa part; Aymonnet aura Montauban, car j'ai ouï dire que Notre-Seigneur maudit l'arbre qui n'est jamais mûr. Sachez que Notre-Seigneur Jésus-Christ est considérablement irrité contre moi. Ainsi le temps est venu de me corriger, et je tremble beaucoup pour ma pauvre âme. Il faut, en conséquence de cela, que je fasse pénitence, afin de la rendre au Dieu qui m'a fait à son image et ressemblance.

XXXIV
Comme Regnaut partit de Montauban en habit de Pélerin, après avoir distribué ses biens à ses enfans, qui menèrent grand deuil quand ils surent qu'il s'en étoit allé sans leur rien dire.

Après que Regnaut eut distribué ses biens à ses enfans, il retourna dans sa chambre, et y demeura jusqu'à la nuit. Il mit ensuite une grande robe, et prit son bourdon pour se défendre des chiens. Il partit du Palais, et s'en vint à la porte de la Ville, qu'il fit ouvrir. Quand le portier vit que son Seigneur étoit si mal habillé, il lui dit : Sire, où allez-vous? Je vais éveiller vos frères et vos enfans, car vous êtes en grand danger des voleurs, vu que vous ne portez rien pour vous défendre. — Ami, dit Regnaut, n'y va point : j'ai espérance en Dieu. Mais tu diras à mes frères et à mes enfans que je leur souhaite salut et amitié; qu'ils pensent toujours à bien faire; qu'ils fassent ce que je leur ai dit; et que jamais ils ne me reverront. Je m'en vais sauver mon âme, s'il plaît à Dieu, et mourrai quand il lui plaira : car j'ai fait mourir bien des gens dont mon âme est chargée. Si je pouvois si bien faire qu'elle en fût délivrée, je ne demande rien autre chose. Alors il regarda en son doigt, et vit sa bague où il y avoit une pierre valant cinq marcs d'argent. Il la donna au portier, lequel le remercia de ce présent, et lui dit : Hélas! Sire, vous faites grand tort à ce pays! Lors se mit à pleurer.

Cependant Regnaut se mit en route en habit de Pélerin. Comme il s'en alloit, le portier le suivoit des yeux, et quand il ne put plus le voir, il tomba par terre en foiblesse, et y resta très longtemps. Quand il fut revenu, il commença à pleurer comme il avoit déjà fait auparavant. Quand il eut fini son chagrin, il ferma la porte et retourna à son hôtel. Quand il fut dans sa chambre, il regarda l'anneau que Regnaut lui avoit donné. Quand il vit qu'il étoit si riche, il en fut bien content. Le lendemain, aussitôt qu'il fut jour, le portier alla trouver les frères de Regnaut, et leur raconta tout ce qu'il leur mandoit. Ils commencèrent tous à former des regrets de ce que Regnaut s'en étoit allé sans leur rien dire.

XXXV
Comme Regnaut se mit à servir des maçons a Cologne. Ils le tuèrent, par une jalousie indigne, et le jetèrent dans le Rhin.

Quand Regnaut partit de Montauban, il se mit à marcher parmi le bois tout à travers, sans rien trouver à manger que des pommes sauvages et des nèfles. Quand il fut nuit, il se coucha dessous un arbre, et comme il vouloit s'endormir, il fit le signe de la croix sur soi, se recommandant à Dieu; puis il s'endormit. Quand le jour fut venu, il se mit en chemin dans le bois, où il demeura l'espace de huit jours sans manger que des fruits sauvages. Il marcha tant qu'il sortit du bois, et trouva une maison de Religieux où il coucha. Les frères lui voulurent donner à manger, mais il ne voulut que du pain. Le lendemain il prit son chemin vers Cologne, où l'on bâtissoit l'Église de Saint-Pierre. Il y entra, et se mit à genoux devant l'Autel, où il offrit son cœur à Dieu. Il lui prit envie de servir en ce lieu, pour l'honneur de Dieu et de Saint Pierre, et qu'il valoit mieux servir à l'Église que d'être dans les bois.

Après avoir pensé, il s'en alla vers l'Architecte, et lui dit : Monsieur, sachez que je suis homme étranger. Vous plaît-il que je serve ici? Alors l'Architecte lui dit : Mon ami, allez donc aider ces quatre qui ne peuvent porter cette pierre. — Maître dit-il, ne vous irritez point contre ces pauvres gens; je vais chercher la pierre dès maintenant. — Ami, dit le Maître, ne vous hâtez point, car, si d'autre que vous n'y met la main, la pierre pourra bien rester où elle est; c'est un trop lourd fardeau. — Maître, dit-il, vous l'aurez incontinent, sans aide d'autre que moi, s'il plaît à Dieu. Alors il prit la pierre et la porta au Maître Maçon, et fit tant par son service, qu'il fut en la grâce de l'Architecte; dont les autres manœuvres en devinrent tellement envieux, de manière qu'ils le tuèrent en dormant, et le mirent dans un sac; puis ils le jetèrent dans le Rhin. Mais, par la puissance de Dieu, les poissons le soutinrent, et parut une si grande clarté à l'entour du corps que les habitans du pays en furent fort surpris. Ils prirent le corps, et le mirent dans le tombeau. Alors les Barons du pays voulurent l'emmener en la Ville de Cologne; mais ils ne purent, ce qui leur fit dire : Nous voyons bien que nous ne sommes pas dignes de toucher le corps de ce saint homme, car nous sommes trop grands pécheurs. Pendant que les Barons parloient, le chariot partit seul, par la puissance de Dieu. Il alla très vite, devant tout le peuple. Quand le Clergé et le peuple virent cela, ils se mirent tous à pleurer.

Vous devez bien savoir que, lorsque le chariot se mit à marcher, passant devant la tombe où on le vouloit enterrer, il rouloit si vite qu'on ne pouvoit l'arrêter. Il sortit ensuite dehors de Cologne; et quand il fut sorti, il continua le long du grand chemin, et tout le peuple se mit à pleurer. L'Évêque leur dit alors : Seigneurs, vous pouvez voir que ce corps est saint, par les beaux miracles qu'il a faits aujourd'hui devant vous; ainsi, allons après pour le conduire : ce seroit mal agir que de le laisser aller ainsi tout seul. Alors le Clergé et tout le peuple, petits et grands, se mirent en marche après le saint corps. Tout le Clergé chantoit après, par grande dévotion. Le chariot marcha tant qu'il vint à une petite Ville, nommée Croine(**), où il s'arrêta. Notre-Seigneur fit voir plusieurs beaux miracles pour l'amour du corps saint, car plusieurs personnes, de quelque maladie qu'elles fussent attaquées, qui venoient voir le corps saint, étoient guéries. Sa renommée étoit si publiée par tout le monde, qu'on y alloit du pays de France et d'Allemagne. Et tant valurent les offrandes qu'on donnoit au corps saint, que, d'une petite chapelle qui étoit de Notre-Dame, où il s'étoit arrêté, on en fit une belle Église. L'Évêque Turpin, voyant que le corps s'étoit arrêté, lui découvrit le visage afin que chacun le vît et pût savoir son nom, si quelqu'un le pouvoit reconnoître. Mais nul ne le pouvoit reconnoître. Quand l'Évêque vit que personne ne pouvoit le reconnoître, il en fut bien fâché.

Vous saurez que les frères de Regnaut, étant un jour auprès d'une fontaine, ils étoient inquiets de ce qu'ils ne pouvoient avoir des nouvelles de leur frère. Alors ils aperçurent un Pélerin qui passoit, et qui salua les Barons. — Pélerin, dit Allard, d'où venez-vous? Si vous savez quelques nouvelles, dites-nous-les. — Seigneurs, dit-il, je viens d'une petite Ville d'Allemagne, nommée Croine, auprès de Cologne sur le Rhin, où j'ai vu de grands miracles que fit un homme qui vint à Cologne. Il étoit fort grand, et chacun disoit que c'étoit un géant. Quand il fut à Cologne, il vit qu'on maçonnoit à l'Église de Saint-Pierre. Il se présenta au Maître pour travailler à manœuvre. Il fut reçu bien volontiers. Pour abréger, cet homme faisoit merveille à bien servir, car il portoit plus en un coup que ne faisoient dix autres; dont les maçons se trouvoient bien contens. Quand les autres manœuvres virent cela, ils en furent jaloux et le tuèrent. Ils le précipitèrent ensuite dans le Rhin, et, par la volonté de Dieu, il a été levé corps saint, et fait plusieurs beaux miracles. Il leur conta de point en point tout ce qui s'étoit passé. Allard, Guichard et Richard, ayant entendu le Pélerin, se mirent à pleurer de chagrin d'avoir perdu leur frère, car ils sentirent bien que c'étoit celui duquel le Pélerin parloit. — Hélas! dit Richard à ses frères, nous sommes perdus, car je vois bien que c'est notre frère que nous avons tant cherché.

Tous affligés, ils prirent congé du Pélerin. Ils dirigèrent leur marche vers Croine, puis s'en vinrent descendre à l'Église, où ils trouvèrent une si grande foule de monde qu'à peine purent-ils entrer. Cependant, étant entrés dans l'Église, ils approchèrent du corps qui étoit posé sur une belle pierre, et aperçurent tant de clarté autour de lui qu'il sembloit y avoir cent flambeaux. Ils approchèrent de plus près, et commencèrent à le regarder. Il connurent bien que c'étoit leur frère. Alors ils tombèrent en foiblesse, et dirent : Hélas! nous avons perdu notre frère par lequel nous étions craints et redoutés. Hélas! qui a été si hardi d'avoir mis la main sur lui? Je pense qu'ils ne connoissoient pas sa bonté et sa valeur, car ils ne l'eussent pas si cruellement tué. Alors Allard se tourna vers ses frères, et leur dit : Mes frères, nous devons être bien fâchés puisque nous avons perdu notre frere, qui étoit toute notre consolation et notre aide. Alors l'Archevêque alla vers eux, et leur dit : Seigneurs, ne vous déplaise ce que je vous dirai. Il ne faut pas vous affliger ainsi. Vous devriez, au contraire, être joyeux de ce que votre frère est saint en Paradis. Il a souffert le martyre pour la gloire de Notre-Seigneur. Vous voyez que Dieu l'a récompensé; vous voyez aussi les beaux miracles qu'il a faits. Ainsi je vous prie de vous consoler, et dites-nous, s'il vous plaît, qui vous êtes, et comment se nomme le corps saint, afin que nous fassions mettre son nom sur sa tombe.

Quand ils entendirent ainsi parler l'Archevêque, ils commencèrent à modérer leur chagrin. Alors Allard, qui étoit l'aîné après Regnaut, lui dit : Seigneur, puisqu'il vous plaît de savoir qui nous sommes, et comme ce corps s'appelle, vous saurez que c'étoit le vaillant Regnaut de Montauban, un des meilleurs Chevaliers du monde. Nous sommes ses frères ; il n'est pas, que vous n'ayez entendu parler des quatre fils Aymon : Regnaut de Montauban en étoit un. Alors ils se mirent tous trois à répandre des larmes de douleur, et de joie de ce qu'ils voyoient que le plus brave des Chevaliers étoit mort pour la gloire de Notre-Seigneur. Après que les trois frères eurent un peu passé leur chagrin, ils firent enterrer leur frère fort honorablement. Il fut mis en un riche tombeau que l'Archevêque avoit fait faire, où il est encore à la connoissance de tout le monde. Il est appelé saint Regnaut, martyr. Sa mémoire fut mise en écrit authentiquement, et on en fait tous les ans grande solennité dans tout le pays. Après que le corps de ce saint fut enterré, ses frères retournèrent dans leur pays.

NOTES
MG

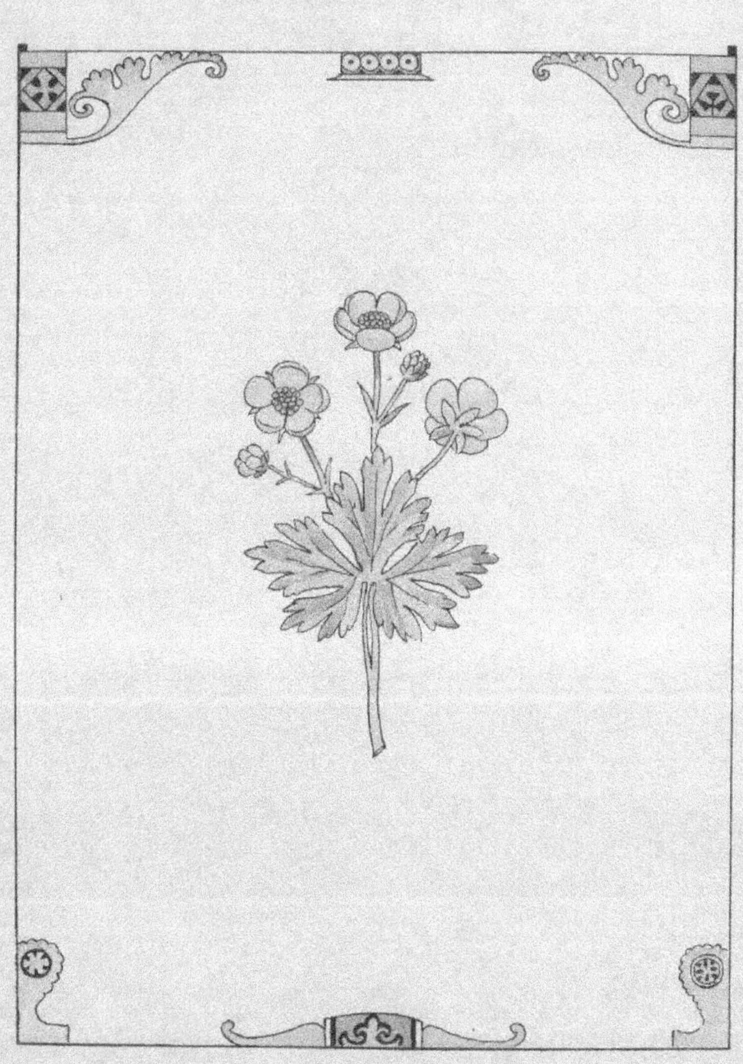

NOTES

RELATIVES

A L'HISTOIRE DES QUATRE FILS AYMON

Note 1 (page 10). — « *Guerdelin le Fène, qui fut tué par Charlemagne.* » Il ne faut pas chercher dans ce roman les faits réels de la vie de Charlemagne. La vérité historique y est complètement méconnue, et l'auteur y fait bon marché de l'exactitude géographique.

Note 2 (page 10). — « *Comtes, Princes, Barons, Chevaliers.* » Il n'y avait pas de chevaliers au temps de Charlemagne. L'existence de l'Ordre de Chevalerie ne se manifeste avec quelque certitude que vers l'époque de la première croisade.

Note 3 (page 10). — « *Les douze Pairs de France vinrent à la Cour.* » Les trouvères ont rapporté au temps de Charlemagne nombre d'institutions et de coutumes qu'ils voyaient en usage parmi leurs contemporains. Les douze Pairs de France n'apparaissent bien authentiquement dans l'histoire qu'au Sacre de Philippe Auguste, en 1179 ; ce qui n'empêche pas qu'ils remplissent les premiers rôles dans tous les romans du cycle Carolingien

Note 4 (page 10). — « *Le vaillant duc Aymon de Dordonne.* » D'après la légende, Aymon de Dordonne, prince des Ardennes, père de Renaud, Allard, Guichard et Richard, dits les *Quatre fils Aymon*, était frère, de même père et de même mère, du duc Beuves d'Aigremont, du duc Gérard de Roussillon et du duc de Nanteuil.

Note 5 (page 10). — « *Le duc Naimes de Bavière se leva.* » Dans les romans de chevalerie, le personnage du duc Naimes de Bavière correspond à celui du vieux et sage Nestor dans l'Épopée grecque. Naimes était de la parenté du duc Aymon, bien que certains poèmes lui donnent comme auteurs Gasselin, roi de Bavière, et la reine Seneheult.

Note 6 (page 11). — « *Le Duc Aymon de Dordonne qui étoit son cousin germain.* » Aymon de Dordonne était, comme on l'a vu plus haut (note 4), non pas cousin, mais frère consanguin de Beuves d'Aigremont, de Gérard de Roussillon et du duc de Nanteuil.

Note 7 (page 11). — « *Il appela ensuite son fils Lohier.* » Ce Lohier, fils aîné de Charlemagne, est un personnage imaginaire, dont le nom répond à celui de *Louis*.

Note 8 (page 11). — « *Se leva et lui dit : Sire.* » Le titre de *Sire*, c'est-à-dire *Maître* ou *Seigneur*, appartenait aux barons ; mais on le donnait aussi, par extension et dans le langage ordinaire, à tout chef de famille. Ainsi l'on voit, dans des fabliaux du treizième siècle, des femmes de marchands le donner à leur mari.

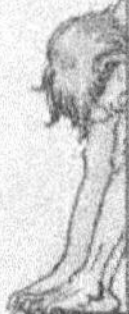

NOTE 9 (page 12). — « *Sire, il me semble que le Roi, votre père.* » Charlemagne est indifféremment désigné, dans ce roman, par les titres de *Roi* et d'*Empereur*.

NOTE 10 (page 17). — « *Oger le Danois, qui étoit leur parent.* » Oger ou Ogier le Danois est, croit-on, le même qu'un personnage austrasien connu dans l'histoire sous le nom d'Autcaire. Ce Seigneur prit, contre Charlemagne, le parti des fils de Carloman. Il dut se réfugier à la cour de Didier, roi des Lombards, où Charlemagne le poursuivit. Il finit par renoncer au monde, prit l'habit religieux, et devint moine au monastère de Saint-Faron, près Meaux. Mais peut-être l'a-t-on confondu avec un autre Oger, seigneur de Charmentrai-sur-Marne, qui fut en effet religieux de ce monastère. Dans les romans et chansons de geste, on donne à Oger le surnom de *Danois*, parce qu'on le suppose fils de Geoffroi, roi de Danemark. D'après quelques critiques, il serait Ardennais, et telle est l'opinion de l'auteur du présent roman, qui lui assigne une parenté avec Aymon. Oger aurait été élevé par son oncle Gérard de Roussillon, frère du duc Aymon, et serait donc cousin des fils de ce dernier.

NOTE 11 (page 17). — « *Dieu vous augmente en bonté, honneur et courage.* » Toutes les cérémonies, brièvement indiquées ici, étaient usitées au treizième siècle, lors de la création des nouveaux chevaliers.

NOTE 12 (page 18). — « *Le Roi fit dresser une Quintaine.* » La Quintaine était un bouclier, ou même un mannequin figurant un homme, dressé sur un poteau fiché en terre et qui servait de cible. Après avoir été solennellement armé, le nouveau chevalier exécutait une sorte de carrousel pour montrer son adresse à conduire son cheval et à se servir de ses armes.

NOTE 13 (page 22). — « *L'Avant-garde arriva avec l'Oriflamme.* » Une mosaïque du neuvième siècle, qui orne l'église Saint-Jean-de-Latran, à Rome, représente Charlemagne recevant des mains de saint Pierre une bannière rouge découpée en trois languettes à son extrémité. Ce fut la bannière de l'Empire, la première oriflamme. Il y en eut plus tard une autre, la seule généralement connue, qui était la bannière de l'Abbaye de Saint-Denis. Elle était faite de cendal ou soie rouge. Le comte de Vexin, comme premier vassal de l'Abbaye, avait la charge de la porter à la guerre. Les rois de France, très dévots envers saint Denis, empruntèrent sa bannière, et la firent porter en tête de l'armée dans leurs guerres, après l'avoir solennellement reçue des mains de l'abbé pendant la grand'messe. Elle finit par être considérée comme l'étendard national de France.

NOTE 14 (page 23). — « *Il prit son enseigne, et cria : Roussillon!* » Cri d'armes, ou cri de guerre. C'était le cri d'encouragement ou de ralliement que jetait le chef à ses hommes au moment de l'attaque ou au fort du combat. Les barons crièrent d'abord le nom de leur fief. Le sire de Joinville criait : *Joinville!* Le sire de Coucy : *Coucy!* comme ici Gérard de Roussillon crie : *Roussillon!* On criait aussi quelquefois, non plus le nom de son fief, mais son propre nom, comme les comtes de Champagne du nom de Thibaut criaient : *Thibaut, à la rescousse!* Enfin on cria aussi la devise des armoiries du chef militaire, comme les rois de France : *Montjoye-Saint-Denis!* Thibaut IV de Champagne : *Passavant li meillor!* et souvent une simple phrase d'encouragement à bien faire, comme le même Thibaut : *Passavant la Thiébaut!* le sire de Coucy : *Coucy à la merveille!* et le connétable Du Guesclin : *Notre-Dame Guesclin!*

NOTE 15 (page 23). — « *Alors il cria : Aigremont!* » Cri de guerre. (Voir la Note précédente.)

NOTE 16 (page 24). — « *L'archevêque Turpin.* » Il a réellement existé un

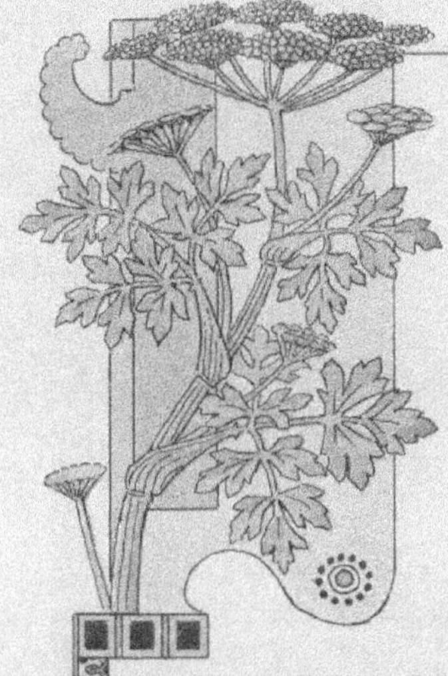

évêque de Reims du nom de Turpin, vers le milieu du huitième siècle. L'époque de sa mort, très incertaine, se place entre 788 et 811. Le Turpin des romans de chevalerie est en même temps prêtre et guerrier. C'est un des douze pairs de France, habile au conseil, et frappant fort dans le combat. Il est le type du prélat guerrier, tel qu'il s'en est rencontré quelques-uns à l'époque féodale. Il était parent d'Oger le Danois.

Note 17 (page 24). — « *Le duc Beuves lui compensera la mort de son fils.* » Les lois des Francs et des autres peuples barbares du moyen âge admettaient la *composition* ou *compensation* pour le rachat du meurtre. Chaque homicide était légalement tarifé suivant la condition de la victime. Ici il s'agit d'une composition de gré à gré, débattue entre la famille de la victime et le meurtrier.

Note 18 (page 28). — « *Sire, répondit Ganelon.* » De savants critiques identifient Ganelon avec Wenilo, archevêque de Sens, qui trahit la cause de son bienfaiteur Charles-le-Chauve, en faveur de Louis-le-Germanique. De ce personnage historique les trouvères ont fait une figure de fantaisie, non plus un clerc, mais un laïc, personnifiant et incarnant la déloyauté et la trahison. C'est Ganelon qui trahit le preux Roland, et fut cause de sa mort à Roncevaux. Pendant tout le moyen âge son nom est resté en exécration. Les trouvères lui ont même fabriqué une longue suite de descendants, tous félons comme leur ancêtre.

Note 19 (page 33). — « *Berthelot insulta Regnaut, et lui fit sang.* » Faire sang signifie porter un coup qui fait jaillir le sang.

Note 20 (page 33). — « *Maugis, cousin à Regnaut.* » D'après la légende, Maugis était fils de Beuves d'Aigremont et de la fille d'Arnault de Montclair. Par son père, il était donc cousin germain des quatre fils Aymon. Larron, quoique bon chevalier, très versé dans les sciences magiques, Maugis est représenté par les trouvères comme un puissant enchanteur et nécromancien. Le château d'Aigremont (Haute-Marne), domaine de sa famille, renfermait une haute tour nommée la *Tour de Maugis*. Ce château fut détruit vers le milieu du dix-septième siècle.

Note 21 (page 36). — « *Et furent coucher à Montlion.* » Montlion est une des nombreuses localités citées dans ce roman, qui, si elles ont jamais existé ailleurs que dans l'imagination de l'auteur, ne se retrouvent plus aujourd'hui.

Note 22 (page 37). — « *Les François commencèrent à crier : Montjoie-Saint-Denis ! et les frères de Regnaut : Montfort !* » Cris de guerre. (Voir ci-dessus la Note 14.)

Note 23 (page 39). — « *Il fit arborer son pavillon sur une riche escarboucle.* » L'escarboucle est une pierre merveilleuse, jetant une clarté éblouissante qui lui est propre. Il en est souvent question dans les romans et les récits féeriques. C'est, croit-on, le rubis spinelle.

Note 24 (page 45). — « *Charlemagne fit battre l'arrière-ban.* » C'est-à-dire fit convoquer l'arrière-ban. La publication du *ban* était la convocation des vassaux relevant immédiatement du roi, et celle de l'*arrière-ban* la convocation des vassaux qui n'en relevaient que médiatement.

Note 25 (page 45). — « *La basse-cour qui ressemblait à une petite ville.* » Dans un château féodal, la basse-cour était la partie comprise dans l'enceinte fortifiée, où se trouvaient les écuries, et qu'habitaient les gens de service, et au besoin les manants, qui s'y réfugiaient en cas de danger.

Note 26 (page 62). — « *Prenez ces sommes et passez devant.* » Sommiers, bêtes de somme, chevaux portant les bagages et les provisions.

Note 27 (page 67). — « *Pour ravager le plat pays.* » Le terme de *plat-pays*, très usité autrefois, ne signifie pas une contrée de plaines, mais désigne toute la campagne, et particulièrement dans la campagne les lieux habités qui n'étaient ni fermés, ni fortifiés.

Note 28 (page 73). — « *Seroient quittes de tous droits pendant dix ans.* » Au moyen âge, lorsque l'on créait une *ville-neuve*, comme il s'en éleva beaucoup au treizième siècle, le seigneur suzerain accordait des privilèges ou exemptions à ceux qui viendraient s'y établir. C'était le moyen d'y attirer la population. Ici il s'agit d'un château, mot pris dans son sens le plus étendu, c'est-à-dire comprenant le *château* proprement dit, dont la partie principale était le donjon ; et l'enceinte extérieure renfermant, outre les communs, des habitations pour la population. Autour du château ainsi constitué se formait ordinairement le *Bourg*, situé en dehors de l'enceinte. En cas de guerre les habitants du bourg se réfugiaient dans l'enceinte du château.

Note 29 (page 74). — *Sommaire du chapitre* VIII. On a ici conservé le titre de ce chapitre tel que le porte l'édition de Troyes, bien que son énoncé ne réponde qu'en partie au texte du roman.

Note 30 (page 77). — « *Il arriva un beau Damoisel.* » Le rédacteur du texte troyen, trompé par l'assonance du mot, avait écrit *une belle demoiselle* pour *un beau damoisel*, c'est-à-dire un jeune seigneur. On a corrigé ce non-sens. Roland, dont il est ici question, est le même que le héros de Roncevaux, bien qu'il soit généralement présenté ici d'une manière peu sympathique. Il était neveu de Charlemagne mais il y a plusieurs traditions différentes relatives à son origine. Les uns le font naître de Milon, duc d'Angers, et de Berthe, sœur de Charlemagne, et le font comte du Mans ; d'après d'autres auteurs il serait fils incestueux de Charlemagne et d'une de ses sœurs, et aurait été comte du Gâtinais.

Note 31 (page 78). — « *Les François qui, les ayant aperçus, retournèrent* à *leur embuscade.* » Il est évident qu'ici le texte primitif a été abrégé par le rédacteur troyen. Ce fait regrettable se reproduit assez souvent dans l'édition de Troyes. (Voir ci-dessus la Note 29.)

Note 32 (page 81). — « *A Melun, où ils logèrent dans le Bourg.* » Le *Bourg*, c'est-à-dire la ville, la partie occupée par les habitants, les bourgeois, et située en dehors de l'enceinte particulière du château. (Voir ci-dessus la Note 28.)

Note 33 (page 82). — « *Non Braphonis gagner mi.* » Langage contrefait à plaisir.

Note 34 (page 84). — « *Vous n'aurez ni votre couronne, ni Bayard.* » Le cheval de Regnaut se nommait Bayard, ce qui signifie *bai*, du nom de la couleur de la robe de ce cheval célèbre. Il avait été élevé dans l'île de Brescau ; il était fée, invulnérable, plus rapide que le vent, et doué d'une intelligence humaine. Maugis, s'en étant emparé, le donna à son cousin Regnaut. D'après la légende, Bayard habite encore la forêt des Ardennes, mais, devenu misanthrope par suite de son expérience des hommes, il ne se laisse plus approcher, et s'enfuit à l'aspect d'une créature humaine.

Note 35 (page 86). — « *Que chacun soit prêt à la Chandeleur.* » La Chandeleur est la fête de la Purification, que l'Église célèbre le 2 février. Son nom lui vient des nombreux cierges que l'on allumait en ce jour, ou que l'on portait aux processions.

Note 36 (page 92). — « *Commença à crier : A l'enseigne Saint-Denis.* » C'est l'Oriflamme, la Bannière de Saint-Denis. (Voir la Note 13.)

Note 37 (page 93). — « *Damp Rambaut.* » Damp, Dam, Domp, Don, sont des formes diverses d'un même mot, titre honorifique signifiant *Seigneur*, et venant du latin *Dominus*.

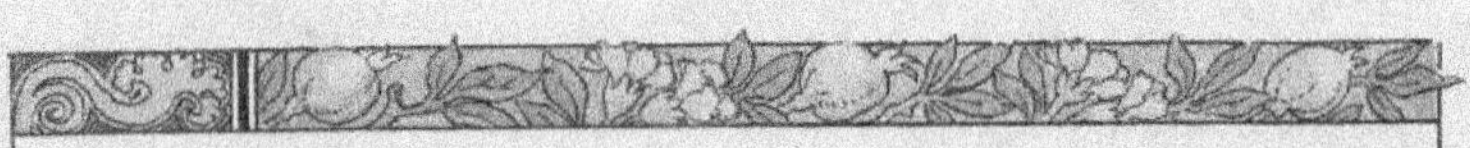

NOTE 38 (page 94). — « *On le nommera le Roi détrôné.* » Allusion à un ancien jeu d'enfants appelé le *Roi détrôné*.

NOTE 39 (page 97). — « *Dans les plaines de Vaucouleurs.* » Il ne s'agit pas ici du célèbre Vaucouleurs situé sur les marches de la Lorraine et de la Champagne. On a déjà dit (note 1), ce qu'il fallait penser de la géographie de ce roman.

NOTE 40 (page 99). — « *Lui disant qu'il avait mal aux dents.* » Cette excuse est puérile. C'est une de ces naïvetés du texte qu'il faut cependant respecter, d'autant qu'elle ne nuit en rien à la grandeur de la scène qui suit.

NOTE 41 (page 107). — « *Ils coururent sur les quatre fils Aymon qu'ils détroupèrent.* » Qu'ils désunirent séparèrent

NOTE 42 (page 115). — « *L'épée à la main, et lui dit :* » C'est à son épée qu'Oger adresse ces paroles.

NOTE 43 (page 121). — « *Dame Claire.* » La sœur du roi Yon, épouse de Renaud, est nommée Yolande dans quelques éditions modernes, et Clarisse dans les anciens textes.

NOTE 44 (page 123). — « *On ne peut le blesser.* » Comme Achille qu'on ne pouvait blesser qu'au talon, Roland était invulnérable sinon à la plante des pieds.

NOTE 45 (page 128). — « *Je deviendrai votre homme.* » Je vous rendrai l'hommage féodal, et je me reconnaîtrai votre vassal

NOTE 46 (page 1[illegible]). — « *Ce sera à Montfaucon.* » Bien que ce soit le nom du fameux gibet de Paris, il ne peut être question de lui ici.

NOTE 47 (page 1[illegible]). — « *Regnaut a tué mon oncle au gué de Balançon.* » Foulques de Morillon, tué par Renaud dans les plaines de Vaucouleurs, à la suite de sa trahison.

NOTE 48 (page 1[illegible]). — « *Mon frère l'a fait évêque des champs.* » Expression populaire très répandue au seizième siècle. Pendant les guerres religieuses on pendait souvent les prisonniers aux arbres des champs, faute de gibets. La soldatesque appelait ces pendus : Évêques des champs qui donnent la bénédiction avec leurs pieds.

NOTE 49 (page 1[illegible]). — « *Regnaut cria son enseigne.* » Son cri de guerre, celui par lequel il ralliait ses gens pendant le combat. (Voir la Note 14.)

NOTE 50 (page 1[illegible]). — « *Je vengerai la mort de mon père.* » Beuves d'Aigremont, tué par Ganelon, Foulques de Morillon et Griffon d'Hautefeuille.

NOTE 51 (page 146). — « *Faites jouer aux Tables.* » aux Dames.

NOTE 52 (page 147). — « *Frotta le nez et la barbe du Roi et le décharma.* » C'est-à-dire : Enleva le charme, le désenchanta.

NOTE 53 (page 151). — « *Pinatelle, neveu de Charlemagne.* » D'après une tradition généralement admise, Pinabel serait neveu du traître Ganelon, et son complice dans la trahison de Roncevaux. Lors du procès fait à Ganelon, Pinabel prit sa défense et offrit le combat à son accusateur, Thierry l'Ardennois. Le combat eut lieu à Laon. Pinabel vaincu, confessa la trahison et fut pendu. Ganelon fut tiré à quatre chevaux.

NOTE 54 (page 174). — « *Vous devez savoir que cette place a été autrefois bien fermée.* » Il ne faut pas oublier que lors du récit de la fondation de Montauban par Renaud, il est dit qu'il bâtit sa forteresse dans un lieu où se trouvaient des ruines d'antiques édifices. Le passage souterrain, dont il ignore l'existence, et que lui indique un vieillard, datait de la construction de ces anciens édifices. C'est sur le *Tertre de Fronsac*, en vue de Libourne, et au confluent de l'Isle et de la Dordogne, que s'élevait le château de Montauban.

NOTE 55 (page 180). — « *Il posa son guet sur le mur de la ville.* » Il mit les sentinelles sur le rempart.

NOTE 56 (page 182). — « *Prenez vos bagues.* » Prenez votre bien, ce qui vous appartient, vos bagages.

NOTE 57 (page 183). — « *Il prit son pain noir et en faisoit des soupes.* » Autrefois le mot *soupe* signifiait proprement le pain coupé par tranches minces et mangé avec un liquide. En Champagne, parmi le

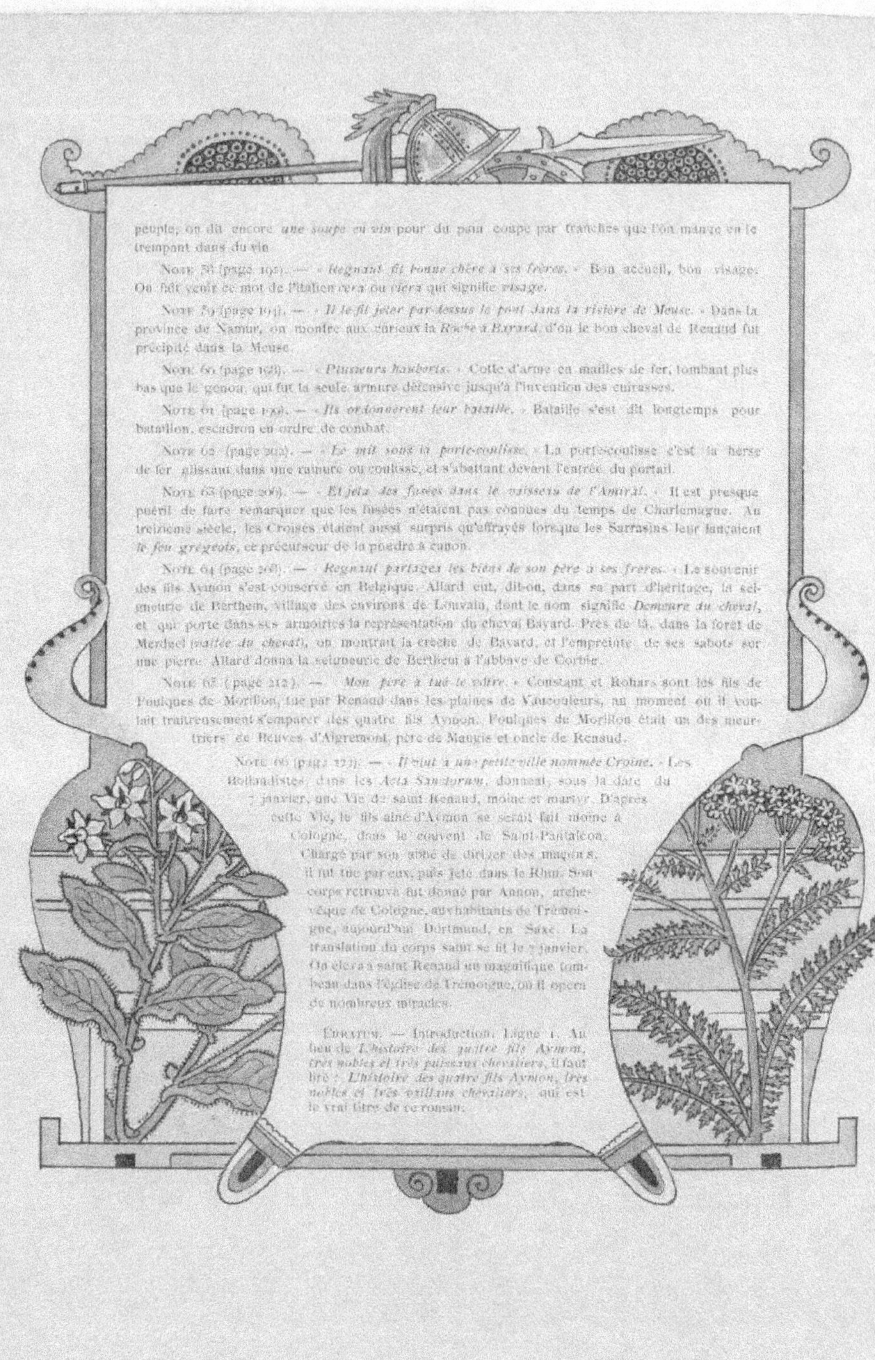

peuple; on dit encore *une soupe au vin* pour du pain coupé par tranches que l'on mange en le trempant dans du vin.

Note 58 (page 191). — « *Regnaut fit bonne chère à ses frères.* » Bon accueil, bon visage. On fait venir ce mot de l'italien *cera* ou *ciera* qui signifie *visage*.

Note 59 (page 194). — « *Il le fit jeter par dessus le pont dans la rivière de Meuse.* » Dans la province de Namur, on montre aux curieux la *Roche à Bayard*, d'où le bon cheval de Renaud fut précipité dans la Meuse.

Note 60 (page 198). — « *Plusieurs hauberts.* » Cotte d'arme en mailles de fer, tombant plus bas que le genou, qui fut la seule armure défensive jusqu'à l'invention des cuirasses.

Note 61 (page 199). — « *Ils ordonnèrent leur bataille.* » Bataille s'est dit longtemps pour bataillon, escadron en ordre de combat.

Note 62 (page 202). — « *Le mit sous la porte-coulisse.* » La porte-coulisse c'est la herse de fer glissant dans une rainure ou coulisse, et s'abattant devant l'entrée du portail.

Note 63 (page 206). — « *Et jeta des fusées dans le vaisseau de l'Amiral.* » Il est presque puéril de faire remarquer que les fusées n'étaient pas connues du temps de Charlemagne. Au treizième siècle, les Croisés étaient aussi surpris qu'effrayés lorsque les Sarrasins leur lançaient *le feu grégeois*, ce précurseur de la poudre à canon.

Note 64 (page 208). — « *Regnaut partagea les biens de son père à ses frères.* » Le souvenir des fils Aymon s'est conservé en Belgique. Allard eut, dit-on, dans sa part d'héritage, la seigneurie de Berthem, village des environs de Louvain, dont le nom signifie *Demeure du cheval*, et qui porte dans ses armoiries la représentation du cheval Bayard. Près de là, dans la forêt de Merdael (*vallée du cheval*), on montrait la crèche de Bayard, et l'empreinte de ses sabots sur une pierre. Allard donna la seigneurie de Berthem à l'abbaye de Corbie.

Note 65 (page 212). — « *Mon père a tué le vôtre.* » Constant et Rohars sont les fils de Foulques de Morillon, tué par Renaud dans les plaines de Vaucouleurs, au moment où il voulait traîtreusement s'emparer des quatre fils Aymon. Foulques de Morillon était un des meurtriers de Beuves d'Aigremont, père de Maugis et oncle de Renaud.

Note 66 (page 223). — « *Il vint à une petite ville nommée Croine.* » Les Bollandistes, dans les *Acta Sanctorum*, donnent, sous la date du 7 janvier, une Vie de saint Renaud, moine et martyr. D'après cette Vie, le fils aîné d'Aymon se serait fait moine à Cologne, dans le couvent de Saint-Pantaléon. Chargé par son abbé de diriger des maçons, il fut tué par eux, puis jeté dans le Rhin. Son corps retrouvé fut donné par Annon, archevêque de Cologne, aux habitants de Trémoigne, aujourd'hui Dortmund, en Saxe. La translation du corps saint se fit le 7 janvier. On éleva à saint Renaud un magnifique tombeau dans l'église de Trémoigne, où il opéra de nombreux miracles.

Erratum. — Introduction. Ligne 1. Au lieu de *L'histoire des quatre fils Aymon, très nobles et très puissans chevaliers*, il faut lire : *L'histoire des quatre fils Aymon, très nobles et très vaillans chevaliers*, qui est le vrai titre de ce roman.

Table des Matières

TABLE DES MATIÈRES

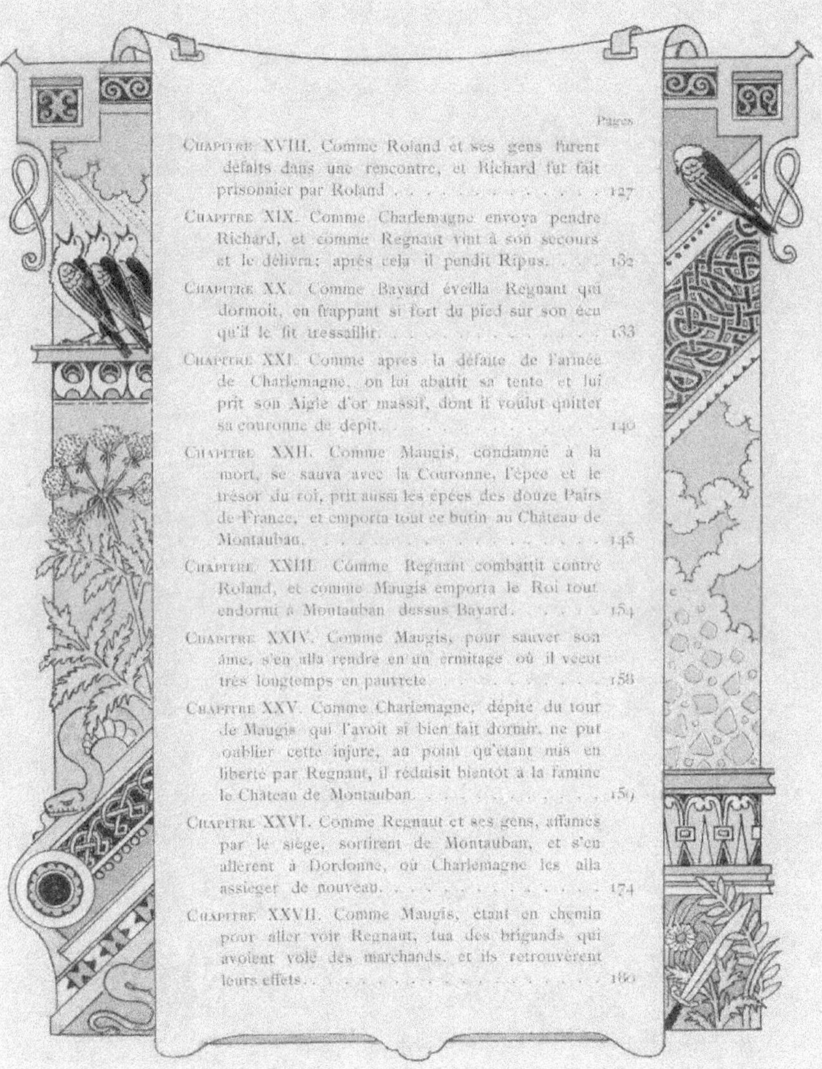

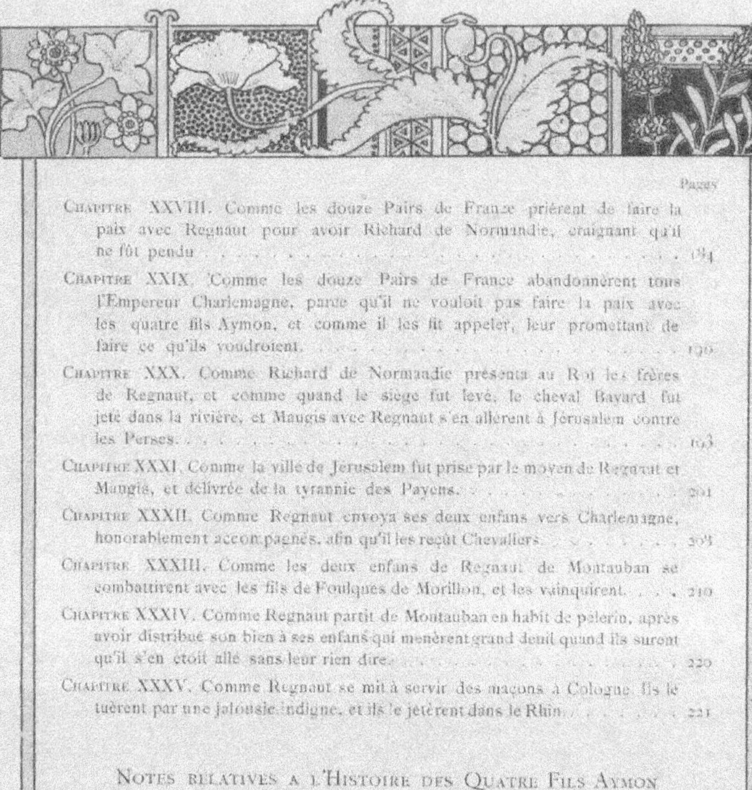

Achevé d'imprimer
par Gillot
HL
le 1er Décembre
MDCCCLXXXIII

Imprimerie Gillot, 79, rue Madame à Paris

IMPRIMÉ PAR
GILLOT
1883
79, rue Madame
PARIS

www.ingramcontent.com/pod-product-compliance
Lightning Source LLC
LaVergne TN
LVHW011951220826
846092LV00001B/151
9782329212685